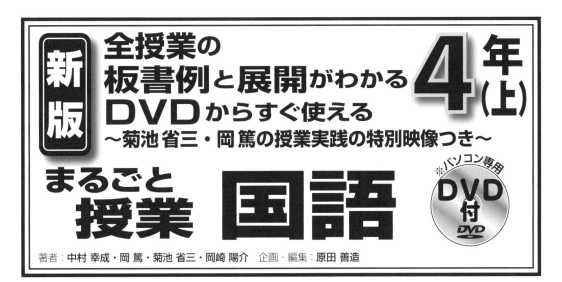

**新版**

全授業の
板書例と展開がわかる
DVDからすぐ使える
〜菊池 省三・岡 篤の授業実践の特別映像つき〜

**4年(上)**

まるごと
授業 **国語**

※パソコン専用
**DVD** 付

著者：中村 幸成・岡 篤・菊池 省三・岡崎 陽介　企画・編集：原田 善造

JN078367

わかる喜び学ぶ楽しさを創造する教育研究所　略称 喜 楽 研

# はじめに

　教育現場の厳しさは，増していくばかりです。多様な子どもや保護者への対応や様々な課題が求められ，教師の中心的活動であるはずの授業の準備に注ぐことができる時間は，とても十分とはいえません。

　このような状況の中で，授業の進め方や方法についても，制限が加えられつつあるという現状があります。制限の中で与えられた手立てが，目の前の子どもたちと指導する教師に合っていればよいのですが，残念ながらそうとばかりはいえないようです。

　そんなときは，派手さは無くても，きちんと基礎をおさえ，着実に子どもに達成感を味わわせることができる授業ができれば，まずは十分です。そんな授業を作るには，以下の2つの視点が必要です。

　1つ目は，子どもに伝えたいことを明確に持つことです。

　音読を例に取れば，「初期の段階なので子どもたちに自分がどの程度の読みができるのかを自覚させる」のか，「最終的な段階なので指導した読み方の技術を生かして，登場人物の心情を思い浮かべながら読む」のかといったことです。

　2つ目は，子どもがどんな状態にあるのかを具体的に把握するということです。

　どうしても音読に集中できない子がいた場合，指で本文をなぞらせることが有効かもしれません。また，隣の子と交代しながら読ませれば楽しんで取り組むかもしれません。

　こういった手立ても，指導者の観察，判断があってこそ，出てくるものです。


　幸い，前版の「まるごと授業　国語」は，多くの先生方に受け入れていただくことができました。指導要領の改訂に伴い，この「まるごと授業　国語」を新たに作り直すことになりました。もちろん，好評であった前版のメインの方針は残しつつ，改善できる部分はできる限りの手を加えています。

　前回同様，執筆メンバーと編集担当で何度も打ち合わせをくり返し，方針についての確認や改善部分についての共通理解を図りました。また，それぞれの原稿についても，お互い読み合い，検討したことも同じです。

　新版では，授業展開の中のイラストの位置をより分かりやすい部分に変えたり，「主体的・対話的で深い学び」についての解説文をつけたりといった変更を行っています。

　その結果，前版以上に，分かりやすく，日々の実践に役立つ本になったと思います。


　この本が，過酷な教育現場に向かい合っている方々の実践に生かされることを心から願ってやみません。

# 本書の特色

## 全ての単元・全ての授業の指導の流れが分かる

　学習する全単元・全授業の進め方が掲載されています。学級での日々の授業や参観日の授業，研究授業や指導計画作成等の参考にしていただけます。

　本書の各単元の授業案の時数は，ほぼ教科書の配当時数にしてあります。

## 主体的・対話的な学びを深める授業ができる

　各単元のはじめのページや，各授業案のページに，『主体的・対話的な深い学び』の欄を設けています。また，展開例の４コマの小見出しに，「読む」「音読する」「書く」「対話する」「発表する」「交流する」「振り返る」等を掲載し，児童の活動内容が一目で具体的に分かるように工夫しています。

## 1時間の展開例や板書例を見開き1ページで説明

　どのような発問や指示をすればよいか具体例が掲載されています。先生方の発問や指示の参考にして下さい。

　実際の板書をイメージしやすいように，２色刷りで見やすく工夫しています。また，板書例だけでは，細かい指導の流れが分かりにくいので，詳しく展開例を掲載しています。

## DVDに菊池 省三・岡 篤の授業実践の特別映像を収録

　菊池 省三の「対話・話し合いのある授業」についての解説付き授業映像と，岡 篤の各学年に応じた「指導のコツ」の講義映像を収録しています。映像による解説は分かりやすく，日々の授業実践のヒントにしていただけます。また，特別映像に寄せて，解説文を巻頭ページに掲載しています。

## DVD利用で，楽しい授業，きれいな板書づくりができる

　授業で活用できる黒板掲示用イラストや児童用ワークシート見本を，単元内容に応じて収録しています。カードやイラストは黒板上での操作がしやすく，楽しい授業，きれいな板書づくりに役立ちます。

# 4年上（目次）

# 本書の使い方

## ◆板書例について

時間ごとに，教材名，本時のめあてを掲載しました。実際の板書に近づけるよう，特に目立たせたいところは，赤字で示したり，赤のアンダーラインを引いたりしています。DVDに収録されているカード等を利用すると，手軽に，きれいな板書ができあがります。

## ◆授業の展開について

① 1時間の授業の中身を3コマ〜4コマの場面に切り分け，およその授業内容を表示しています。

②展開例の小見出しで，「読む」「書く」「対話する」「発表する」「振り返る」等，具体的な児童の活動内容を表しています。

③本文中の「　」表示は，教師の発問です。

④本文中の　・　表示は，教師の発問に対する児童の反応等です。

⑤「　」や　・　がない文は，教師への指示や留意点などが書かれています。

⑥□□の中に，教師や児童の顔イラスト，吹き出し，授業風景イラスト等を使って，授業の進め方をイメージしやすいように工夫しています。

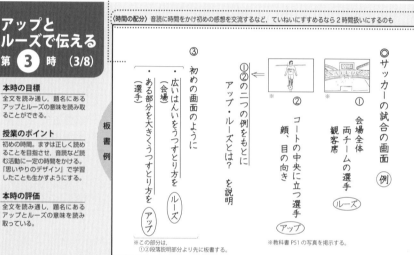

〈時間の配分〉音読に時間をかけ初めの感想を交流するなど，ていねいにすすめるなら2時間扱いにするのも

### アップとルーズで伝える　第 3 時 （3/8）

**本時の目標**
全文を読み通し，題名にあるアップとルーズの意味を読み取ることができる。

**授業のポイント**
初めの時間。まずは正しく読めることを目指させ，音読など読む活動に一定の時間をかける。「思いやりのデザイン」で学習したことも生かすようにする。

**本時の評価**
全文を読み通し，題名にあるアップとルーズの意味を読み取っている。

**板書例**

◎サッカーの試合の画面　例
① 会場全体　両チームの選手（ルーズ）
② コートの中央に立つ選手　顔，目の向き（アップ）
③
①②の二つの例をもとにアップ・ルーズとは？　を説明

※教科書P51の写真を掲示する。

③
・初めの画面のように
・広いはんいをうつすうつしとり方を（会場）（ルーズ）
・ある部分を大きくうつすうつしとり方を（選手）（アップ）

※この部分は，①②段落説明部分より先に板書する。

---

**1 対話する 読む**　題名について話し合い，全文を読み通そう。

「今度は『アップとルーズで伝える』という説明文です。題名から，何か思ったことや気づいたことはありませんか。」
　・『アップ』とか『ルーズ』って何だろうと思いました。
　・それに伝えるって，何を伝えるのかなと思いました。

　既に読んでいる児童も多いだろう。話し合いは，興味を持たせる程度にして簡単に済ませ，教科書を開かせる。

　・写真がいくつも出ています。アップとかルーズにも関係があるのかな。

これらの写真も，書いてあることと関係がありそうですね。まず，どんなことが書いてあるのか，読み通してみましょう。まず先生が読みます。

　まずは，範読や斉読で正しく読めることを目標とする。その後，一人読みなどで読めるかどうか確かめさせる。

**2 読む**　段落ごとに番号をつけ，文章全体を見通そう。

「『アップ』と『ルーズ』の意味は分かりましたか。」
　・うーん，大体分かったような…。
「筆者の言いたいこと，考えはどうでしょう。『思いやりのデザイン』で，筆者の考えが書かれた段落と例の段落を見分けたように読んでいきます。まず，『思いやりのデザイン』のように，段落の番号をつけましょう。」

　『段落』の形式について再確認し，1段落ずつグループごとに読む，斉読して段落ごとに立ち止まるなどで，番号をつけながら8つの段落を確かめていく。

『思いやりのデザイン』のような，『初め』『中』『終わり』のまとまりにも気づいたでしょうか。また，考えが書かれている段落や，例の段落にも気づいたでしょうか。

何となく分かったような…。

　このときは，結論が出なくてよい。

102

よいでしょう。その際は，本時の展開3，4は次時扱いとします。

アップとルーズで伝える
中谷　日出（なかや　ひで）

「思いやりのデザイン」での学習を生かして
アップとルーズの意味を読みとろう

め

段落とは，内容のまとまり，切れ目

① 初めの
② いよいよ
③ テレビで　　　一マスあきてわかる
④…⑧ 同じ

### 主体的・対話的で深い学び

・文章との出会いは，まず正しく声に出して読めることが出発点になる。初めからすらすら読める児童もいるが，そうでない児童もいる。まずは，どの児童もたどたどしくなく音読できることが，主体的・対話的な学びの基本，土台になる。また，そうでないと対話的な学習も成り立たない。個別の指導や，家庭学習としての音読もすすめる。多くの児童は音読が好きである。

### 準備物

・（黒板掲示用）教科書 P51，52のアップとルーズの写真の拡大版
・（あれば）・他にもアップやルーズの画像やイラスト
（画像：DVD 収録 【4_10_02～4_10_05】）

◆準備物について

　1時間の授業で使用する準備物が書かれています。準備物の一部は，DVD の中に収録されています。準備物の数や量は，児童の人数やグループ数などでも異なってきますので，確認して準備してください。

◆本書付録 DVD について

（DVD の取り扱いについては，本書P8，9に掲載しています）

　DVD マークが付いている資料は，付録 DVD にデータ収録しています。授業のためのワークシート見本，黒板掲示用イラスト，板書作りに役立つカード，画像等があります。

## 3 読む 対話する　アップとルーズの意味が書いてあるところを考え，話し合おう。

「読んでみて，題名にあった『アップ』と『ルーズ』とはどんなことなのか，分かったでしょうか。」

「『アップ』と『ルーズ』の意味が書いてあったところはどの段落でしょうか，分かった人は黙って手を挙げましょう。」
（多くの手が挙がるまで待つ）

では，書いてあるところを読んでください。
『アップ』は，『…ある部分を大きくうつす撮り方を「アップ」と言います。』と，③の段落にあります。
はい，③の段落です。『初めの画面のように，広い範囲を写す撮り方を「ルーズ」と言います。』のところです。

「では，③段落をみんなで読んで確かめましょう。」
・『広い範囲』がルーズ，大きく…が『アップ』です。

## 4 読む　写真と①②の段落をつないで読み，段落の役割を考えよう。

「他に，『アップ』と『ルーズ』とはどんなことなのか，分かるところはありませんか。」
・あ，写真（P50，51）を見るとよく分かります。
・右が『ルーズ』。左が『アップ』です。

教科書の写真を黒板に掲示する。

2つの写真のことで，もっとよく分かるところが，文章に書かれていないでしょうか。
①と②の段落だと思います。①は，サッカーで右の『ルーズ』の写真の撮り方を説明しています。
②の段落の説明は，左の『アップ』の写真のことです。

「写真と見比べながら，①②段落を読みましょう。（読む）①や②の段落は，どんな役割をしている段落だと言えますか。」
・『思いやりの…』にもあった『例』の段落です。

「もう一度，①②③の段落（『初め』）を読みましょう。」

◆赤のアンダーラインについて

　本時の展開でとくに大切な発問や留意点にアンダーラインを引いています。

# 付録 DVD−ROMについて

## DVD の利用で，楽しい授業・わかる授業ができます。きれいな板書づくりや授業準備に，とても役立ちます。

### ◆DVD−ROMの内容について

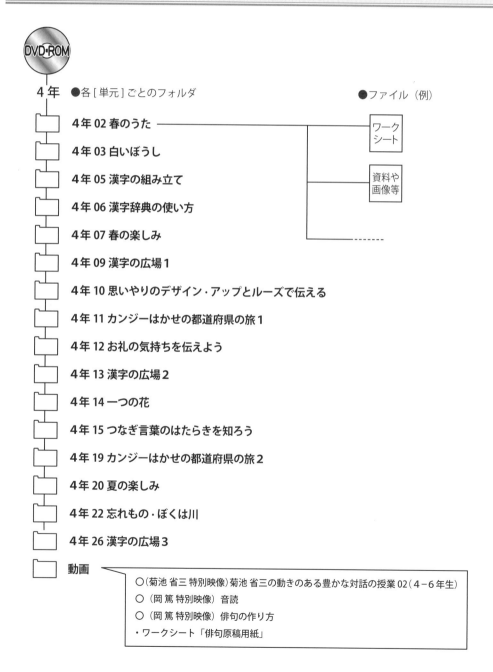

4年　●各 [ 単元 ] ごとのフォルダ　　　　　　　　　●ファイル（例）

4年 02 春のうた　　　　　　　　　　　　　　　　　　ワークシート

4年 03 白いぼうし

4年 05 漢字の組み立て　　　　　　　　　　　　　　　　資料や画像等

4年 06 漢字辞典の使い方

4年 07 春の楽しみ

4年 09 漢字の広場1

4年 10 思いやりのデザイン・アップとルーズで伝える

4年 11 カンジーはかせの都道府県の旅1

4年 12 お礼の気持ちを伝えよう

4年 13 漢字の広場2

4年 14 一つの花

4年 15 つなぎ言葉のはたらきを知ろう

4年 19 カンジーはかせの都道府県の旅2

4年 20 夏の楽しみ

4年 22 忘れもの・ぼくは川

4年 26 漢字の広場3

動画
○（菊池 省三 特別映像）菊池 省三の動きのある豊かな対話の授業 02（4−6年生）
○（岡 篤 特別映像）音読
○（岡 篤 特別映像）俳句の作り方
・ワークシート「俳句原稿用紙」

## ◆使用上のご注意

<u>このＤＶＤ－ＲＯＭはパソコン専用となっております。DVD プレイヤーでの再生はできません。</u>
<u>ＤＶＤプレイヤーで再生した場合，DVD プレイヤー及び，ＤＶＤ－ＲＯＭが破損するおそれがあります。</u>
※ OS 以外に，ファイルを再生できるアプリケーションが必要となります。
　　PDF ファイルは Adobe Acrobat および Adobe Reader5.0 以降で開くことができます。

### 【その他】
プロジェクターや TV モニターで投影する場合は，各機器および使用しているパソコンの説明書を参照してください。

#### ◆動作環境　Windows
| | |
|---|---|
| 【CPU】 | Intel®Celeron®M プロセッサ 360J1.40GHz 以上推奨 |
| 【空メモリ】 | 256MB 以上（512MB 以上推奨） |
| 【ディスプレイ】 | 解像度 640 × 480，256 色以上の表示が可能なこと |
| 【OS】 | Microsoft windows XP 以上 |
| 【ドライブ】 | ＤＶＤ－ＲＯＭドライブ |

#### ◆動作環境　Macintosh
| | |
|---|---|
| 【CPU】 | Power PC G4 1.33 GHz 以上推奨 |
| 【空メモリ】 | 256MB 以上（512MB 以上推奨） |
| 【ディスプレイ】 | 解像度 640 × 480，256 色以上の表示が可能なこと |
| 【OS】 | MacOS X 10.4.11 (tiger）以上 |
| 【ドライブ】 | DVD コンボドライブ |

上記のハードウエア，OS，ソフト名などは，各メーカーの商標，または
登録商標です。

※ファイルや画像を開く際に時間がかかる原因の多くは，コンピュータ
　のメモリ不足が考えられます。
　詳しくは，お使いのコンピュータの取扱説明書をご覧ください。

#### ◆複製、転載、再販売について
　本書およびＤＶＤ－ＲＯＭ収録データは著作権法によって守られています。

　個人で使用する以外は無断で複製することは禁じられています。

　第三者に譲渡・販売・頒布 ( インターネット等を通じた提供も含む )
することや，貸与及び再使用することなど，営利目的に使用することは
できません。

　本書付属ＤＶＤ－ＲＯＭのご使用により生じた損害，障害，被害，
その他いかなる事態について著者及び弊社は一切の責任を負いません。

　ご不明な場合は小社までお問い合わせください。

#### ◆お問い合わせについて
　本書付録ＤＶＤ－ＲＯＭ内のプログラムについてのお問い合わせは，
メール，FAX でのみ受け付けております。

メール：kirakuken@yahoo.co.jp

ＦＡＸ：075-213-7706

　紛失・破損されたＤＶＤ－ＲＯＭや電話でのサポートは行っており
ませんので何卒ご了承ください。

　アプリケーションソフトの操作方法については各ソフトウェアの販売
元にお問い合せください。小社ではお応えいたしかねます。

### 【発行元】
株式会社喜楽研（わかる喜び学ぶ楽しさを創造する教育研究所：略称)
〒 604-0827 京都市中京区高倉通二条下ル瓦町 543-1　　TEL：075-213-7701　FAX：075-213-7706

# 対話・話し合いのある授業に，一歩踏み出そう

菊池　省三

　教育の世界は，「多忙」「ブラック」と言われています。不祥事も後を絶ちません。

　しかし，多くの先生方は，子どもたちと毎日向き合い，その中で輝いています。やりがいや生きがいを感じながら，がんばっています。

　このことは，全国の学校を訪問して，私が強く感じていることです。

　先日，関西のある中学校に行きました。明るい笑顔あふれる素敵な学校でした。

　3年生と授業をした後に，「気持ちのいい中学生ですね。いい学校ですね」

　と話した私に，校長先生は，

　「私は，子どもたちに支えられています。子どもたちから元気をもらっているのです。我々教師は，子どもたちと支え合っている，そんな感じでしょうか」

　と話されました。なるほどと思いました。

　四国のある小学校で，授業参観後に，

　「とてもいい学級でしたね。どうして，あんないい学級が育つのだろうか」

　ということが，参観された先生方の話題になりました。担任の先生は，

　「あの子たち，とてもかわいいんです。かわいくて仕方ないんです」

　と，幸せそうな笑顔で何度も何度も話されていました。

　教師は，子どもたちと一緒に生きているのです。担任した1年間は，少なくとも教室で一緒に生きているのです。

　このことは，とても尊いことだと思います。「お互いに人として，共に生きている」……こう思えることが，教師としての生きがいであり，最高の喜びだと思います。

　私自身の体験です。数年前の出来事です。30年近く前に担任した教え子から，素敵なプレゼントをもらいました。ライターになっている彼から，「恩師」である私の本を書いてもらったのです。たった1年間しか担任していない彼からの，思いがけないプレゼントでした。

　教師という仕事は，仮にどんなに辛いことがあっても，最後には「幸せ」が待っているものだと実感しています。


　私は，「対話・話し合い」の指導を重視し，大切にしてきました。

　ここでは，その中から6つの取り組みについて説明します。

## 1. 価値語の指導

　荒れた学校に勤務していた20数年前のことです。私の教室に参観者が増え始めたころです。ある先生が,

　「菊池先生のよく使う言葉をまとめてみました。菊池語録です」

　と, 私が子どもたちによく話す言葉の一覧を見せてくれました。

　子どもたちを言葉で正す, ということを意識せざるを得なかった私は, どちらかといえば父性的な言葉を使っていました。

　・私, します。

　・やる気のある人だけでします。

　・心の芯をビシッとしなさい。

　・何のために小学生をしているのですか。

　・さぼる人の2倍働くのです。

　・恥ずかしいと言って何もしない。

　　それを恥ずかしいというんです。

　といった言葉です。

　このような言葉を, 私だけではなく子どもたちも使うようになりました。

　価値語の誕生です。

　全国の学校, 学級を訪れると, 価値語に出合うことが多くなりました。その学校, 学級独自の価値語も増えています。子どもたちの素敵な姿の写真とともに, 価値語が書かれている「価値語モデルのシャワー」も一般的になりつつあります。

　言葉が生まれ育つ教室が, 全国に広がっているのです。

　教師になったころに出合った言葉があります。大村はま先生の「ことばが育つとこころが育つ　人が育つ　教育そのものである」というお言葉です。忘れてはいけない言葉です。

　「言葉で人間を育てる」という菊池実践の根幹にあたる指導が, この価値語の指導です。

## 2. スピーチ指導

　私は，スピーチ指導からコミュニケーション教育に入りました。自己紹介もできない6年生に出会ったことがきっかけです。

　お師匠さんでもある桑田泰助先生から，

　「スピーチができない子どもたちと出会ったんだから，1年かけてスピーチができる子どもに育てなさい。走って痛くなった足は，走ってでしか治せない。挑戦しなさい」

　という言葉をいただいたことを，30年近くたった今でも思い出します。

　私が，スピーチという言葉を平仮名と漢字で表すとしたら，

　『人前で，ひとまとまりの話を，筋道を立てて話すこと』

　とします。

　そして，スピーチ力を次のような公式で表しています。

　『スピーチ力＝（内容＋声＋表情・態度）×思いやり』

　このように考えると，スピーチ力は，やり方を一度教えたからすぐに伸びるという単純なものではないと言えます。たくさんの要素が複雑に入っているのです。ですから，意図的計画的な指導が求められるのです。そもそも，コミュニケーションの力は，経験しないと伸びない力ですからなおさらです。

　私が，スピーチ指導で大切にしていることは，「失敗感を与えない」ということです。学年が上がるにつれて，表現したがらない子どもが増えるのは，過去に「失敗」した経験があるからです。ですから，

　「ちょうどよい声で聞きやすかったですよ。安心して聞ける声ですね」

　「話すときの表情が柔らかくて素敵でした。聞き手に優しいですね」

　などと，内容面ばかりの評価ではなく，非言語の部分にも目を向け，プラスの評価を繰り返すことが重要です。適切な指導を継続すれば必ず伸びます。

## 3. コミュニケーションゲーム

　私が教職に就いた昭和50年代は，コミュニケーションという言葉は，教育界の中ではほとんど聞くことがありませんでした。「話し言葉教育」とか「独話指導」といったものでした。

　平成になり，「音声言語指導」と呼ばれるようになりましたが，その多くの実践は音読や朗読の指導でした。

　そのような時代から，私はコミュニケーションの指導に力を入れようとしていました。しかし，そのための教材や先行実践はあまりありませんでした。私は，多くの書店を回り，「会議の仕方」「スピーチ事例集」といった一般ビジネス書を買いあさりました。指導のポイントを探すためです。

　しかし，教室で実践しましたが，大人向けのそれらをストレートに指導しても，小学生には上手くいきませんでした。楽しい活動を行いながら，その中で子どもたち自らが気づき発見していくことが指導のポイントだと気がついていきました。子どもたちが喜ぶように，活動をゲーム化させる中で，コミュニケーションの力は育っていくことに気づいたのです。

　例えば，対決型の音声言語コミュニケーションでは，
・問答ゲーム（根拠を整理して話す）
・友だち紹介質問ゲーム（質問への抵抗感をなくす）
・でもでもボクシング（反対意見のポイントを知る）

　といった，対話の基本となるゲームです。朝の会や帰りの会，ちょっとした隙間時間に行いました。コミュニケーション量が，「圧倒的」に増えました。

　ゆるやかな勝ち負けのあるコミュニケーションゲームを，子どもたちは大変喜びます。教室の雰囲気がガラリと変わり，笑顔があふれます。

## 4. ほめ言葉のシャワー

菊池実践の代名詞ともいわれている実践です。30年近く前から行っている実践です。

2012年にNHK「プロフェッショナル仕事の流儀」で取り上げていただいたことをきっかけに，全国の多くの教室で行われているようです。

「本年度は，全校で取り組んでいます」

「教室の雰囲気が温かいものに変わりました」

「取り組み始めて5年が過ぎました」

といった，うれしい言葉も多く耳にします。

また，実際に訪れた教室で，ほめ言葉のシャワーを見せていただく機会もたくさんあります。どの教室も笑顔があふれていて，参観させていただく私も幸せな気持ちになります。

最近では，「ほめ言葉のシャワーのレベルアップ」の授業をお願いされることが増えました。

下の写真がその授業の板書です。内容面，声の面，表情や態度面のポイントを子どもたちと考え出し合って，挑戦したい項目を自分で決め，子どもたち自らがレベルを上げていくという授業です。

どんな指導も同じですが，ほめ言葉のシャワーも子どもたちのいいところを取り上げ，なぜいいのかを価値づけて，子どもたちと一緒にそれらを喜び合うことが大切です。

どの子も主人公になれ，自信と安心感が広がり，絆の強い学級を生み出すほめ言葉のシャワーが，もっと多くの教室で行われることを願っています。

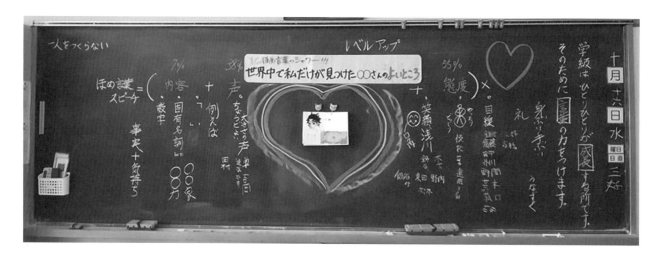

## 5. 対話のある授業

　菊池実践の授業の主流は，対話のある授業です。具体的には，

・自由な立ち歩きのある少人数の話し合いが行われ

・黒板が子どもたちにも開放され

・教師が子どもたちの視界から消えていく

　授業です。教師主導の一斉指導と対極にある，子ども主体の授業です。

　私は，対話の態度目標を次の3つだと考えています。

① しゃべる

② 質問する

③ 説明する

　それぞれの技術指導は当然ですが，私が重視しているのは，学級づくり的な視点です。以下のような価値語を示しながら指導します。

例えば，

・自分から立ち歩く

・一人をつくらない

・男子女子関係なく

・質問は思いやり

・笑顔でキャッチボール

・人と論を区別する

　などです。

　対話のある授業は，学級づくりと同時進行で行うべきだと考えているからです。技術指導だけでは，豊かな対話は生まれません。形式的で冷たい活動で終わってしまうのです。

　学級づくりの視点を取り入れることで，子どもたちの対話の質は飛躍的に高まります。話す言葉や声，表情，態度が，相手を思いやったものになっていきます。聞き手も温かい態度で受け止めることが「普通」になってきます。教室全体も学び合う雰囲気になってきます。学び合う教室になるのです。

　正解だけを求める授業ではなく，新たな気づきや発見を大事にする対話のある授業は，学級づくりと連動して創り上げることが大切です。

## 6. ディベート指導

私の学級の話し合いは, ディベート的でした。

私は, スピーチ指導から子どもたちの実態に合わせて, ディベート指導に軸を移してきました。その理由は, ディベートには安定したルールがあり, それを経験させることで, 対話や話し合いに必要な態度や技術の指導がしやすいからです。

私は, 在職中, 年に2回ディベート指導を計画的に行っていました。

1回目は, ディベートを体験することに重きを置いていました。1つ1つのルールの価値を, 学級づくりの視点とからめて指導しました。

例えば, 「根拠のない発言は暴言であり, 丁寧な根拠を作ることで主張にしなさい」「相手の意見を聞かなければ, 確かな反論はできません。傾聴することが大事です」「ディベートは, 意見をつぶし合うのではなく, 質問や反論をし合うことで, お互いの意見を成長させ合うのです。思いやりのゲームです」といったことです。これらは, 全て学級づくりでもあります。

2回目のディベートでは, 対話の基礎である「話す」「質問する」「説明する（反論し合う）」ということの, 技術的な指導を中心に行いました。

例えば, 「根拠を丁寧に作ります。三角ロジックを意識します」「連続質問ができるように。論理はエンドレスです」「反論は, きちんと相手の意見を引用します。根拠を丁寧に述べます」といった指導を, 具体的な議論をふまえて行います。

このような指導を行うことで, 噛み合った議論の仕方や, その楽しさを子どもたちは知ります。そして, 「意見はどこかにあるのではなく, 自分（たち）で作るもの」「よりよい意見は, 議論を通して生み出すことができる」ということも理解していきます。知識を覚えることが中心だった今までの学びとは, 180度違うこれからの時代に必要な学びを体験することになります。個と集団が育ち, 学びの「社会化」が促されます。

ディベートの持つ教育観は, これからの時代を生きる子どもたちにとって, とても重要だと考えています。

## 【4年生の授業】

　4年生は，共同的な学びの楽しさを，体験を通して実感させる授業です。

　漢字の「田」の中に隠されている漢字を，友だちと協力してたくさん探すという学習ゲーム的な授業です。

　授業の展開は，

① 　一人で探す

② 　友だちと交流して増やす

というシンプルな内容です。

　この授業のポイントは，交流のレベルを上げるということです。学び合う，教え合う活動のレベルを上げるということです。

　自由な立ち歩きの交流を取り入れることに，多くの先生は不安を持っているようです。

・勝手に遊ぶのではないか

・男子と女子が別々になるのではないか

・一人ぼっちの子どもが出るのではないか

・答えを写すだけの子どもが出るのではないか

といったことが，主な原因のようです。

　「対話のある授業」のところでも述べたように，自由な立ち歩きのある対話を取り入れると，このような気になることは当然起きるものです。

　大切なのは，そのような気になることを，子どもたちとも相談しながら克服していくことなのです。学級づくりの視点を持って，克服していくのです。

　本書の付録DVDでは，

・一人をつくらない

・男子女子関係なく

・えがおで話し合い

といったことを，1回目の交流の後に指導して，学び合いをよりダイナミックにしています。

## 【5年生の授業】

　5年生の授業では，考えが分裂する問いを教師が示し，ディベート的な話し合いをしています。

　目標や願いといった意味での「夢」は，「大きい方がいいか，小さい方がいいか」という問いを示し，

・自分の立場を決める

・理由を考える

・立場で別れて理由を出し合う

・全体の場で話し合いを行う

といった場面が，付録DVDには収められています。

　この授業でも，「ひとりひとり違っていい」という考えを大事にしています。安心感を持たせるためです。それによって，違いを出し合うことに抵抗感が少なくなり，学びを深め合えると考えるからです。

　また，映像でも分かると思いますが，黒板の左5分の1に，価値語を書いています。

・迫力姿勢

・自分らしさを出す

・えがお

・書いたら発表

などです。教師が，子ども同士が学び合う，つながり合うために必要だと考えたことを，「見える化」させているのです。そうすることで，子どもたちは何をどう頑張ればいいのかを理解します。言葉は実体験を求めるという性質があるので，学びの姿勢に勢いも出てきます。

　教師は，そのような子どもの発言や聞き合う姿を，受容的に受け止めます。少しずつ確実に学び合う教室へと成長していきます。

## 【6年生の授業】

　6年生の授業は，ペア・グループでの話し合いのポイントを示しています。多くの教室で，どの教科でもペア・グループの話し合いを取り入れていると思います。しかし，その多くは，「話し合いましょう」という指示だけで，子どもたちに「丸投げ」のようです。指導がないのです。

　授業動画では，
「最初に『お願いします』，終わりには『ありがとうございました』」
と言うように，指導しています。この一言があるだけで，子どもたちの話し合いは積極的なものに変わります。

　私は，学級に対話・話し合いのグランドルールを作るべきだと強く思っています。例えば，

① 何を言ってもいい
　（下品なことや人が傷つくこと以外）
② 否定的な態度で聞かない
③ なるべく問いかけ合うようにする
④ 話さなくても一生懸命に聞けばいい
⑤ 知識よりも経験を話すようにする
⑥ 考えが変わってもいい
⑦ 考えが分からなくなってもいい
といったものです。

　子どもたちのいいところを取り上げたり，子どもたちと一緒になって話し合って決めたりする中で，1年間かけて作り上げるみんなの約束です。安心して対話や話し合いができるように，土台を作るのです。

　また，この動画では，教師が一人の子どもと対話している場面があります。意図的にしています。1対1の対話をすることで，他の子どもたちは聞き耳を立てて話を聞きます。教師の伝えたいことが，全員に浸透していきます。

　共同的な学びがより成立するためのルール作りや，それらを生み出す教師のパフォーマンスは重要です。

# 4年「音読」〜グループで取り組む

岡　篤

## 〈間（ま）を教える〉

　音読の際に，句点（。），読点（，）を意識させる方法として，間（ま）の取り方をクラスでそろえるという方法があります。例えば，句点は2拍，読点は1拍，といった具合です。はじめは，教師が「いち，に」と声を出して間を取ります。次に，黒板や机を叩いてトントンと音を立てて同じように間を取ります。次は，子どもが句点で2回，読点で1回，軽くうなずきます。最後に，「心の中で数えましょう」とすれば，比較的短期間で，句読点を意識することができます。

　もちろん，この読み方は絶対ではありません。句読点の使い方や文脈によっては，ふさわしくない場合も出てきます。そのときは，そこで指導をすればよいのです。あくまで，初歩の段階で，句読点を意識させる手立てとして，この方法があるということです。

## 〈会話文（「　」）の前後も間をあける〉

　「　」の間を指導すると，読み方が大きく変わります。私は，「　」も2拍あけるように言う場合が多いです。子どもには，「聞いている人には，かぎかっこがついているのか，どうか分かりません。それを，間をとって伝えます」と教えています。

　さらに，いわゆる「地の文」と登場人物の話す言葉との区別がこの「　」でつけられているということも教えます。地の文はふつうの読み方で読み，「　」になると，登場人物の様子を頭にイメージしながら読むようにいいます。

　実際に，読み方を大きく変えることは難しいので強要はしません。しかし，子どもなりに，登場人物をイメージして読もうとすることで，読解へつながる音読になることでしょう。

## 〈グループで読み方を考える〉

　ときには，グループで読み方の工夫を考えさせてもよいでしょう。あらかじめ，大きな声で読む，速く読む，複数で読むなどの読み方を指導しておきます。その上で，指定した部分の読み方をグループで相談して考えさせます。

　しばらくグループで練習した後に，発表してもらいます。聞いている子たちには，どんなところを工夫していたか，それはどんな感じがしたかなどの感想を言うように求めます。

# 4年「俳句の作り方」
## ～五七五，季語，×うれしいな

岡 篤

## 〈五七五の心地よさ〉

　五七五のリズムは，日本人にとって理屈抜きに心地よいものです。古代から使われているためか，日本語の特性に合っているのか，理論的なことはよく分かりません。小学生への指導を続けてきての実感です。

　ただし，そんな五七五でも，授業で全員に俳句を作らせるとなると，二の足を踏む人が少なくありません。「どう教えたらよいのか分からない」「どんな俳句がいいのか自信がない」といった質問をたくさん受けてきました。

## 〈初期のポイント2点〉

　俳句指導を始めるときのポイントは，次の2点です。
・できるだけ，五七五に仕上げる。
・できるだけ，季語を使う。
「なんだ」と思われるでしょうか。しかし，意外とこの2点が有効に使われていないとも感じています。

## 〈やっぱり五七五に仕上げる〉

　一つ目の「できるだけ」は，表現を変えると「教師がアドバイスをしてでも」となります。子どもの作品は，不用意に字余りや字足らずを行っている場合がほとんどです。俳人が意図的に行う場合と違い，多くは大人が手を入れれば五七五になり，作品としてもよくなります。遠慮せずにどんどん添削して「こうしたら?」とアドバイスしましょう。

## 〈季語はイメージが広がるから使う〉

　二つ目の「できるだけ」とは逆に，「季語がなくてもよい俳句もある」ということです。季語を使った方がよいのは，「俳句の決まりだから」ではありません。季語は，日本の四季のイメージを凝縮した言葉です。そのため，季語を使うとその俳句のイメージが広がりやすくなります。

　逆にいえば，イメージが広がる俳句であれば，季語がなくてもよい俳句です。学校生活でいうと，「給食」や「参観日」などは，子どもも教師もイメージが広がる言葉ではないでしょうか。こういった言葉を使えば，無理に季語を入れなくても，読み手がイメージを広げる俳句になる可能性もあります。

## 〈多作多捨〉

　俳句の世界には，多作多捨という言葉があります。文字通り，たくさん作って，たくさん捨てるのです。有名な俳人は，ほぼ多作です。膨大な数の俳句の中からほんの一部が残り，さらにそのうちのわずかな句が一般に知られているだけです。まして，小学生の授業で名作が生まれることを期待するべきではありません。楽しく，気軽に作れば十分です。

# まるごと授業 国語 4年(上)

# こんなところが同じだね

## ◉ 指導目標 ◉

・様子や行動，気持ちや性格を表す語句の量を増し，話や文章の中で使うことができる。
・話し手が伝えたいことや自分が聞きたいことの中心を捉え，自分の考えをもつことができる。
・これまでの学習をいかして，進んで話したり聞いたりし，相手の伝えたいことや自分が聞きたいことの中心を捉えようとすることができる。

## ◉ 指導にあたって ◉

### ① 教材について

　国語の学習に入る前の準備段階の教材です。扉の詩を読んだり，目次や「四年生の国語の学びを見わたそう」を見て国語学習の見通しを立てさせたりします。扉の詩「かがやき」は，4年生で最初に目にする詩です。輝きをもたらす太陽が今，山から離れ，旅立とうとする瞬間を表したものです。輝くような未来が今から始まるんだよ，というメッセージが込められています。

　「言葉のじゅんび運動」という友達との共通点探しの活動は，話し方・聞き方で気をつける点や大事な点に目を向けさせる1時間の学習になります。楽しく同じクラスの友達のことを知ることができる教材でもあります。

### ② 主体的・対話的で深い学びのために

　4年生になって初めての国語の授業時間です。友達との共通点探しは，話すこと，聞くことに関する4年の国語教材として初めての活動となります。ペアやグループで友達と自分との共通点を探そうと，より積極的に自分のことを友達に伝えようとしたり，友達の話を聞いたりしようとするでしょう。お互いの共通点を対話で探していく中で，より分かり合うことができ，共通点を知れば親近感がわいてきます。この活動を通して，友達との距離が縮まることでしょう。

　また，緊張で話せない児童もいると考えられる時期でもあります。クラスの実態や活動の様子に配慮しながら，型にはまりすぎず，場の雰囲気が温かく楽しいものになるようにしましょう。

| 知識 及び 技能 | 様子や行動，気持ちや性格を表す語句の量を増し，話や文章の中で使っている。 |
|---|---|
| 思考力，判断力，表現力等 | 「話すこと・聞くこと」において，話し手が伝えたいことや自分が聞きたいことの中心を捉え，自分の考えをもっている。 |
| 主体的に学習に取り組む態度 | これまでの学習をいかして，進んで話したり聞いたりし，相手の伝えたいことや自分が聞きたいことの中心を捉えようとしている。 |

## ◉ 学 習 指 導 計 画 　 全 1 時 間 ◉

| 次 | 時 | 学習活動 | 指導上の留意点 |
|---|---|---|---|
| 1 | 1 | ・扉の詩をみんなで読み，思ったことを話し合う。<br>・目次や巻頭ページを見て，国語学習の見通しをもつとともに，学習の進め方を確かめる。<br>・2人1組になって，お互いの共通点を探す。<br>・4人グループで共通点を探す。<br>・みんなに教えたい共通点を発表し合う。 | ・初めての国語の授業。期待感を大事にすることが第一となる。そのためにも扉の詩はみんなで読む楽しさに気づかせる。<br>・聞く，話すといった学習習慣をつけていく第一歩でもある。楽しく対話させることで，4月初めの緊張感をほぐす。また，型にとらわれすぎず，空気を柔らかくすることで，雰囲気の盛り上がりを大切にしたい。 |

**本時の目標**

扉の詩を読み，これからの学習に期待と見通しをもつ。
話したり聞いたりすることで，友達との共通点を見つけ，親しくなるきっかけを作る。

**授業のポイント**

楽しく会話をさせることで，4月はじめの緊張感をほぐす。また，型にとらわれすぎず，空気を柔らかくすることで，雰囲気の盛り上がりを大切にしたい。

**本時の評価**

自分から共通点を探すために話そうとしている。
相手が話そうとしているときに，耳を傾け聴こうとしている。

**板書例**

〈交流〉共通点を見つけたペアは，「イェーイ」と声を出して，ハイタッチします。触れ合うことで，

◇ 共通点を見つけるよさは？
　・なかよくなれる
　・会話がはずむ

◇ ペアでさがそう
　　　　　　　　　※

見える部分
　・ふくそう
　・もちもの

見えない部分
　・好きな〇〇
　・兄弟
　・生年月日
　・起きた時間
　　　　　　※

☆ いくつ見つけたかな
| | | |
|---|---|---|
| 1位 | 14個 | |
| 2位 | 10個 | |
| 3位 | 8個 | |

※名札を貼る。

◇ 四人でさがそう

◇ 四人の共通点を一つ発表しよう
　「四人の共通点は〇〇です。」

★発表を聞いた人は，はくしゅ、リアクション

---

## 1 読む 対話する　扉の詩「かがやき」を読み，感想を出し合おう。

教科書の表紙を開き，「かがやき」を範読する。

「この詩は，どんなところで書かれたと思いますか。」
　・外です。自然がいっぱいのところ。
　・山の中。空気がきれいそうです。

　　一斉読みをして，その後数人に読ませてもよい。最初の国語の授業なので，読む姿勢，聞く姿勢も指導する。

「この詩は，いつごろを表しているのでしょう。」
　・3連目「太陽が山をはなれた」とあるから，朝かな。

詩を読んで，どんな気持ちになりましたか。

朝のいい空気，自然がいっぱいです。

雲もみんなも，輝いています。

元気が出てきます。

目次や巻頭ページを見て，国語学習の見通しを持たせるとともに，学習の進め方を簡単に確かめる。

---

## 2 めあて 対話する　共通点を見つけるよさを考え，見える部分の共通点を探そう。

課題「友だちとの共通点をさがそう」を板書する。

「友達と『同じところ』を見つけるよさって何かな。」
　・仲良くなれる。
　・分かると，会話がはずむ。
「では，ペアになりましょう。相手を見て，持ち物や服装など，目で見える同じところを見つけましょう。」

　　30秒黙って探させ，ノートにメモをさせる。

だれか見つけた共通点を発表してください。何でもいいですよ。

筆箱の形が同じ四角です。

青い服を着ているのが同じです。

まず，見本でだれかに発表してもらう。

「何個言えるかな。見つけたら数えていきましょう。」
　　時間を区切り，多数見つけたペアの名札を黒板に貼る。

児童の心の距離を縮めることができるでしょう。

## 主体的・対話的で深い学び

・「共通点探し」活動では，前置きなく「友達との共通点を見つけよう」と発問しても，対話ははずまない。はじめに共通点を見つける意義を考えることで，積極的に考えようとする布石を打つことになる。
・展開2の活動で「いくつ探せるか」というゲーム性をもたせることで，より積極的に楽しく活動させたい。
・見えない部分のことを相手に質問させることで，話すきっかけの抵抗感を減らす。

### 準備物

・名札（磁石がついているもの）

---

こんなところが同じだね

め 四年生でどんな学習をするのか知ろう
友だちとの共通点をさがそう

〈とびらの詩〉
「かがやき」
・朝の詩
・自然がいっぱい
・雲もみんなもかがやいている
・元気が出てくる
※

友だちとの共通点をさがそう

※児童の発表を板書する。

---

## 3 対話する お互いのことを聞き合って見えない共通点を探そう。

「見える共通点がたくさん探せました。今度は，見えない共通点を探しましょう。見えないのだから質問し合わないと分かりません。どんなことを聞くといいかな。」
・何か，好きなもの。好きな食べ物とか。
・起きた時間もいいね。
・兄弟。生年月日も。

たくさん出し合わせ，共通点を探すヒントとさせる。

では，2分間で共通点を探してみましょう。
兄弟はいる？
ぼくもお兄ちゃんがいる！
お兄ちゃんと，妹がいるよ。

「ペアで友達との共通点がたくさん見つけられましたね。」

---

## 4 対話する 交流する 4人の共通点を探し，クラス全体で発表しよう。

「では，2つのペアで4人組を作りましょう。4人が集まると，2人より共通点を探すのが難しくなります。ペアで見つけた共通点を出し合って，できるだけたくさん探してみましょう。」
・ぼくたちの共通点は，お兄ちゃんがいることと…。
・わたしたちの方は，朝起きる時間が一緒で…。

さあ，他の班が驚くような共通点は見つけられましたか。みんなに教えたい共通点を1つずつ発表しましょう。

4人の共通点は，全員の下の名前が「や行」ではじまることです！

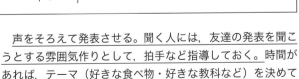

声をそろえて発表させる。聞く人には，友達の発表を聞こうとする雰囲気作りとして，拍手など指導しておく。時間があれば，テーマ（好きな食べ物・好きな教科など）を決めて相談させ，発表させてもよい。

# 春のうた

## ◉ 指導目標 ◉

- 詩全体の構成や内容の大体を意識しながら音読することができる。
- 登場人物の気持ちの変化や性格，情景について，場面の移り変わりと結び付けて具体的に想像することができる。
- 進んで詩全体の構成や内容の大体を意識し，学習課題に沿って音読しようとすることができる。

## ◉ 指導にあたって ◉

### ① 教材について

　　詩の前書きに書かれているように，蛙は冬の間は暗い地中で冬眠し，春になると地上に出てきます。『春のうた』は，春になって初めて地上に顔を出したときの蛙の目に映った世界をうたった詩です。そして，その世界が生き生きとした言葉で表現されています。これは，この春進級した児童の新鮮な心情とも重なります。新しい教室，窓から見える景色，新しい教科書，友だち。4月の児童には，目に入るもの触れるものが，『ほっ』と声が出るような心の動きをともなって受けとめられていることでしょう。このように，『春のうた』は，4月の新学年当初に学ぶ詩としてもふさわしい詩だといえます。

　　詩の前書きとして，『…そのはじめての日のうた。』とあります。読んでいく前提として，詩人が入れたものです。まず，この設定をみんなで確かめた上で読んでいくことが，詩の世界に入り共感していく出発点になります。

### ② 主体的・対話的で深い学びのために

　　対話 ( 交流 ) の前には，この詩では何がどううたわれているのか，基本的な読み取りが必要です。ここでは，『蛙の目から見た世界』，つまり蛙の視点で書かれているということを，まずみんなで確かめておきます。ですから，読むのも蛙の視点に重ねて，水や風，草花や雲といった『見たもの』『感じたもの』を読んでいきます。

　　その上で，自分はどう思ったのか，感じたのかを対話を通して交流します。たとえば，詩の中では『ほっ』という言葉が出てきます。何度も出てくるこの『ほっ』という言葉や『ケルルン　クック』という声を，どうとらえたのかなど，児童の自由な思いや感想を，対話を通して交流できるでしょう。そして，とらえたことや感じたことは，音読を通して表現します。音読には多様なやり方があります。時には野外に出て，蛙になって，自然の中での音読をしてもよいでしょう。

| 知識 及び 技能 | 詩全体の構成や内容の大体を意識しながら音読している。 |
|---|---|
| 思考力，判断力，表現力等 | 「読むこと」において，登場人物の気持ちの変化や性格，情景について，場面の移り変わりと結び付けて具体的に想像している。 |
| 主体的に学習に取り組む態度 | 進んで詩全体の構成や内容の大体を意識し，学習課題に沿って音読しようとしている。 |

◉ 学 習 指 導 計 画　　全 1 時 間 ◉

| 次 | 時 | 学習活動 | 指導上の留意点 |
|---|---|---|---|
| 1 | 1 | ・音読し，場面の状況をとらえる。<br><br>・蛙の目に見えたもの，感じたことを読み取る。<br><br><br><br>・詩を音読し，感想を話し合う。 | ・冬眠していた蛙が，『地上に出てきたはじめての日のうた』であることを確かめ合う。<br>・蛙の目から見た『ほっ　まぶしいな』『水はつるつる』など，その感じをとらえさせる。『ケルルン　クック』という鳴き声についてもその感じについて話し合わせる。<br>・読み取った情景を，音読にも表現できるよう，間の取り方や読み方などを工夫させる。 |

※教科書では，詩の後に『つづけてみよう』として『国語辞典に親しもう』という学習が出ています。これを，この1時間で詩といっしょに学習するのは，学習内容から見て，また時間的に見ても難しいと思われます。本時とは別に学習時間を設けて，取り上げた方がよいでしょう。

💿 収録（イラスト，画像）※本書 P32，33 に掲載しています。

# 春のうた

## 第 1 時 （1/1）

### 本時の目標
春，地上に出てきた蛙の目から見た情景を想像して音読し，思ったことを話すことができる。

### 授業のポイント
蛙の視点で書かれていることに気づかせる。蛙の心の弾みや喜びに気づかせ，音読させる。冬の地面の下も想像させ，春の明るさを対比的にとらえさせる。

### 本時の評価
春になって，地上に出てきた蛙の目に見えた情景をとらえ，その喜びを音読で表現できている。

**板書例**

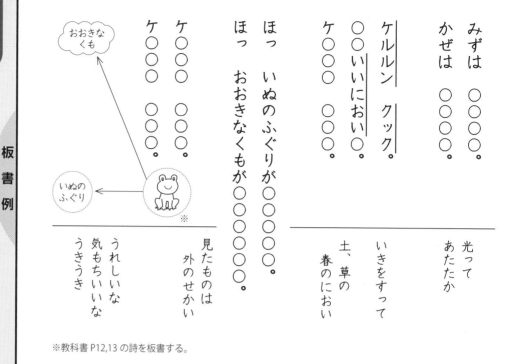

※教科書 P12,13 の詩を板書する。

---

## 1 音読する 読む　音読し，前書きから，『場面』や『いつ』について話し合おう。

「『春のうた』という詩を読みます。まず，先生が読みます。蛙が登場します。さあ，蛙が見たものとは何でしょう。聞く姿勢をしましょう。」（範読）
「今度はみんなで読んでみましょう。」（何回か斉読）

> どんなときのことをうたった詩なのか，初めの３行に書いてあります。まず，そこを読んでみましょう。

> 『かえるは…春になると地上に出てきます。そのはじめての日のうた。』と書いてあります。

> かえるが，冬眠から覚めた日のことです。

黒板に簡単に地平線を描く（板書参照）。

「蛙は，冬の間はどこにいたのでしょう。」
　・地面の中です。このあたり（黒板に指しにくる）。
「では，『はじめての日』，蛙はどこにいるのかな？」
　・（指して）ここ，地面から出てきたところです。

蛙が冬眠することについては説明する。

## 2 読む 対話する　『ほっ　まぶしいな』という言葉を読み，その意味を話し合おう。

「このように，この詩は，春は春でも，蛙が初めて地上に出てきたときのことをうたったものです。そのつもりで読んでいきましょう。」（一人読み・斉読）
「まず，蛙が感じたことは，何だったのでしょう。」
　・『ほっ　まぶしいな』です。急に明るいところに出たから…。トンネルから出たときみたいだったかな。
　・『ほっ　うれしいな』とも思っています。ずーっと暗い地面の中だったから，出られてうれしかったんだ。

> このときの蛙の『ほっ』という言葉は，どんな気持ちから出た言葉だと思いますか。

> 蛙が『ほっ』と驚いている。あんまり明るいので…。

> 『おお』という感じ，すごいなと感動しているのかな。

> 珍しいものを見つけたときの言葉，『わあ』みたいです。

児童の自由な発言でよく，どの発言も認める。

「この２行を，出てきた蛙になって読んでみましょう。」

します。

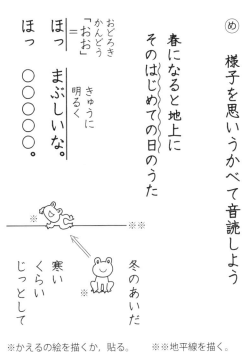

様子を思いうかべて音読しよう

春のうた　　草野心平

め

春になると地上に
そのはじめての日のうた

ほっ　まぶしいな。
ほっ　○○○○○。

〔おどろき　かんどう「＝おお」〕
〔きゅうに　明るく〕

冬のあいだ
寒い
くらい
じっとして

※かえるの絵を描くか，貼る。　　※※地平線を描く。

## 主体的・対話的で深い学び

・詩でも物語でも，語り手の視点がある。この場合は，蛙の目に沿ったところに視点があり，蛙の目を通してとらえた地上の春がうたわれている。だから，読むときにも，詩の言葉から，蛙の目に見えたものや感じられたことは何かを，まずとらえるようにする。そのうえで，その内容や表現についてどう感じたのか，どう思ったのかを自由に話し合うようにする。

・なお，作者の詩人である草野心平は，他にも蛙が登場する詩を書いている。発展として伝えてもよい。

### 準備物

・（黒板掲示用）蛙の切り抜き … 裏にマグネットシート
（黒板掲示用イラスト 🟥DVD 収録【4_02_01】）
※「蛙は，今どこにいるのでしょう。」などと尋ねて貼らせるとよい。

・画像（🟥DVD 収録「オオイヌノフグリ」【4_02_02，4_02_03】）

## 3 読む 対話する　蛙に感じられたもの，蛙の目に見えたものは何か，話し合おう。

「次に，蛙が見たり感じたりしたことは何でしたか。」
・『みずは　つるつる』『かぜは　そよそよ』
「『つるつる』ってどんな様子，感じなのでしょうか。」
・触って気持ちがいい水。それに光っている感じです。
・『そよそよ』も，温かくて気持ちのいい風です。

　蛙の目から見たり感じたりした表現について，自分なりにとらえたことを話し合う。

「『ああいいにおいだ。』と，蛙が（鼻で）感じています。どんなにおいだと思いますか。」
・土とか，草のにおい，冬にはなかったにおいです。

『ほっ　いぬのふぐりがさいている。』『ほっ　おおきなくも（雲）がうごいてくる。』ここでは，蛙はどこを見ていますか。

目の前の草花です，イヌノフグリです。

遠く上を見て，空の上の雲を見ています。どちらも『ほっ』です。

## 4 まとめ 交流する　『ケルルン　クック』について話し合い，詩を音読しよう。

　詩では，蛙から見た春が，全身でとらえた喜びとして表現されている。『ケルルン　クック』もその１つ。
「『ケルルン　クック』って何でしょう。」
・蛙の鳴き声だと思います。なんだか楽しそう。

鳴き声ですね。ゲコゲコやゲロゲロと違って，『ケルルン　クック』です。どんな感じがしましたか。

うれしいときに出る鳴き声，みたいです。

外へ出て気持ちよくなって，つい出た鳴き声かな。

ケルルン　クック，ケルルン　クック，おもしろいな。

　『ケルルン　クック』を，何度か声に出させてみる。
「では蛙といっしょに地上に出てきたつもりで，詩を音読しましょう。暗唱できる人は，本を閉じて。」
　斉読や，交代読み，指名読みなど，多様な形で読む。

「思ったことを発表しましょう。」（感想の交流）
　時間に応じて，用紙等に視写させるのもよい。

# 白いぼうし

全授業時間 7 時間

## ◉ 指導目標 ◉

- 登場人物の行動や気持ちなどについて，叙述を基に捉えることができる。
- 文章全体の構成や内容の大体を意識しながら音読することができる。
- 文章を読んで理解したことに基づいて，感想や考えをもつことができる。
- 積極的に，登場人物の行動や気持ちなどについて叙述を基に捉え，学習課題に沿って，考えたことを話し合おうとすることができる。

## ◉ 指導にあたって ◉

### ① 教材について

　　タクシーの運転手の松井さんが出会った不思議な出来事（が起こる世界）を書いたお話です。そこでは，松井さんと男の子，また女の子との温かなふれあいが描かれていますが，そこに松井さんの明るく誠実な人柄が読み取れます。

　　『場面と場面をつなげて，考えたことを話そう』という学習課題で読み進めます。文章には，はっきりとは書かれてはいませんが，『女の子は，ちょうだったのかも知れない』と考える児童は多くいます。それは，場面と場面をつないで読み進めると，そう思えるような話の筋（プロット）になっているからです。松井さんが女の子をタクシーに乗せた場面や消えたところ，また小さな野原で小さな声を聞いた場面など，場面とそこでの出来事をつないで考え，話し合うようにします。そして，『わたしはこう思った』などと自分の読みを深め，また音読でも表現します。

　　こういったことを考えるための『問い』も作りますが，『よい問い』を作るのは児童にはかなり難しいことになります。教師の手助けも必要です。

　　『白いぼうし』は，色や匂いの表現も豊かです。夏みかんの黄色，ぼうしの白，柳の緑，このような色や夏みかんのにおいから，明るい初夏の情景が目に浮かびます。思い描いた情景について，話し合うこともできるでしょう。

### ② 主体的・対話的で深い学びのために

　　まずは，文から離れた読みや対話にならないようにします。場面や人物像を捉えるのも，文章に叙述されている行動や様子をもとにして考え，話すことが対話の基本です。そして，それぞれの場面での人物の言葉や心の中のつぶやき，行動を文から確かめ合います。その上で問いを立て，『ぼく（わたし）は，このような出来事をどう見たのか，どう思ったのか』を話し合うことが，主体的な読みにつながります。根拠のない発言に対しては，『文章のどこを読んで，そう考えたのですか』などと，問い返してあげることも，確かな読み方に導くために必要です。

## ◉ 評価規準 ◉

| 知識 及び 技能 | 文章全体の構成や内容の大体を意識しながら音読している。 |
|---|---|
| 思考力，判断力，表現力等 | ・「読むこと」において，登場人物の行動や気持ちなどについて，叙述を基に捉えている。<br>・「読むこと」において，文章を読んで理解したことに基づいて，感想や考えをもっている。 |
| 主体的に学習に取り組む態度 | 積極的に，登場人物の行動や気持ちなどについて叙述を基に捉え，学習課題に沿って，考えたことを話し合おうとしている。 |

## ◉ 学習指導計画　全 7 時間 ◉

| 次 | 時 | 学習活動 | 指導上の留意点 |
|---|---|---|---|
| 1 | 1 | ・全文を読み，初めの感想を述べ合う。<br>・学習課題を聞き，見通しを捉える。 | ・学習課題は『場面と場面をつなげて，考えたことを話そう』として伝える。 |
| | 2 | ・場面分けをして，各場面の登場人物や出来事を整理し，物語の流れを読み取る。 | ・表に整理させ，中心人物の松井さんの人柄についても話し合う。 |
| | 3 | ・各場面の出来事と物語の流れをまとめ，不思議に思ったことから『問い』を考える。 | ・松井さんが乗せた女の子について考えたいことが『問い』となるようにする。<br>・『問い作り』は難しいので助言が必要。 |
| 2 | 4 | ・『女の子は，なぜ消えてしまったのか』を中心の問いとして，そのことにつながりのある場面の出来事について話し合う。 | ・女の子が消えたこととつながりのある第2場面や第3場面の出来事に気づかせ，問いについて考えさせる。 |
| | 5 | ・『問い』について，場面と場面をつなげて考えたことを話し合う。<br>・友達の考えを聞いて，読み直す。 | ・『女の子が消えた』ことは，第2，第3の場面とつながりがあることに気づかせ，その目で改めて音読させる。 |
| | 6 | ・友達の考えを聞き，『問い』について考えたことをノートに書きまとめる。 | ・『問い』についてだけでなく，全体を通して思ったこと（感想）も書かせる。 |
| 3 | 7 | ・『問い』ついて書きまとめたことや，全体的な感想を発表し，それを聞き合う。<br>・学習を振り返り，できたことや大切なことを確かめ合う。 | ・自分の考えと比べて発表を聞くようにさせ，話し合わせる。<br>・教科書も手引きにして振り返り，同じ作者のシリーズの本も紹介する。 |

📀 **収録（イラスト，画像，児童用ワークシート見本）** ※本書 P48，49 に掲載しています。

# 白いぼうし

## 第 ① 時 （1/7）

### 本時の目標
学習課題を知り，学習の見通しを捉える。
通読し，初めの感想を持つことができる。

### 授業のポイント
物語との出会いで，期待を持たせる。なお，1時目で『場面と場面をつなげて…』という学習課題の意味を捉えさせるのは難しい。伝えるだけでよい。

### 本時の評価
学習課題と見通しを捉えている。初めの感想を持つことができている。

**板書例**

読んで

〈心に残ったところ・出来事は？〉
・松井さん ＝ やさしそう，どんな人？
・女の子 ＝ ふしぎ
・白いぼうし ↗ 夏みかん ※
　　　　　 ↘ ちょう ※

〈学習すること〉

場面と場面をつなげて，
考えたことを話そう

○人物の様子を表すことば
○場面に書かれていることの
　つながりを見つけて
　　　　　⇐
読みすすめよう

---

## 1 対話する読む 　題名とリード文を読んで，お話を想像し，範読を聞こう。

「これから『白いぼうし』というお話を読んでいきます。<u>はじめの文（P15）を読んでみましょう。</u>」
　・タクシーの運転手さんが，主人公みたいだね。
　・名前は…松井さん。何が起こるのだろう？
　・『白いぼうし』も，出てくるのかな？

「白いぼうしをかぶるのは，いつごろでしょう？」
　・夏の初め（初夏），ちょうど今ごろです。
　・白いぼうしを見ると，夏になったなあと思います。
「この『白いぼうし』も，そんなころのお話です。」

どんなお話なのか，<u>まず，先生が読みます</u>。松井さんって，どんな人なのでしょうか。『白いぼうし』は出てくるのでしょうか。はい，聞く姿勢ですよ。

朗読 CD を聞かせてもよいが，範読の方がよい。

## 2 音読する 　『白いぼうし』を音読しよう。

まず，教師が範読する。句読点で間をとり，児童の表情も見ながら，ゆっくりと読み聞かせる。1行アキのところは，場面の変わり目なので，そこで間をとり，<u>児童にも場面が変わったことに気づかせる。</u>これを『場面と場面をつなげて…』という学習課題を捉えるための助走とする。

今度は，みんなで音読しましょう。場面の変わり目を，確かめましょう。松井さんの他に出てくる人物にも気をつけて読みましょう。

『これは，レモンのにおいですか。』ほりばたで乗せたお客の紳士が…

斉読では，まずは正しく読めることをめあてにし，読みにくい漢字には読み仮名もつけさせる。そのあと，4つの場面を意識させながら，各自で音読をさせる。

雰囲気を作りたいものです。

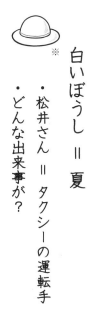

白いぼうし

あまん　きみこ

（め）
文しょうを正しく読んで
心に残ったことを話し合おう

※
白いぼうし ＝ 夏
・松井さん ＝ タクシーの運転手
・どんな出来事が？

※イラストを貼付する。

## 🔍 主体的・対話的で深い学び

・物語との出会いの1時間になる。題名やリード文から内容を想像させ，読んでみたいという期待感を持たせる。たどたどしい読みでは内容が頭に入ってこないので，ここは上手な範読で，物語と出会わせたい。そして，女の子に関わる疑問も含めて，心に残ったことを話し合い（対話），『場面と場面をつないで…』という『学習課題』につなぐ。ただ，このような課題は，児童からは出てこないので，教師が伝える課題になるだろう。

## 準備物

・黒板掲示用『白いぼうし』『夏みかん』『ちょう』イラスト
　DVD 収録【4_03_01】
　※動かせるように，裏にマグネットシートを貼っておく。

・（使う場合）朗読 CD

・参考画像『タンポポ』『モンシロチョウとタンポポ』
　DVD 収録【4_03_02，4_03_03】

## 3 対話する　心に残ったところなど，初めの感想を話し合おう。

「この物語で，中心の人物をあげるとすれば，誰ですか。また，どんな人だと思いましたか。」
　・運転手の松井さんです。ずっと出てきていました。
　・タクシーの運転手で，親切で優しそうな人です。

この物語で，心に残った場面や出来事は，ありましたか。それは，どんなことでしたか。

松井さんが，ちょうの代わりに夏みかんをぼうしに入れたところで，おもしろい人だと思いました。

松井さんは，なんだか楽しそうに仕事をしている人だと思いました。

「他に出てきた人物や出来事も見て，気づいたこと，考えたことも，話し合ってみましょう。」
　・突然女の子が出てきて，不思議なお話だと思いました。また，題が『白いぼうし』なのはどうしてかな？
　・ぼくも，女の子はどうなったのかなと思いました。

　女の子がちょうだとは思っていない児童もいる。

## 4 めあてつかむ　『場面と場面をつなげて，…』という学習課題を捉えよう。

「松井さんは優しそうな人だと思ったのですね。それから，女の子のことなど不思議に思ったことも出てきましたね。女の子のことについても，みんなで読んで考えていきましょう。」

読んで考えていくための，めあて（学習課題）があります。26 ページの【学習】『見通しをもとう』のところを読んでみましょう。

『場面と場面をつなげて，考えたことを話そう』人物の様子を表す言葉に気をつけて…。それぞれの場面に書かれていることのつながりを…。

「『白いぼうし』には4つの場面がありました。この4つの場面での出来事を，つないで考えると，松井さんに起こった出来事や女の子のことがよく分かってくるかもしれませんね。」

　再度，学習課題をみんなで読んで，確かめる。

白いぼうし　37

# 白いぼうし

## 第 2 時 （2/7）

### 本時の目標
4つの場面で構成されていることに気づき，各場面での登場人物と出来事とを整理し，物語の流れを読み取る。

### 授業のポイント
出来事の移り変わりを見えやすくするために，場面を整理する。また，松井さんの人柄についても考えさせる。

### 本時の評価
4つの場面で構成されていることに気づき，各場面での登場人物と出来事を整理し，物語の流れを読み取ることができている。

**板書例**

松井さんは、どんな人？
（せいかく・人がら）
←
松井さんのしたことや様子から

| ①車の中 | ②（外は） | ③車の中 | ④小さな野原の前 |
|---|---|---|---|
| 松井さん（お母さん） | おまわりさん（ちょう） | 松井さん 女の子 | たくさんの白いちょう 松井さん 女の子 男の子（声） |
| ・女の子が車にのっている ・男の子の声 せかせかと「早く」 | ・ちょうをにがす ・夏みかんを入れる ※ | 男の子（声）（お母さん） せかせかと「早く」 | ・松井さんは ・男の子のすがたをそうぞう ◎女の子がいなくなる 「よかったね」という 小さな声を聞く ・夏みかんのにおい |

---

## 1 音読する　場面ごとの場所と登場人物に気をつけて，音読しよう。

「『白いぼうし』のお話は，いくつかの場面に分かれていました。場面の区切り目は分かりましたか。」
- 場面は4つだったかな。最後は小さな野原の場面。
- 初めはタクシーの中の場面。出てくる人物は…。

> 今日は，そんな場面ごとに，場所や出てくる人物を考えて，お話の移り変わりを整理してみましょう。
> 確かめながら，まず，自分で声を出して読み通しましょう。

> 『…今日は，六月のはじめ。夏がいきなり…』

めあてを伝え，読み慣れのためにも各自音読させる。斉読でなく，一人ずつのばらばら読みでよい。

語句の意味については，クラスのやり方に応じて辞書を使うなどして調べさせる。または，教師が教える。

## 2 読む　4つの場面を確かめ，まず①の場面を整理しよう。

「このお話はいくつの場面からできていたのか，場面の始まりに①，②…と順に番号をつけましょう。」
- 場面の変わり目は，1行空いているから分かります。
- 場面は，全部で4つでした。

「①の場面はどこまでか，読んで確かめましょう。」
- （斉読）『…しんしはおりていきました。』①の場面はここまでです。

「次は，②場面の終わりまで読みましょう。」

みんなで読み，④場面まで確かめていく。

> では，①の場面の場所と出てきた人物を整理しましょう。出てきたのは誰でしたか。

> 場所は車の中，松井さんのタクシーの中です。

> 登場人物は，運転手の松井さんと乗せたお客の紳士です。夏みかんもある。

④の場面は，タクシーの中と外の2つに分けてもよい。

部分にも多くの児童が自ら気づくことができます。

**白いぼうし**

め 場面ごとに、場所、人物、出来事や様子をまとめよう

《話の流れ・おこった出来事》

| （場所） | （人物） | （出来事・様子） |
|---|---|---|
| ① タクシーの中 | 松井さん しんし（客）（夏みかん）🍊※ | ・夏みかんのいいにおい ・松井さんの話 |
| ② 車道のそば | 松井さん（白いぼうし） | ・松井さんが ・白いぼうしを見つける |

※夏みかんの絵は動かす（①→②）

---

## 🔍 主体的・対話的で深い学び

・この後，『不思議な出来事』をどう読んだかを話し合うことになる。しかし，自分の思いを話すだけでは『対話』にも，深い学びにもならない。意味のある対話にするためにも，まずは場面ごとの出来事や人物を，文章から確かめ，共有しておかねばならない。本時は，そのための読みを行う時間になる。

・また，ここでは『こう書かれているから，…』などと，根拠を示して述べるという発言の仕方も心がけさせる。

### 準備物

・場面整理のワークシート（児童数）
（児童用ワークシート見本 **DVD** 収録【4_03_04】）

・黒板掲示用イラスト（第1時で使用したもの）

---

## 3 書く・対話する　それぞれの場面の，場所や人物を整理しよう。

「主な出来事も1文か2文で書きましょう。そして，①の場面を表にまとめてみましょう。」（板書参照）

> 同じように，他の場面でも，場所，人物，出来事（したこと）を整理して，ノートに書き出してみましょう。

> ②の場面の人物は，松井さんとおまわりさん，場所は車道のそばかな。出来事は…

ノート（またはワークシート）に場面を整理させる。個別に指導し，場面ごとに書かせる。夏みかんやちょう，白いぼうしは物として（　）をつけさせる。

「では，②の場面を，みんなで確かめていきましょう。場所はどこで，出てきた人物は誰でしたか。」
・『車道のあんなすぐそばに…』と書いてあるので，車道のそばです。そこに白いぼうしを見つけました。
・松井さんがしたことは，…

---

## 4 対話する・読む　松井さんのしたことや様子に気をつけて音読しよう。

④の場面まで文をもとに整理し，人物，物，場所を確かめていく。「したこと」はおよそでよい。児童の発言をもとに，板書にまとめていく。

> 場面ごとに整理してみて，中心となっている人物はだれだと思いましたか。

> 松井さんです。どの場面でも出ていました。

> 夏みかんをぼうしに入れて，女の子を乗せて，いろんなことをしたのも松井さんです。

「では，4つの場面で，松井さんのしたことや松井さんが出会った出来事を振り返りながら，音読しましょう。」（音読）

「松井さんの様子やしたことを見て，どんな人だと思いましたか。」

松井さんの人柄について，どう見えたのか交流する。

# 白いぼうし

## 第 3 時 （3/7）

### 本時の目標
不思議だと思った（考えたい）出来事を話し合い，問いの形に書く。

### 授業のポイント
各場面での出来事は，文章で確かめながら，流れをとらえていく。

### 本時の評価
出来事を話し合い，不思議だと思ったこと（考えていきたいこと）を，問いの形にまとめようとしている。

---

〈話し合い〉不思議に思ったことを話し合う時は，必ず叙述に基づいて，根拠を示すように指導

**板書例**

☆「問い」の形にして書いてみよう ←

「よかったね」という小さな声とは （だれの）❓

女の子 … あらわれて 消えたのは，どうして ❓

「あれ」「不思議」❓ と思ったところ

〈読んで〉

4 「おや」女の子がいなくなる ❓

そこは小さな野原の前 白いちょうがたくさん

「よかったね」 「よかったよ」>という小さな声 ❓ ※

3 女の子 がちょこんと…シートに ❓ ※

（いつのまにか）「早く行って」

※❓不思議という発言のところ

---

### 1 読む　①②場面の人物と，お話の流れや出来事を振り返ろう。

「各場面で出てきた人物と，出来事をまとめました。出てきた人物の様子としたことに気をつけて，もう一度，読んでみましょう。」

　　読みにも慣れてくると，多様な読み方を取り入れていく。ここでは一人読み（音読）の他，場面ごとのグループ読みや指名読みも入れて，聞き合うようにする。

- あった出来事を，振り返ってみましょう。まず，①の場面ではどうでしょうか。
- 紳士を乗せたことです。
- 出来事じゃないけれど，夏みかんものっている。
- 大きな出来事は起こっていません。

「②の場面での出来事は何でしょうか。」
- 松井さんが白い帽子を見つけたこと。
- ぼうしの中のちょうを逃がしてしまった。
- ちょうの代わりに夏みかんを入れました。

### 2 読む　対話する　③④場面の人物と，お話の流れや出来事を振り返ろう。

「③の場面を，読みましょう。」（指名読みなど）
「③の場面では，どんな出来事がありましたか。」
- 車に知らない女の子が乗っていたことです。
- 『白いぼうし』の男の子の声が聞こえてきたことも。
- お客でもないような，不思議な女の子でした。

「続けて，④の場面も読みましょう。」

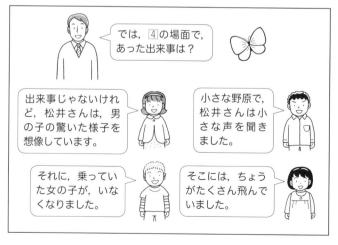

- では，④の場面で，あった出来事は？
- 出来事じゃないけれど，松井さんは，男の子の驚いた様子を想像しています。
- 小さな野原で，松井さんは小さな声を聞きました。
- それに，乗っていた女の子が，いなくなりました。
- そこには，ちょうがたくさん飛んでいました。

「出来事の始まりは，②の場面からのようですね。」

します。

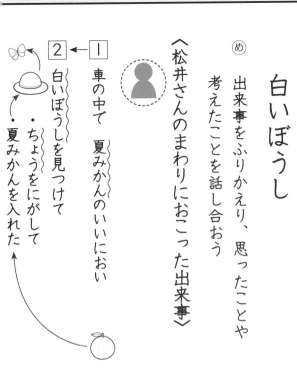

〈松井さんのまわりにおこった出来事〉

め
出来事をふりかえり、思ったことや
考えたことを話し合おう

白いぼうし

1 → 2

1 車の中で　夏みかんのいいにおい
・夏みかんを入れた

2 白いぼうしを見つけて
・ちょうをにがして
・夏みかんのいいにおい

## 主体的・対話的で深い学び

・読み深め，考えていくための『問い（問題）作り』の時間になる。よい『問い』とは，答えるときに『ここに，こう書いてあるから，…です。』などと，文章から根拠を示して答えられる問いである。その点，ただの『感想』のような答えになる問い方は，友達との対話もかみ合わないし，読みも深まらない。

・『問い』は，答えも調べ方も想定した上で，考えやすい問いの言葉も吟味して作らねばならない。かなり難しいといえる。

### 準備物

・黒板掲示用イラスト（第1時で使用したもの）

---

**3 対話する**　出来事を振り返ってみて，不思議に思ったことを話し合おう。

「出来事を振り返ってみて，感想はありませんか。」
・松井さんはいい人だなと思いました。それは，ちょうを逃がしたとき，夏みかんをぼうしに入れて…。
・女の子がいつの間にか車に乗っていたので，変だなあと思いました。また，急にいなくなったし…。
・『よかったね』という声は，だれの声だろう？と…。

出来事を振り返ってみると，『あれ』『不思議』ということも出てきたようですね。そんな，このお話のことで，考えていきたいことをグループでも話し合ってみましょう。

あの『よかったよ』の声は，松井さんだけに聞こえたのだろうか。

あの女の子は，一体，誰なのだろうなあ？

「女の子のことを考えたい人が，多いようですね。」
・ひょっとしたら女の子は，ちょうかも…？
・それは，はっきりと書いてなかったと思うよ。

---

**4 対話する　まとめ**　考えていきたいことを，問い（問題）の形に書いてみよう。

「不思議だ，考えたいと思ったことには，同じようなところ（重なるところ）がありますね。」
・はい，女の子のことです。ちょうや小さな声もです。

「教科書では，これを『問い』（問題）の形にしています。どんな問いなのか，例を見てみましょう。」（P26下）
・『女の子は，なぜ消えてしまったのか』が，問いです。

この例のように，これから考えていきたいことを問い（問題）のような文に書いてみましょう。

『女の子は，ちょうだったのだろうか』でどうかな。

『小さな声は，だれの声だったのだろうか』

　書けたら，発表させる。『問い』の形としては，『…は，なぜ…なのか』や『どうして…なのか』もあるが，書かれている事実をもとに，『…をどう思うか，考えるか』という問い方でもよい。例えば，『女の子が消えた。このことをどう思ったか』など。次時に『問い』を考え合う。

# 白いぼうし

## 第 **4** 時 （4/7）

**本時の目標**
問いを確かめ，問いにつながりのありそうなところや描写などに着目して考えることができる。

**授業のポイント**
『女の子は，なぜ消えたのか』という問いでは，まず『消えた場面』を考え，『他の場面では？』と，つながる場面を広げていくようにする。

**本時の評価**
問いを確かめ，その問いにつながりのある場面や出来事，描写などに着目して，問いを考えることができている。

**板書例**

問い② ｜女の子｜

④ ①の場面で消えた
「おや」あわてました（びっくり）
バックミラーには，だれも（あれ）
だれもいません（やっぱり）

④ つながりのあるところは？

② 団地の前の小さな野原

白いちょう

「よかったね」「よかったよ」∨小さな小さな声

〈「女の子はちょうだった」のかも？〉

◎ほかの場面とのつながり

③ 女の子があらわれた
② ちょうをにがした
白いちょうが，二十も三十も

---

【『問いを作る（問いを立てる）』ことについて】

　教科書では，考え読み深めたいことを『問いの形にしよう』となっている（P26）。そこで，児童にも『問い』を考えさせるが，ここでは，『場面と場面の出来事のつながり』を考えさせる『問い』でなければならない。それは，教師の『発問』にあたるもので，児童が作るのはたやすくはない。

　また，『問い』は文章を読んで答えが出せるものでなければならない。それも見通した上での『問い』でないと，考えを促す『よい問い』にはならない。だから，『女の子は，だれだろうか。』などは，場面も不明確で，よい『問い』とはいえないだろう。

　そこで，『問い作り』は，児童が考えた『問い』の中から，考えを深めるために適した『問い』を教師が選び，それを『問い』としてもよい。または，児童の意見を教師が『問い』の形にまとめ，それをみんなの『問い』として提示するようにするのがよいだろう。

　ここでは，教科書で例としている２つの『問い』（P26）をここでの『問い（２問目は改変）』としている。『問い作り』が難しければ，この『問いの例』（の文）を使うのも，１つのやり方になる。

## 1 対話する読む　『問い』を確かめ，教科書で考える方法を調べて話し合おう。

児童の作った『問い』を出し合った上で，まとめる。

次の２つを，『問い』として，考えながら読んでいきましょう。

1つ目は…松井さんに聞こえた『よかったね』『よかったよ』の声は，だれの声だろうか。
2つ目は…『女の子』は，なぜ消えてしまったのか。

なんとなく，分かりそうだけど…

どの場面を読むと，分かるのかな…

「この『問い』を考えるためのヒントがあります。教科書の『ふかめよう（P27）』を読んでみましょう。」（音読）
・『出来事の，前後の場面に気をつけて読みます。』

「まず，２つ目の問いを考えるには，どの場面を読むとよいでしょうか。」（まず，場面を考えさせる）
・女の子が消えたのは，④の場面でした。そこを読むといいと思います。車の中の場面かな。

考えると，「白いぼうし」の深い読みが実現します。

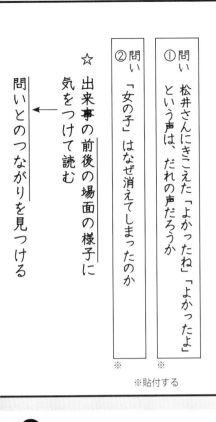

白いぼうし

め 「問い」について場面をつなげて考えよう

①問い 松井さんにきこえた「よかったね」「よかったよ」という声は、だれの声だろうか ※

②問い 「女の子」はなぜ消えてしまったのか ※

☆ 出来事の前後の場面の様子に気をつけて読む

　問いとのつながりを見つける ←

※貼付する

## 🔍 主体的・対話的で深い学び

・『問いを立てる』ということは，難しい。『「女の子」は，なぜ消えたのか。』という問い方では，正確に言うと『分からない』となってしまう。むしろ，『女の子が消えた…このことをどう思うか，どう考えたのか』という問いとして，捉えた方がよいだろう。そこを，読者に委ねるのがファンタジーでもある。

・そして，文をもとにして『消えたことを…わたしは，こう考える』といった『対話』へと発展させる。その過程に，その児童らしい主体的な読みとイメージ，対話による深まりが期待できる。

### 準備物

・問いを書いた掲示用紙（板書してもよい）

---

## 2 読む　問いを考え，つながりのあるところを読もう。

「では，その場面④を読んでみましょう。」（音読）

女の子がいなくなった（消えた）ことは，どの文から，分かるのですか。

『「おや。」松井さんはあわてました。』と書いてあるので，ここで松井さんは消えたことに気づきました。

『バックミラーには，だれもうつっていません。』『…だれもいません。』と，書いてあるからです。

「その女の子が消えたところを，読んでください。」
・次に，「おや。」松井さんは…（斉読）

「では，この消えたこととつながりのあるところは，どこでしょうか。また，どんなことでしょうか。」
・消えた場所が，次に書いてある『…小さな野原』で，そこにたくさんのちょうがいたと，いうところです。
・そこで，『小さな声』が聞こえてきたところもかな。

---

## 3 読む　話し合う　『問い』について考えたことを話し合い，読み直そう。

「場所を確かめるために，④場面を読みましょう。」

そこを読んで，どのようなことを考えたのですか。

女の子が消えたところが，小さな野原で，たくさんのちょうがいたところなので，もしかしたら，女の子はちょうだったのかも…。

女の子が消えたのは，ちょうになった（もどった）からだと考えると，『小さな声』も…。

「この④の場面の他にも，この『女の子は，なぜ消えたのか』という問いにつながる場面はないか，初めから読み返してみましょう。」
　　『女の子はちょうかも？』という目で，全文を読む。

・女の子が車に乗っていた③の場面も，つながってくる。
・『ちょうを逃がした』②の場面も，つながるね。

「では，『女の子』『ちょう』につながりはあるのか，気づくことはないか，読み直しましょう。」

# 白いぼうし

## 第5,6時（5,6/7）

### 本時の目標
問いについて考えたことを友達と話し合い，つながりのある場面を読み直すことができる。考えを書くことができる。

### 授業のポイント
自分の考えは，お話の文や言葉をもとに（根拠に）して『それは，ここを読むと…』などと話し合うようにさせる。

### 本時の評価
問いについて考えたことを友達と話し合い，つながりのある場面を読み直すことができている。考えを書くことができている。

**板書例**

〈交流〉グループで交流したことを報告する場合は，ホワイトボードにまとめるとよいでしょう。

②問い 「女の子」はなぜ消えてしまったのか

（場面のつながり）

② にげたちょう
（「女の子」になって）

③ 松井さんの車に
「ちょこんと」女の子
「ちょっと」

④ 小さな野原の前で
消えた
（ちょうにもどった）
「迷ったの」

「よかったね」
「よかったよ」

ちょう ← 女の子 ← ちょう ← ちょう

◇ 六月はじめのお話
・ちょう
・夏みかんの色，におい
・白いぼうし
・みどりのやなぎ

◇ 考えたことを書きまとめよう
・「問い」についてほかに思ったこと

---

## 1 対話する 『よかったね』『よかったよ』という声について話し合おう。

まず，１つ目の『問い』をみんなで確かめる。

「これまでの話し合いで，『④の場面で，女の子が消えたのは，ちょうだったのかもしれない。』という考え（仮説）が出てきましたね。」

「そう考えて読み直すと，④の場面や他の場面にも，この考えにつながる出来事や様子が書かれているようです。それは，どこにどんなことが書かれていたのか，見つけたことを話し合います。まず，１問目の『小さな声』について話し合いましょう。」

④の野原の場面で聞こえた小さな声は，ちょうの声だと思うよ。『よかったね』は，なかまのちょうの声で，『よかったよ』は，帰ってきた女の子の声だと思う。それは…

わたしもそう思います。女の子のちょうは，帰ってこられたので『よかったよ』と，言っていると思う。

---

## 2 対話する 『女の子は，なぜ消えたのか』という『問い』について話し合おう。

話し合いを通して，『女の子』『ちょう』『小さな声』が，児童の頭の中で結びつくようにさせる。

「2問目の『女の子は，なぜ消えたのか』についても，いくつかの場面での出来事や様子をつないで，考えたことを話し合ってみましょう。」

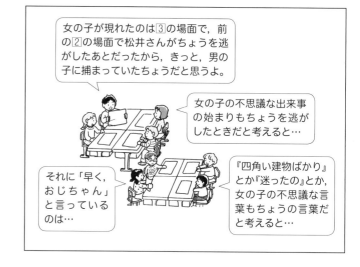

女の子が現れたのは③の場面で，前の②の場面で松井さんがちょうを逃がしたあとだったから，きっと，男の子に捕まっていたちょうだと思うよ。

女の子の不思議な出来事の始まりもちょうを逃がしたときだと考えると…

それに「早く，おじちゃん」と言っているのは…

『四角い建物ばかり』とか『迷ったの』とか，女の子の不思議な言葉もちょうの言葉だと考えると…

各グループの発表を可視化することができます。

## 白いぼうし

め 二つの「問い」について考えたことを話し合おう

◇ グループで話し合ってみよう

① 問い　松井さんにきこえた「よかったね」「よかったよ」という声は、だれの声だろうか

☆ 女の子はちょうだと考えると

④ （帰ってこられて）
「よかったね」

「よかったよ」
「よかったよ」
（松井さんに助けられて）

（小さな野原で）

## 主体的・対話的で深い学び

・5時目は、『問い』をもとに話し合う対話の時間になる。『問い』から『女の子は何者?』と考え、『女の子が消えたのは、ちょうだったから』という仮説を立てることが予想される。そして、それを裏づける根拠を見つけて話し合うだろう。　そこで、『場面と場面をつないで考え…』という学習課題が話し合いのカギとなってくる。そして、『わたしは、この場面の〇〇とつないで考えると…』などと、児童それぞれの主体的な読み（読み取り）が交流されるように助言する。

### 準備物

・黒板掲示用イラスト（第1時で使用したもの）
・「問い」の掲示用紙（第4時で使用したもの）

## 3 交流する／読み返す　グループで話し合ったことを発表して聞き合おう。

「2つ目の『問い』について、グループで話し合ったことを簡単に発表して、みんなで聞き合いましょう。」

女の子が消えたのは、ちょうにもどったからだと思いました。それは、消えたところがちょうが『二十も三十も』いる野原の前だから…。

消えた女の子がちょうだったと考えると『せかせかと…』とあわてているのも、男の子の声が聞こえてきたからだと…

「場面での出来事や様子はつながっているようですね。女の子が消えたことと、小さな声やちょうをつなげて考えることができました。みんなが考えたことをもとに、もう一度音読しましょう。」（読み返す）

「6月初めのお話でした。そのころだと分かる言葉は何でしょうか。気づいたかな。」
・夏みかんの色。
・白いぼうし。
・柳の緑。

## 4 書く／まとめ　『問い』について、考えたことをノートに書きまとめよう。

「友だちと話し合い、場面をつなげて考えると、『小さな声』のことや『女の子が消えた』ことについて、新しく気づいたことも出てきたでしょう。」

「では、2つの問いについて、自分が今、考えていることを書きましょう。『問い』の他に、読んで思ったことも書いておきましょう。」

・『シャボン玉のはじけるような』というのが、ちょうの声らしいなと…
・『よかったね』『よかったよ』という声が、松井さんに聞こえたのは…
・『白いぼうし』が、不思議な出来事の始まりだったから…題も…

見て回り、よいところをほめ、助言もする。

「書いた考えは、次の時間に発表して、みんなで聞き合いましょう。」

# 白いぼうし

## 本時の目標

「問い」について考えたことを発表し聞き合うことができる。学んだことを振り返ることができる。

## 授業のポイント

発表の形は，クラスに合わせて考える。

## 本時の評価

『問い』について考えたことを発表し聞き合うことができている。学んだことを振り返っている。

〈振り返り〉自身の読みが始まりと終わりでどのように変容したのかが分かるようにします。

**板書例**

この本、読もう
「車のいろは空のいろ」シリーズ
松井さんが出てくる本
→読書きろくをつけよう

たいせつ・いかそう

ふりかえろう

〈まとめ〉

・最後の場面はきれいでいいな
・とても短い間におこった出来事？
・松井さんがいい人だから出会った出来事？
〈心に残ったこと・思ったこと〉

→女の子はちょう？
・女の子はちょうにもどって消えた
・消えた場所にたくさんのちょうがいた

---

## 1 発表する／交流する　『問い』について考えたことを発表し，聞き合おう。

前時に書いた『問い』について考えたこと，また全体を通して考えたことを発表させ，聞き合う。

進め方としては，

○　一人ずつ発表し，全員の文章を聞き合う。
○　グループの代表が発表し（指名など），聞き合う。
○　選んだ文章を印刷しておき，発表を聞き読む。

などのやり方がある。クラスの実態に合わせるとよい。

**【発表例】グループの代表者が発表する場合**

> １つ目の問い『よかったね』『よかったよ』と言う小さな声は，女の子がまたちょうになって野原に帰ってきたときの言葉だと…。それは，女の子が消えたところが『小さな野原』の前で…

「３班の発表を，自分の考えと比べてみましょう。よく似た考えだったという人はいませんか。」

---

## 2 聞く／対話する　発表を聞き，自分の考えと比べて話し合おう。

・わたしも『よかったね。』という声は，なかまのちょうが，女の子のちょうに言っている言葉だと…それは…
・ぼくも，ちょうが野原に帰りたくて，女の子になって松井さんのタクシーに乗ったと考えました。…

それぞれの発表の内容に関わって簡単に考えを述べ合う。発表を続け『問い』についての考えの発表と話し合いを終えた後，その他の感想も述べ合う。

「『問い』の他に，全体を通して思ったことや，考えたことはなかったでしょうか。」

> 小さな声が，松井さんに聞こえたのは，不思議だけれど，それは松井さんが…

> この不思議な出来事は，とても短い間に起こったことなのだと思いました。それは『まだかすかに夏みかんのにおいが…』と…

> 最後の野原の場面が，とてもきれいでいいなと思いました。それは，…

その時，友達とのかかわりや作品に対する思いも書きます。

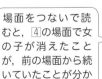

白いぼうし

め 考えたことを発表し、聞き合おう
　学習のまとめをしよう

〈問い①と問い②について考えたこと〉

① 小さな声とは
　「よかったね」ちょう？
　「よかったよ」女の子（ちょう）？
　　　　　　　　　　　　　※

② 女の子が消えたのは
　（②・③の場面ともつなげて）

※児童の発言を板書する。

## 主体的・対話的で深い学び

・このような発表も，自分の考えと比べて聞く，ということでは対話の一つと言える。ただ『そうか』と聞くのではなく，『この考えは，同じだな』『でも，そう考えた理由は，違うな』などと，心の中で対話することが，主体的で深い読みになる。
・一方，友達の考えを聞いて，自分の意見を変えたり取り入れたりすることは難しい。しかし，4年生ぐらいから，まねることも含めて徐々にそういうこともできるよう励ましたい。

### 準備物

・「車のいろは　空のいろ」シリーズの本　数冊
　（図書室から借り出しておき，紹介する）
・（必要に応じて）読書記録用紙
　（児童用ワークシート見本　DVD 収録【4_03_05】）

## 3 振り返る 音読する　考えたことを振り返りながら全文を読み返そう。

「2つの『問い』について考えたことや，『全体を読んで』考えたことを聞き合うことができました。」
「また，夏らしい言葉やにおいも出てきました。みんなの考えを振り返りながら，音読しましょう。」

　　様子を表す言葉に気をつけて，音読する。

> この勉強では，『女の子が消えたのは…』という問いを考えました。そこで，どんなことが分かったのか，できるようになったのか，振り返りましょう。

> ④の場面の出来事を，③の場面の様子や出来事とつないで考えることができました。

> 場面をつないで読むと，④の場面で女の子が消えたことが，前の場面から続いていたことが分かりました。

　　できれば，情景や松井さんの人柄にもふれたい。

## 4 まとめ 交流する　「ふりかえろう」「たいせつ」を読み，まとめよう。

「『ふりかえろう』を読みましょう。『知る』『読む』に書いてあることについてはどうだったでしょうか。」
　・『読む』の『場面のつながり』は，女の子の様子や場所，したことに気をつけて読みました。
　・『つなぐ』の『つながりが分かるといいこと』は，『問い』の『女の子がなぜ消えたのか』を，文章を読んで考えられるようになったことです。
「『たいせつ』『いかそう』も読んで，そのことを確かめておきましょう。」

読書や読み聞かせの時間をもつと，児童も喜ぶ。

「本を読んだら，読書記録をつけましょう。」

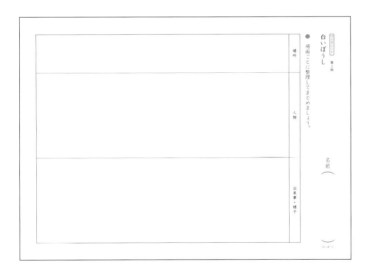

# 図書館の達人になろう

全授業時間 1 時間

## ◉ 指導目標 ◉

・幅広く読書に親しみ，読書が，必要な知識や情報を得ることに役立つことに気づくことができる。
・読書が必要な知識や情報を得ることに役立つことに進んで気づこうとし，これまでの経験をいかして，地域や学校の図書館の役割や工夫について話し合おうとすることができる。

## ◉ 指導にあたって ◉

### ① 教材について

　図書館や図書室は，児童がよく利用する施設です。読みたい本を借りに行ったり，『おもしろそうな本はないかな』などと探しに行ったりした経験は，どの児童にもあるはずです。一方，そんな親しんでいるはずの図書館でも，効果的な活用の仕方となると，知らないことも多くあります。ここでは，本を読みやすく，また何かを調べやすくするために，図書館が取り入れている工夫を知るという学習をします。図書館では，本は分類され，同じ種類のものがかためて並べてあります。これも，本を探しやすいように，という工夫のひとつです。新しく入った本の紹介などをする『図書新聞』を出しているところもあるでしょう。他にも，『郷土コーナー』のような，何かのコーナーを設けたりしているところもあります。

　このような工夫を知ると，『へえ，こんな工夫がされていたのか』などと，改めて見直すはずです。そして，図書館をより上手に活用できるようになります。それは『総合的な学習』や『地域の学習』などで，何かを調べるときにも生きてくるはずです。また，生かすことによって実際的な学びとなります。なお，このような『工夫』は，町の図書館などで実際に調べ確かめることで納得できます。

### ② 主体的・対話的で深い学びのために

　図書館の工夫を知り，うまく活用していこう，という実際的で実用的な学習です。ですから，まずは知ることが中心になるので，何かについて討論したり，意見を述べ合ったりする学習ではありません。いわば，今後の自主的，主体的な調べ学習などの際に必要な，助けとなる学習だといえます。

　一方，図書館の工夫を進んで見つけようとしたり，知らなかった何かを発見したりすることは，主体的な取り組みだといえます。図書館の司書さんに，直接話を聞くこともいい学習になります。そして，好奇心を持ってお話を聞くとき，それは主体的な学びになっています。

## ◉ 評 価 規 準 ◉

| 知識 及び 技能 | 幅広く読書に親しみ，読書が，必要な知識や情報を得ることに役立つことに気づいている。 |
|---|---|
| 主体的に学習に取り組む態度 | 読書が必要な知識や情報を得ることに役立つことに進んで気づこうとし，これまでの経験をいかして，地域や学校の図書館の役割や工夫について話し合おうとしている。 |

## ◉ 学 習 指 導 計 画　全 1 時 間 ◉

| 次 | 時 | 学習活動 | 指導上の留意点 |
|---|---|---|---|
| 1 | 1 | ・町の図書館へ行った経験を話し合う。<br><br>・図書館の『本を探しやすくする工夫』について調べ，話し合う。<br><br><br><br><br><br><br><br>・まとめをする。 | ・図書館の様子や見つけたことを出し合い，本時のめあてを伝える。<br>・図書館や図書室で見たものや，そこでの経験ともつないで，下のような『工夫』について話し合わせる。<br>　　　『分類ラベル』<br>　　　『本の紹介コーナー』<br>　　　『案内図』<br>　　　『検索用コンピュータ』<br>・本以外の資料があることも話し合わせる。<br>・今度，図書館をどう使っていきたいか，について，自由に考えを出し合わせる。 |

# 図書館の達人になろう
## 第 1 時 （1/1）

**本時の目標**

図書館で，本を探しやすくするために，工夫していることが分かる。

**授業のポイント**

図書室などで，実物を前にして学習するのもよい。また，図書館は，本を借りるだけのところではない。それ以外の役割にも気づかせる。

**本時の評価**

図書館で，本を探しやすくするために，工夫していることが分かり，とらえている。

板書例

〈場所〉図書館の工夫について学びます。そのため，図書館や学校の図書室へ行って，実際に工夫

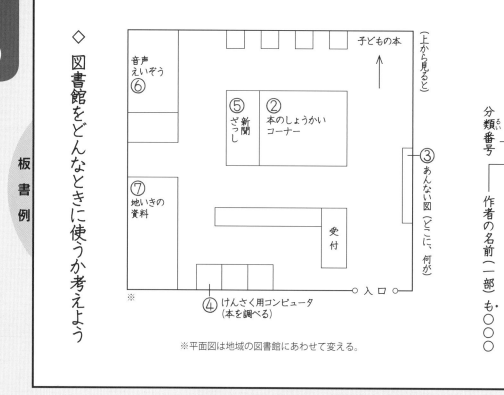

◇ 図書館をどんなときに使うか考えよう

※平面図は地域の図書館にあわせて変える。

---

**1 対話する めあて** 図書館について，行った経験や知っていることを話し合おう。

「公園のそばに，町の『○○図書館』があります。行ったことはありますか。」
- 日曜日に行って，『かいけつゾロリ』を借りました。
- ときどき，『読み聞かせの会』もやっていて，楽しみの行事です。妹とよく行きます。
- 3年生のとき，町の昔のことを調べに行きました。係の女の人が，昔の地図を見せてくれました。

図書館に行って，来た人が使いやすくなるような，『便利だなあ』と，思ったことはありましたか。

コピー機が置いてあって，新聞とか雑誌をコピーしている人もいました。

新しく入った絵本のコーナーもありました。探しやすいです。

「今日は，そのような図書館の工夫を知って，図書館をもっとうまく使える達人を目指しましょう。」

---

**2 対話する 調べる** 図書館の，本を探しやすくする工夫について調べよう。

「どんな図書館だったら，使いやすいでしょうか。」
- 探している本がすぐに見つかる図書館がいいな。
- 調べたいことが，調べられるといいです。

そんな工夫の1つが，これです。図書館では，全部の本に，こんなラベルをつけています。何のためのものだと思いますか。

913
も

科学とか，物語とか，図鑑とか…本を，なかまに分けている(分類)番号だと思います。

「このラベルの説明が，教科書30ページに出ています。読んで調べてみましょう。」
- 『分類を表す番号』だって。やっぱりなかまの番号だ。
- 『どの棚に，どの順序で置かれることになっているかを…』とあるから，棚の場所がこれで分かるんだ。

「見たい本も，この番号を手がかりに探せますね。」

を調べたり確かめたりしながら学習するのもよいでしょう。

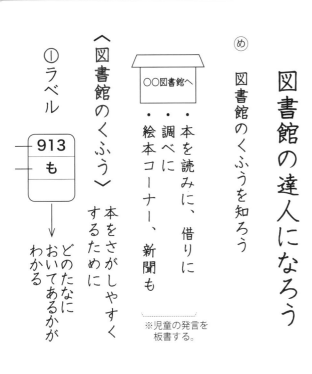

図書館の達人になろう

め　図書館のくふうを知ろう

○○図書館へ

・本を読みに、借りに
・調べに
・絵本コーナー、新聞も

※児童の発言を板書する。

〈図書館のくふう〉

本をさがしやすくするために

①ラベル

| 913 |
| も |

↓

どのたなにおいてあるかがわかる

---

## 主体的・対話的で深い学び

・『読む』『書く』『聞く』『話す』というような直接言葉に関わる活動はない。『図書館の工夫や役割を知り，上手に役立てていこう』という学習になる。これからも，国語に限らず，『総合…』や社会科などでも『調べる』という活動は多くなる。そんな主体的な学習活動を支える学びだともいえる。

・なお，地域の図書館について，見たり使ったりした体験を児童どうしが語り合うのもよい『対話』となる。友達の口から語られる事実には，実感がこもっているからである。

### 準備物

・分類ラベルのついた本（何種類か準備しておき，見せる）

・（できれば）地域の図書館でも『工夫』に関わる写真をとっておく。例えば，『新刊コーナー』『検索のための機械』など。

---

## 3 対話する・調べる　本を探しやすくする工夫を，教科書で調べ，話し合おう。

「ラベルという，図書館での『本を探しやすくする工夫』が1つ見つかりました。他の工夫を，教科書30，31ページで調べてみましょう。」

　　線を引かせるなど，少し調べる時間をとる。

「『工夫』していることにはどんなことがありますか。」
・『本を紹介するコーナー』を作っています。

こんなコーナーを，図書館や学校の図書室でも見たことはありますか。

はい，図書室にも『すいせんの本・○年生』コーナーがあります。

町の図書館にも，『今月の新刊』コーナーがあって，多くの人が見ていました。

教科書の内容を，児童の体験とつないで話し合う。

・他にも『図書館の案内図』があることです。これがあると，本や資料のありかが分かります。

---

## 4 対話する・まとめ　図書館の役割や，どんなときに使うのかについて話し合おう。

・図書館には④の『検索用コンピュータ』というのもあります。見たい本があるのかないのか，また，どこにあるのかを調べてくれる機械のようです。

・私は，あまんきみこさんの本を調べてもらいました。本の名前がたくさん出てきて，教えてくれました。

　　この検索の便利さについては，教師の説明でも補う。

図書館には，本の他にもいろんな役立つ資料（もの）がおいてあります。どんなものでしょうか。（P31を読む）

⑤の新聞・雑誌です。図書室にも子ども新聞があります。

⑥は映像かな。前に，図書館で『町の文化財』というDVDを見ました。

⑦郷土の資料も置いてあります。土器とか…かな。

「図書館の工夫が分かりました。図書館をどんなときに，どんなことに役立てていきたいですか。」

　　読むだけでなく，調べるときなど自由に話し合う。

# 漢字の組み立て

## ◉ 指導目標 ◉

・漢字が，へんやつくりなどから構成されていることについて理解する。
・漢字が，へんやつくりなどから構成されていることについて進んで理解し，これまでの学習をいかして漢字の組み
　立てについて考えようとすることができる。

## ◉ 指導にあたって ◉

### ① 教材について

　2年生では「同じ部分をもつ漢字」として，『村』や『林』『休』などの共通部分に着目して漢字の組み立てを捉える，という学習をしています。また，3年でも漢字の部分である偏（へん）と旁（つくり）について，学んでいます。

　ここでは，そのほかにも『かんむり』や『あし』『にょう』など，漢字には共通する部分があり，そのような部首によって漢字が組み立てられている（構成されている）ことに気づかせます。

　漢字は，実に合理的に作られています。部首は，漢字の意味を表す部分です。『熱』『照』『煮』という漢字なら，『灬（れんが）』という部首を見れば，『火』や『日』（音は同じ『ヒ』）が関係する漢字だと分かります。『草』なら『草かんむり』が植物を意味し，下部の『早』が「ソウ」という音を受け持っていることが分かります。

　また，上の学年になるにつれて，出てくる漢字は既習の漢字を組み合わせた漢字（形声文字）が多くなります。漢字を，部首という窓口から見ると，『同じ部分』を持ち『意味の上でのなかま』が見えてきます。このような漢字の捉え方は，読む力や文を作る力（表現力）を培う上での基礎，素養となります。

### ② 主体的・対話的で深い学びのために

　「『部首を手がかりに，漢字を見る，漢字の意味を考える』ことができる」，これは，漢字1つ1つをばらばらに知っていくのではなく，『しんにょう』や『門がまえ』など，部首と意味をもとにして，漢字をなかまとして捉え直す学習でもあります。同時に，部首についての知識は，『部首引き』など，漢字辞典を使っていく上でも必要なものです。

　一方，児童は知っている漢字を発表することが大好きです。「『門（門構え）』のつく漢字は？」と問えば，「はい」「はい」と多くの手が挙がります。ここでも，このような児童の意欲に沿うことが，主体的で対話的な学習につながります。

## ◉ 評価規準 ◉

| 知識 及び 技能 | 漢字が，へんやつくりなどから構成されていることについて理解している。 |
|---|---|
| 主体的に学習に取り組む態度 | 漢字が，へんやつくりなどから構成されていることについて進んで理解し，これまでの学習を生かして漢字の組み立てについて考えようとしている。 |

## ◉ 学習指導計画　　全 2 時間 ◉

| 次 | 時 | 学習活動 | 指導上の留意点 |
|---|---|---|---|
| 1 | 1 | ・分解した漢字の部分を組み合わせると，どんな漢字ができるか考える。<br>・漢字の上につく『かんむり』の種類と，使われている漢字を調べて書く。<br>・『花』や『菜』などの漢字から，草かんむりが持っている意味を考える。また，『うかんむり』や『雨かんむり』の持つ意味を話し合う。 | ・宿の『宀』や間の『門』は，漢字に共通して使われていることに気づかせる。<br><br>・『草かんむり』という部首は，植物という意味（植物に関係した漢字）を表していることを話し合わせる。<br>・それぞれの『かんむり』から，部首には意味があることに気づかせる。 |
| | 2 | ・部首には，『かんむり』の他にも，漢字のどの場所につくかによって，『あし』『にょう』『たれ』『かまえ』があることを調べる。<br>・部首別に，その部首がついている漢字を書く。<br>・その部首のついた漢字から部首の持つ意味を考え，話し合う。 | ・漢字の下部につく部首をまとめて『あし』と言い，『心（こころ）』や『灬（れんが）』などがあることに気づかせる。<br>・巻末の漢字一覧も参考にして，調べさせる。<br>・『照』や『熱』などから，『灬』の意味を考えさせる。 |

※時間数から見て，多くの部首や漢字を取り上げすぎないように気をつけます。教科書程度の数にして，書く時間も十分とるようにします。

**DVD 収録（漢字の部分カード，漢字の部首カード，黒板掲示用カード，児童用ワークシート見本）**
※本書 P60，61 に掲載しています。

**本時の目標**

漢字は，「かんむり」などの部首がその一部となり，組み立てられていることが分かる。

**授業のポイント**

「草かんむり」を手がかりにして，部首は漢字の意味を受けもっていることに気づかせる。

**本時の評価**

漢字は「かんむり」などの部首が一部となり，組み立てられていることを理解している。

〈辞典の活用〉新たな学びをすると，児童は知りたい欲求にかられます。そんな時に辞典を活用

板書例

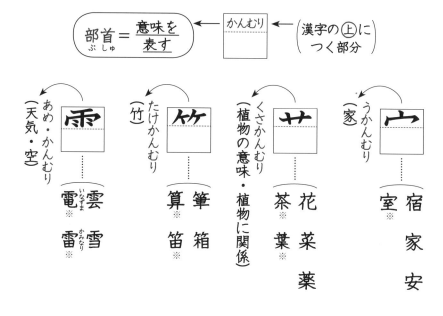

〈漢字に使われる部分〉

部首（ぶしゅ）＝意味を表す ← かんむり ← （漢字の上につく部分）

うかんむり（家）→ 宀 … 宿 家 安 室※

くさかんむり（植物の意味・植物に関係）→ サ … 花 菜 薬 茶※ 葉※

たけかんむり（竹）→ 竹 … 筆 箱 算※ 笛※

あめ・かんむり（天気・空）→ 雨 … 雲 雪 電※ 雷（かみなり）※

※の漢字は児童の発表をうけて板書した字。

---

**1** 考える　対話する

### 2つに分けた漢字の組み合わせを考えよう。

「5つの漢字を，2つの部分に分けてばらばらにしました。」

　　漢字の部分カード，10枚を黒板に貼る。

どれとどれを，組み合わせると元の漢字が作れるでしょうか。

『亜』と『心』で『悪』という漢字になりそう。

首

心

亜

辶

首も漢字の一部だけど…？

「組み合わせを考えて，できた元の漢字をノートに書きましょう。相談してもいいですよ。」

　　組み合わせてできた5つの漢字をノートに書かせる。

「黒板でも，組み合わせてもらいましょう。」（指名）

・（動かしながら）『宀』と『佰』で『宿』です。
・『門』と『日』を組み合わせて，『間』です。

「このように，<u>漢字は組み合わせてできているものがありましたね。</u>」

---

**2** 対話する　めあて

### へんやつくりの他にも，『宀』など漢字に共通する部分を知ろう。

「宿の『宀』や，間の『門』は，他の漢字にも使われ，入っています。どんな漢字があるでしょう？」

・『宀』だと，『家』とか『室』なんかです。
・『門』なら，『開』『関』とかがあります。

このように，漢字には共通して使われる部分がありましたね。

偏（へん）とか，旁（つくり）です。

漢字の横について，「人べん」や，「さんずい」「りっとう」などがあります。

「へんやつくりの他にも，漢字の上につく『宀』や『サ』は，多くの漢字の一部分として使われています。上にあるので，『うかんむり』とか『草かんむり』と呼ばれています。他にも『かんむり』はあります。まず，漢字の上につく『<u>かんむり</u>』にはどんなものがあるのか，また，<u>それが使われている漢字を調べましょう。</u>」

できるような環境づくりが児童の学びを広げます。

め
漢字の組み立てを考えて、同じ部分を見つけよう

漢字の組み立て

◇ 組み合わせを考えて漢字をつくろう

門 宀 首 心 佰 亜 广 辶 日 ム ※※

宿 悪 広 道 間 ← 組み合わせると

※※漢字の部分カードを貼付する。

## 主体的・対話的で 深い学び

・部首を見ると，その漢字のおよその意味や，何に関係している漢字なのかが分かる。このような漢字の見方を身につけることで，漢字を系統的に捉えることができる。ただ漢字を覚えるのではなく，意味とともに知っていくことが深い学びになる。

### 準備物

・教科書P32の漢字の部分カード（裏面に磁石シートを貼る）
　**DVD** 収録【4_05_01】

・漢字部首カード　**DVD** 収録【4_05_02】

・ワークシート（児童数）
　（児童用ワークシート見本　**DVD** 収録【4_05_03】）

---

**3** 調べる 対話する　**かんむりの種類を調べ，漢字の意味を考えよう。**

教科書P32を開け，調べさせる。

「どのような『かんむり』がありましたか。」
　・草かんむり，うかんむり，雨かんむりもあります。

「では，草かんむりのつく漢字を書きましょう。教科書の漢字の他にも，思いつく漢字を書きましょう。」
　・『花』『菜』，『薬』，他には『草』『茶』『葉』もある。

> 草かんむりが使われている漢字や語句を見て，何か気がついたことはなかったでしょうか？

> 『花』，野菜の『菜』，『草』，どれも植物に関係している漢字です。

> でも，『薬』も植物と関係があるのかな？

「『薬』は，昔は『薬草』と言って植物から作っていました。今も植物から作られている薬があります。このように，草かんむりは植物に関係している漢字を表していて，『苗』や『芽』も草かんむりがついているのです。」

---

**4** 対話する 書く　**部首とは何か，草かんむりのつく漢字から考えてみよう。**

「草かんむりは，『その漢字は植物に関係している』という漢字の大まかな意味を表しているのですね。」

> このような漢字の意味を表す部分を『部首 ( ぶしゅ )』といいます。『うかんむり』や，『さんずい』も部首です。『さんずい』なら，どんな意味があると言えますか。

> 『流』とか『海』『池』『湖』…どれも『水』という意味です。

「かんむりには，うかんむりや雨かんむりもありました。それぞれどんな意味があると思いますか。」
　・うかんむりは，家に関係した漢字だと思います。『室』もそうだし『安』も家にいると安心するから…。
　・雨かんむりは，雨や天気に関係していると思います。

「では，4つのかんむりとそれがつく漢字を書き写しましょう。他に思いついた漢字も書きましょう。」
　ワークシートやノートに書かせる。

**本時の目標**

漢字には部首があり，「かんむり」の他にも「あし」「にょう」「たれ」「かまえ」があり，意味を持っていることを知る。

**授業のポイント**

部首が意味を表すことに気づかせるとともに，それを意識して展開３の漢字を書く活動にも時間をかける。（部首や漢字を広げすぎない）

**本時の評価**

漢字には部首があり，「かんむり」の他にも「あし」「にょう」「たれ」「かまえ」があり，意味を持っていることに気づいている。

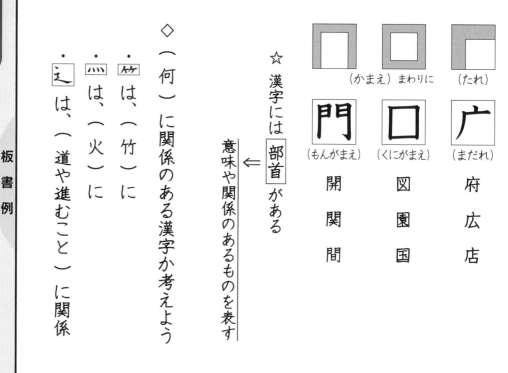

〈学びの拡大〉展開３のように，児童の学びを拡大する活動を取り入れます。児童が主体的に学ぶ

板書例

☆ 漢字には 部首 がある
→ 意味や関係のあるものを表す

◇ （何　）に関係のある漢字か考えよう

・ 竹 は，（竹　）に
・ 灬 は，（火　）に
・ 辶 は，（道や進むこと　）に関係

（かまえ）まわりに　（たれ）

門（もんがまえ）開　関　間
口（くにがまえ）図　園　国
广（まだれ）府　広　店

---

## 1 知る  『かんむり』の他にも，部首には『にょう』や『あし』があると知ろう。

「草かんむりは，植物に関係した漢字に使われていた部首でした。雪や雲など，雨かんむりのついた漢字は，天気や空に関係した漢字でした。」

かんむりの他にも，漢字の意味を表す部分があります。前に見た『道』の『辶』や，『悪』の『心』などは，他の漢字にも使われていますね。どんな漢字が思い浮かびますか。書きに来てください。

『進』とか『通』，『近』もそうです。『道』のなかまかな。

「『辶』は『しんにょう』という部首です。『心』は漢字の下につく『こころ』という部首です。他にも『灬』など，漢字の下につく部首をまとめて『あし』と言います。漢字のある部分につく部首は，他にもあります。」

## 2 調べる 対話する  『にょう』や『たれ』は漢字のどの部分についているか考えよう。

「漢字のどの部分についているかによって，名前がついています。上なら『かんむり』で，いろんな『かんむり』がありました。『かんむり』『あし』の他にどんなものがあるのか，教科書で調べましょう。」

漢字のどの部分についているのかによって，名前があります。

『にょう』には，しんにょうがあります。

『たれ』には，『まだれ』があります。他にも『たれ』はあるのかな。

・病気の『病』も，『たれ』みたいです。
・『間』とか『開』は，『もんがまえ』で，漢字の周りを囲んでいるみたいです。
・『かまえ』には，『国』のような『国がまえ』もあります。玉の字の周りを囲んでいます。

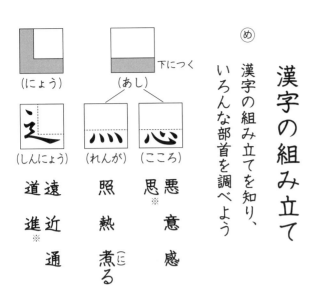

（め）
漢字の組み立てを知り、
いろんな部首を調べよう

漢字の組み立て

下につく
（あし）

（にょう）

（しんにょう）　（れんが）　（こころ）

道　遠　　照　　悪
　　　　　　　　　意
進　近※　熱　思※　感
　　　　　　　　　※
　通　　煮（に）　る

※の漢字は，児童の発表に応じて板書した字。

## 主体的・対話的で深い学び

・漢字の組み立てには決まりのようなものがある。部首を見ればある程度，漢字の意味も見当がつく。『花』なら植物に関係し，下部の『化』からは『力』と読めることが推察できる。このように，漢字を，部首を通して法則的に捉え直すことは，4年生くらいから可能になり，深い学び方だと言える。

・部首から漢字の意味を考え，話し合うことも対話的な学びになる。現在，情報機器などによる漢字の自動変換も普及しているが，それだけに漢字を書くという，手を通した学び方も大切にする。

### 準備物

・『かんむり』や『あし』の漢字での位置を表すカード
（黒板掲示用カード　DVD 収録【4_05_04】）

## 3 書く　部首別に，その部首のついている漢字を書こう。

「このように，部首にもなかまがあります。へんやつくりの他にも，『かんむり』のなかまや『あし』のなかまなどがあります。」（板書する）

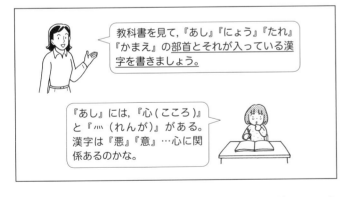

教科書を見て，『あし』『にょう』『たれ』『かまえ』の部首とそれが入っている漢字を書きましょう。

『あし』には，『心（こころ）』と『灬（れんが）』がある。漢字は『悪』『意』…心に関係あるのかな。

「その部首のつく漢字を，他にも思いついたら付け足しましょう。」
・『達』にもしんにょうがついているな。
・『思』も『こころ』がついている。

　　教科書の巻末の漢字一覧で調べさせてもよい。

「書けたら，漢字と熟語を読んでみましょう。」

## 4 対話する　読む　それぞれの部首の意味を考え，話し合おう。

「『草かんむり』で考えたように，部首の意味を考えてみましょう。」（教科書 P33 1 の問題）
「『竹かんむり』のつく漢字にはどんな意味があるのでしょうか。『筆』や『箱』から考えてみましょう。」
・やっぱり，竹に関係する漢字だと思います。
・竹という意味で，竹でできている物を表しています。

『灬（れんが）』は何を表しているのでしょう？『熱』や『照』という漢字から考えてみましょう。

『熱い』も『照らす』も『火』に関係しているみたいです。

昔は火で照らしたからかな。

『しんにょう』についても意味を考え，話し合う。

「部首の意味を考えて教科書の熟語を読みましょう。」

　　教科書 P32，33 の漢字と熟語を音読する。

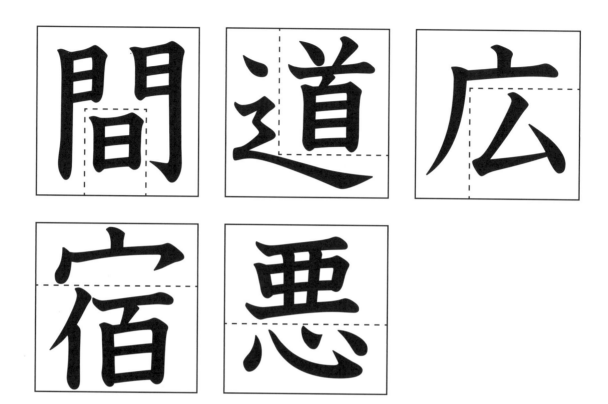

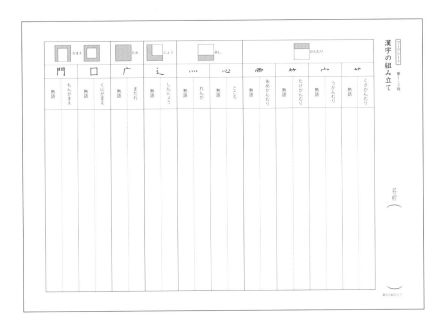

# 漢字辞典の使い方

## ◉ 指導目標 ◉

・漢字辞典の使い方を理解し使うことができる。
・漢字辞典の使い方を理解し，学習課題に沿って積極的に漢字辞典を使おうとすることができる。

## ◉ 指導にあたって ◉

### ① 教材について

　「見たことのない漢字に出会った。何と読むのか，漢字の意味は？　使い方は？」こんなとき，手元にあって頼りになるのが漢字辞典 ( または漢字字典 ) です。児童は，漢字辞典を初めて知ります。ですから，まず漢字辞典には何が書かれていて，見て何が分かるのかを確かめます。そして，実際に使わせながら，漢字辞典の役割や使い方を指導し，日々の学習でも使っていくことを呼びかけます。自主的，主体的で深い学びのためにも，日常的に辞書を使っていく習慣と，使いこなせる技能はこれからも必要な力です。そして，まずは『紙の辞典』を辞典の出発点，土台とします。

　ただ，漢字辞典 ( 字典 ) は，国語辞典ほどには使われていないようです。読めない漢字に出会ったとき，ふつうは，そばにいる人に読み方を聞いてしまうからです。しかし，改めて漢字辞典で調べてみると，その漢字の読み方以外の情報も目に入ってきます。読み方が他にもあることや，成り立ち ( 字源 )，意味，またその漢字を使った語句も知ることができます。多くの情報が得られるところが，辞典のよいところです。言葉 ( 語彙 ) を増やすということでも，漢字辞典にふれるという学習習慣は大切です。

　漢字辞典で，未知の漢字の読み方や意味を調べるやり方は，いくつかの方法があります。『音訓引き』『部首引き』『総画数引き』です。実際に辞典を使いながら，それぞれの引き方を指導します。また，部首の捉え方など留意する点も教えます。

### ② 主体的・対話的で深い学びのために

　漢字辞典の内容と使い方が分かると，自分が知りたい漢字や語句も進んで調べることができます。国語科だけでなく他の教科の「調べ学習」など，自主的で主体的な学習を進める上での，基本的なツールとなります。ただ，辞書を引くのは，児童にとっても「めんどう」なことでしょう。教室にも常備しておき，折に触れて『調べてみよう』などと呼びかけ，辞典にふれる機会を増やすような配慮も必要です。

| 知識 及び 技能 | 漢字辞典の使い方を理解し，使っている。 |
|---|---|
| 主体的に学習に取り組む態度 | 漢字辞典の使い方を理解し，学習課題に沿って積極的に漢字辞典を使おうとしている。 |

● 学習指導計画　全2時間 ●

| 次 | 時 | 学習活動 | 指導上の留意点 |
|---|---|---|---|
| 1 | 1 | ・本時のめあてを聞く。<br><br>・漢字辞典に載っている漢字を見ると，何が分かるのかを調べ，話し合う。<br><br>・漢字辞典では，漢字がどのように分類され，どのような順に並べられているのかを，教科書を読んで調べる。 | ・知らない漢字に出会ったとき，漢字辞典を使うとよいことに気づかせる。<br>・『飛』を例に，実際に漢字辞典を使いながら，読み方や成り立ち，漢字の意味や使い方が分かることを見つけさせる。<br>・『部首別に』『画数の少ないものから順に』が基本となっていることに気づかせる。<br>・難しいところもあるので教師の説明で補う。 |
| | 2 | ・本時のめあてを聞く。<br>・教科書と説明をもとに，見つけたい漢字を，漢字辞典を使いながら見つける。<br><br>・習熟のために，漢字辞典から漢字を見つける練習をする。 | ・めあては，漢字辞典の使い方を知ること。<br>・『音訓引き』『部首引き』『総画引き』の3つの見つけ方があることを，辞典を引かせながら説明する。<br>・教科書の問題とともに，グループ等で問題を出し合うのもよい。 |

※ふつう，『漢字辞典』とよばれているものには，『漢字字典』『漢和辞典』という辞典名になっているものもあります。

📀 収録（児童用ワークシート見本）

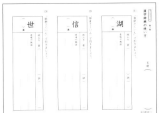
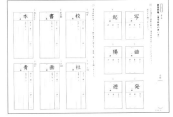

**本時の目標**

漢字辞典を引くと漢字の読み方や意味などが分かることや，漢字は部首で分類され画数順に並べてあることに気づく。

**授業のポイント**

部首については，既習の『漢字の組み立て』の学習を生かす。部首の見分け方や画数の数え方は，基本的なものを中心に取り上げる。

**本時の評価**

漢字辞典を引くと，漢字の読み方や意味などが分かることや，漢字は部首で分類され画数順に並べてあることに気づいている。

---

板書例

〈辞典の活用〉国語辞典と同様，漢字辞典も日常的に繰り返して活用することが大切です。机上に

⑤ 語句（飛球、飛球など）

〈漢字の分け方・ならべ方〉

◎ 部首別に分けている
　画数の少ない部首から順に
（一画）一
（二画）イ 二 リ
（三画）氵 宀 辶
（四画）礻 心 灬

◎ 艹のつく漢字
　画数の少ない漢字から順に
菜（11画）
草（9画）
花（7画）

〈画数の数え方〉
区（4）　池（6）
子（3）　近（7）〔辶（3）〕

注
間 → 門
聞 → 耳
問 → 口

---

**1** 対話する　めあて　知らない漢字に出会ったときには漢字辞典を使おう。

「この漢字を知っているでしょうか。（黒板に『飛』と書く）読み方は？　また，書き方は？」

　　未習の漢字であれば，他の漢字でもよい。

　・ややこしい漢字だなあ。何と読むのかなあ。

「こんなときには，みなさんはどうしますか。」

　・先生やお家の人など，知っている人に聞きます。

人に聞くのも，1つの方法です。でも，人に聞かないで，自分で調べる方法があるのです。これ（漢字辞典）を使うと，分かるのです。

お家にもありました。

『漢字辞典』と書いてある。

どうやって使うのだろう？

「この漢字辞典にはどんなことが書いてあるのでしょうね。また，どう使うのか，使い方も調べましょう。」

　　学習のめあてを伝える。

---

**2** 調べる　読む　漢字辞典を見ると，何が分かるのかを調べよう。

「これが，漢字辞典です。配ります。」（全員に配布）

　　個人のものより，図書室にある同じ辞典がよい。

「○ページを開けましょう。」（画面にも表示）

　・あ，『飛』という漢字が出ています。他の漢字もある。

　・これは『ヒ』とか『とぶ』と読む漢字だと分かるね。

『読み方』の他にも，どんなことが載っていますか。見て，分かることは何でしょうか。

『飛』の成り立ちです。鳥の形からできたみたいです。

『飛』の意味も書いてあります。3つかな。

『飛』を使った言葉（語句）も分かります。『飛行』とか…。

　・書き順とか，画数（9画）も分かります。

「漢字辞典でその漢字を調べると，読み方だけでなくいろんなことが分かるのですね。教科書34ページにも説明されています。読んでみましょう。」

　　説明も加えながら，ていねいに音読する。

常備し，漢字の学習を中心に活用します。

・漢字辞典を使うことには難しさもある。漢字の成り立ちや意味（字義），語句などは，4年生では理解しにくい言葉も多い。漢字辞典を使いこなすには，ある程度の漢字を知っていることや，どこが部首なのか，画数の数え方などの知識も必要になる。

・4年生では，漢字辞典を調べると，その漢字についておよそこんなことが分かる，ということが分かればよい。漢字辞典に興味，関心を持たせることを大切にして，今後，漢字辞典を使った主体的な学びにつなげたい。

**準備物**

・漢字辞典（図書室に備えてあるもの）（児童数）
・画像として，辞典の『飛』の字の掲載部分を示せるもの。（電子黒板やパネル画面に映し出せるとよい）

---

## 漢字辞典の使い方

⊛ 漢字辞典を引いて分かること
漢字の分け方やならべ方を調べよう

〈漢字辞典を引いて分かること〉

飛

① 読み方（音）ヒ、（訓）とぶ|、とばす|
② 筆順 画数（9）
③ 成り立ち（てき方）…鳥の形から
④ 意味（いくつか）

※黒板以外にも，漢字辞典の「飛」の箇所を画像として電子黒板等に写して示すとよい。

---

**3** 調べる　部首ごとに漢字が分けられ，分類されていることを知ろう。

「では，漢字辞典では漢字はどのような『きまり』で分けられ，どんな順に出ているのでしょうか。」
　・国語辞典では，五十音（あいうえお）順だったけど…。
「教科書35ページに，そのことが説明してあります。まず，上の段（部首について）を読みましょう。」
　・同じ部首の漢字を，まとめて載せてあるのだね。

漢字辞典は，部首別に漢字を分けて並べてあるのです。部首とは，へんやつくり，かんむりなどの部分のことです。漢字辞典の表紙の裏に，いろんな部首が出ています。見てみましょう。

あ，「さんずい」があったよ。

この前習った「草かんむり」もあった。

「『草かんむり』のページを見ると，『花』や『菜』など，『草かんむり』のついた漢字が出ているのです。」

『部首とは何か』も教科書を使って説明する。（板書）

---

**4** 調べる　対話する　同じ部首の漢字は，どのような順に並べてあるのだろう。

「部首で漢字を調べるには，『草かんむり』のように，漢字のどこが部首なのかが分かることが大切です。」
　　部首の見分けは難しいものもある。『聞』『問』の部首は『門構え』でなく『耳』『口』と見る例も説明する。

では，どんな部首から順に並べてあるのでしょう。

画数の少ない部首の順です。初めは1画の『一』とか，次は2画の『にんべん』とか…。

『草かんむり』は3画なので，3画の部首に出てきます。

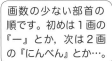

「そして，『草かんむり』のつくたくさんの漢字は，画数の少ない漢字から順に，並べてあるのです。」
「『花』と『菜』なら，どちらが先に出てきますか。」
　・『花』です。『花』の方が，画数（7）が少ないからです。
「では，画数の数え方を教科書（P35下段）で調べましょう。」
　　『子』(3)『近』(7) なども例に，説明する。

「では，『村』という漢字を部首から見つけましょう。」
　　『木へん』を手がかりに調べさせる。

**本時の目標**

漢字辞典で漢字を調べるには，音訓引きなど，3つの引き方があることが分かり，目的の漢字を見つけることができる。

**授業のポイント**

目的の漢字に行き着くためには，3つのやり方があることを，実際に漢字辞典を使わせながら気づかせるようにする。

**本時の評価**

漢字辞典で漢字を調べるには，音訓引きなど，3つの引き方があることが分かり，目的の漢字を見つけることができている。

〈時間の配分〉学習内容をふくらませたい場合や児童の様子などから，『基本的な引き方の知識』と

板書例

② 部首が分かっているとき

☆ 「部首さくいん」で引く（表紙のうら）

信 （シン）（音）（まこと）（訓）
にんべん（二画）のページをさがす

③ 読み方も部首も分からないとき

☆ 「総画さくいん」で引く

世 よ（訓） セイ・セ（音）画数 → 五画
五画のところからさがす

◇ 漢字を見つけてみよう

1 写 曲 発 起 陽 遊

2 校庭 お社 愛読書 計画
本を正す 青年

---

## 1 めあて 調べる　音訓索引を使って，漢字を見つけよう。

「漢字辞典で漢字を調べると，どんなことが分かるのか，また漢字は部首ごとに分けられて，画数の少ない順に載せてあることが分かりました。」

「今日は，漢字辞典で，調べたい漢字を見つける（引く）方法を勉強します。」（教科書 P36 上段）

「『湖』という漢字は，訓では『みずうみ』と読みます。音では何と読むのでしょう。」
　・うーん，分からない。

> 1つの読み方が分かっているときは『音訓索引』を見て，『湖』という漢字を調べることができます。漢和辞典の，音訓索引のページを開けましょう。五十音順に並んでいるので『みずうみ（湖）』の『み』のページを見るのです。

> ありました，○○ページです。『コ』が音読みです。

『飛』『知』など，他の漢字も音訓引きで調べさせる。

## 2 調べる　部首索引を使って，漢字を見つけよう。

「他にも調べたい漢字のページを見つける方法があります。前に習った『部首』を手がかりにするやり方です。」（教科書 P36 下段）

　　『信』と板書する。

> この漢字の読み方を調べるために，今度は，部首索引で漢字を見つけて見ましょう。『信』の部首は何でしょうか。また何画ですか。

> 『にんべん』です。2画です。

「表紙の裏側に『部首索引』のページがあります。そこで『にんべん』をまず探します。2画の部首なので，2画のところを見ると，『にんべん』がありますよ。」
　・（探す）ありました。○○ページです。

「そこから『にんべん』のつく漢字が並んでいます。」
　・ありました。『シン』と読む漢字です。

『習熟・技能』とを分けて，2時間扱いにしてもよいでしょう。

## 漢字辞典の使い方

め　漢字辞典で漢字を見つける方法を知り、知りたい漢字を見つけてみよう

◇　知りたい漢字を見つけよう

① 音か訓かの読み方が分かっているとき

☆「音訓さくいん」で引く

湖　みずうみ（訓）→「みずうみ」で引く
　　　？　（音）
「コ」と読むことが分かる→

---

・小学生が漢字辞典で目的の漢字を調べるとき，最も多く使う引き方は『音訓引き』だろう。目的のページを見つけやすく，目的の漢字に早く行き着くからである。しかし，『部首引き』や『総画引き』を知り使えることは，実用的な技能であるとともに，『部首』など漢字に関わる知識を広げる深い学びでもある。

・なお，漢字辞典を引く練習も必要になる。グループでの活動や，早く引けた児童には他の児童の手助けをさせると，『部首』や『画数』についての対話的な学びも広がるだろう。

### 準備物

・漢字辞典

・索引別ワークシート
（児童用ワークシート見本　DVD　収録【4_06_01】）

・練習問題ワークシート
（児童用ワークシート見本　DVD　収録【4_06_02】）

---

## 3　調べる　総画索引を使って，漢字を見つけよう。

「今度は，読み方も部首も分からない漢字を調べたいときは，どうすればよいのでしょう。そんなときは，画数を調べて探す方法があります。」（教科書 P37 上段）

『世』と板書する。

「画数（総画数）は，いくつですか。」
・（全員で数えて）5画です。

では，総画索引というページ（○ページ）を開けましょう。『世』は5画ですから，5画のところから『世』を探すのです。

5画の漢字は，いっぱいあるなあ。

ありました。31ページです。『セ』『セイ』『よ』3つの読み方があります。

『総画引き』は，画数の数え方と，多くの5画の漢字の中から見つけるところに難しさ（手間も）がある。

「どの引き方が，やりやすかったでしょうか？」

---

## 4　習熟・練習　見つけたい漢字を，漢字辞典で見つけよう。

「漢字を見つける3つの方法が分かりました。漢字を『正しく』『早く』見つける練習をしましょう。」

教科書 P37 下段の練習問題1，2を取り上げる。

まず，画数から見つけるやり方（総画引き）を練習しましょう。まず問題1の『写』を，画数から見つけてみましょう。

画数は，えーと，5画だから…。

総画索引の『5画』のところを探せばいいね。

『シャ』『うつる』『うつす』と読む漢字です。

『写』は，みんなで調べ確かめ合う。『曲』『発』など他の漢字は，個々に調べさせる。早くできた児童は，教師と共に他児童の援助に当たらせるとよい。

「問題の2もやりましょう。今度は，読み方だけでなく，意味や使い方（熟語）も調べて書きます。」

この後，補充問題やグループでの問題の出し合いなど，練習の機会を多く持てるとよい。

# 春の楽しみ

## ◉ 指導目標 ◉

- 言葉には性質や役割による語句のまとまりがあることを理解し，語彙を豊かにすることができる。
- 経験したことや想像したことなどから書くことを選び，伝えたいことを明確にすることができる。
- 積極的に語彙を豊かにし，学習課題に沿って，行事を説明する文章を書こうとすることができる。

## ◉ 指導にあたって ◉

### ① 教材について

　4年の『きせつの言葉』は，『行事』が一つのテーマになっています。昔から，季節，季節には，子どもにとっても楽しみな行事がありました。教科書では，3月，4月，5月，それぞれの月に応じて，『ひな祭り（桃の節句）』『お花見』『こどもの日（端午の節句）』と，『八十八夜』が紹介されています。これらの行事は，今も児童にとっては心弾む楽しみの一つでしょう。

　まず，教科書も参考にしてそのような春の行事に関わる言葉を知り，語彙を広げます。ただ，行事は，時代や地域によって，時期ややり方は異なります。『ちまき』や『はまぐりのおすいもの』と言っても，その物も意味も知らない児童もいます。その場合，大人や教師が，その言葉をお話として教え，伝えることにも意味があります。なお，行事に関わる俳句も紹介されていますが，児童には分かりにくいところがあります。具体的にどんな情景なのか，説明（解説）も必要です。

　そして，地域の行事にも目を向けさせ，その説明を文章に書き読み合ったり，聞き合ったりします。地域には子どものための，また子どもが参加する行事もあります。自分の地域を，行事を通して見て，文章で捉えるところに意味があります。

### ② 主体的・対話的で深い学びのために

　『春の言葉』をふやす学習です。そのきっかけや材料とするのは，教科書の写真や挿絵，それに俳句です。これらをもとに春の言葉を見つけ，話し合います。そこでは，児童それぞれの体験とつないで書き，話をさせる（対話する）ことが大切です。『鯉のぼり』なら，それを見た情景や掲げたことなど，実体験をもとに交流することによって，言葉は生きたものとなります。また，教科書にはなくても，お祭りに参加したことやそのときどきの風物など，地域と結びついた行事や季節の言葉を知っていくのも意味のあることです。

## ◉ 評価規準 ◉

| 知識 及び 技能 | 言葉には性質や役割による語句のまとまりがあることを理解し，語彙を豊かにしている。 |
|---|---|
| 思考力，判断力，表現力等 | 「書くこと」において，経験したことや想像したことなどから書くことを選び，伝えたいことを明確にしている。 |
| 主体的に学習に取り組む態度 | 積極的に語彙を豊かにし，学習課題に沿って，行事を説明する文章を書こうとしている。 |

## ◉ 学 習 指 導 計 画　全 2 時 間 ◉

| 次 | 時 | 学習活動 | 指導上の留意点 |
|---|---|---|---|
| 1 | 1 | ・教科書の絵や言葉も参考にして，春の行事やその様子を表す言葉を知り，見つける。<br>・自分の暮らしや体験からも，春の行事に関わる言葉を集めて書き出して話し合う。 | ・「ひな祭り」「こどもの日」「お花見」など，児童が関わる『楽しみ』な行事の言葉を見つけさせる。<br>・難しい言葉，俳句の情景は説明する。<br>・暮らしの中の行事に目を向けさせる。 |
| | 2 | ・暮らしている地方，地域にある春の行事やお祭りにはどんなものがあるのか話し合う。<br>・地域の春の行事や祭りについての簡単な説明を書き，読み合ったり聞き合ったりする。 | ・地域に独特のものでなくてもよい。<br>・文は3文程度。一般的な説明とともに，できるだけ体験したこと，実際に見たことを書かせる。 |

**DVD** 収録（画像）※本書 P74，75 に掲載しています。

**本時の目標**

春の行事やその様子を表す言葉を見つけ，体験の中から集めることができる。

**授業のポイント**

春の行事，季節に関わる言葉は集めやすい。できるだけ多くの児童に発表の機会を与える。体験とつないで発表させるようにする。

**本時の評価**

春の行事やその様子を表す言葉を知るとともに，そのような言葉を体験の中からも集めることができている。

〈資料活用〉写真があると，日本の伝統行事を知らない児童への視覚的な配慮となります。全員を

板書例

考えて　見つけよう
書いて　お話しよう

◎「こんなことをした」お話

三月
・ひな祭り
　（もものせっく）
ひな人形　ももの花
ちらしずし　はまぐり
ひなだん（ぼんぼり　白酒）
さくら（ヤマザクラ　ソメイヨシノ）
花ざかり　花いかだ　だんご
花ふぶき（○○公園）

四月
・お花見

五月
・八十八夜
　（立春から）
・こどもの日　こいのぼり　かしわもち
　（たんごのせっく）
　ちまき　しょうぶ（湯）
五月のはじめ
茶つみ　新茶　茶畑
（たねまき）

・○○公園でお花見をした
・あおい祭を見に行った
・かしわもちを食べた
・しょうぶのはちまきをした

※児童の発表を板書する。

---

## 1 対話する　めあて　『春と言えば…』を話し合おう。めあてを知ろう。

教科書はまだ閉じたままで尋ねる。

「今の季節は，何でしょう？」
　・『春』です。4月（5月）は春です。3月も春です。
「3月，4月，5月は，季節でいうと春ですね。」

では，『春』と言えば，どんなもの，どんなことが頭に思い浮かびますか。

はい，桜と入学式です。妹が1年生になりました。

おひな様，鯉のぼり。

あおい祭です。

地域の祭りや行事なども取り上げる。

「今日はこのような，春だな…と思う言葉を集めます。ひな祭りのような毎年することを『行事』と言います。そんな言葉を集めてみましょう。」

## 2 対話する　教科書の挿絵を見て，ひな祭りの言葉について話し合おう。

「教科書にも春の行事が出ています。どんな行事があるのか，見てみましょう。」（まず行事を確かめる）
　・3月はひな祭り。わたしもおひな様を飾りました。
　・4月は，お花見です。
　・5月は『こどもの日』。おじいちゃんが『端午の節句』と言って，ショウブをもってきてくれました。
　　端午の節句で使う「しょうぶ」は，紫色の花を咲かせる「ハナショウブ（花菖蒲）」とは違うことに注意する。

教科書に出ている言葉を，読んでみましょう。はじめは，『ひな祭り』に関係する言葉です。『ももの花』は知っているかな。

ぼくは，桃（の実）は知っているけど，花は見たことないなあ。

はーい，家でも飾りました。

その他，教科書に出ている『ちらし寿司』『はまぐりのお吸い物』『ひな人形』についても話し合ったりその意味を説明したりする。（児童それぞれの家庭の状況にも配慮する）

同じ土俵に立たせた授業を意識しましょう。

きせつの言葉

春の楽しみ

⊙ 春の行事とそれを表す言葉を集めよう

◎ 春といえば「○○」
（三、四、五月）
・さくら　・入学式
・おひな様　・こいのぼり　・あおい祭

春の行事の言葉を

## 主体的・対話的で深い学び

・季節の言葉を考え，発表し合う学習になる。ふだん手を挙げにくい児童にとっても，くらしの中の行事に関わる言葉は思いつきやすく発表しやすい。クラスにはいろんな児童がいるが，それぞれの児童がどこで活躍できるのか，そんな場を考えておくことも，児童の主体性を大切にすることになる。
・そのことと関わって，その児童だけの体験を語らせるようにする。それは，児童と児童を対話でつなぐことになる。

### 準備物

・桃の花，お茶の葉など，児童の知らないような物については，できれば実物，またはその画像（写真）など
（画像 **DVD** 収録（ひな人形，さくら，茶畑，ハナショウブ）
【4_07_01～4_07_06】）

・国語辞典（分からない言葉を調べさせてもよい）

## **3** 対話する　交流する
ひな祭りに関わって，聞いたことやしたことを出し合おう。

「ひな祭りに関係するいろんな言葉がありました。ひな祭りを詠んだ俳句もあります。」

『雛壇や襖はらひて（はらいて）はるかより』
範読，斉読し，その情景を語り聞かせる。

ひな祭りに関わった経験について交流する。
また，俳句の作者がひな祭りのどんな様子を見て俳句を作ったのか，自分の経験などから思い描く様子と比べながら想像させてもよい。

## **4** 読む　書く
春の言葉を読み，春の行事の言葉を考えて書こう。

「では，4月の『お花見』や5月の『八十八夜』，『子どもの日』に関係した言葉を読んでみましょう。」
・『花ざかり』『花いかだ』『新茶』『しょうぶ』…。

板書（教科書の言葉）を指し，1つずつみんなで読む。『花いかだ』『八十八夜』などは，辞書で調べさせるか，教師がその意味を話して聞かせる。

しばらく時間をとって，知っている言葉を書かせ，そのあと，それぞれの体験とともに発表し合う。

**本時の目標**

地域の春の行事と，その簡単な説明を書いて読み合い，知り合うことができる。

**授業のポイント**

由来や聞いたことだけでなく，自分の目で見た事実，様子を書かせる。
題は同じでも，捉えの違いを大切に話し合わせる。

**本時の評価**

地域の春の行事と，その簡単な説明を書いて読み合い，知り合うことができている。

〈教材研究〉地域の季節行事については，地域の老人会や地域振興団体などと連絡を取り，話を

板書例

◇ 行事を説明する文しょうを書いてみよう

＝ **どんな行事なのか**

〔例〕

大だこ祭り……行事の名前

説明してみよう

・こどもの日に………いつ？
・成長をねがって……ねがいは？
・えど時代に…………始まりは？
・大きなたこ…………祭りのようす

（三文くらいで）

◇ 読み合おう ←

・宇治茶の茶つみ
・お水取り
・あおい祭

※児童が発表した題名を板書する。

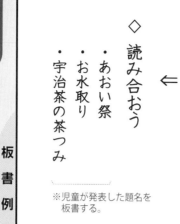
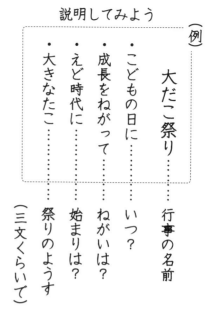

---

**1 交流する** 自分の知っている地域の行事について話し合おう。

「春の行事には，『ひな祭り』のように，日本中どこでも行われている行事もありますが，地域だけで行われている行事もあります。何か知っていますか。」

私たちの町（地方）でも，春になってすることや，行事はないでしょうか。

ぼくの家では，毎年よもぎ団子をつくります。

『あおい祭』（京都）もそうだと思います。

春のお彼岸には，お墓参りをします。

お水取り（3月・奈良・東大寺）がすむと，奈良には春が来ると言われています。

他にも『花祭り』やお寺の『会式（えしき）』，地域の神社の祭りなど，知っている行事を発表し，話し合う。

**2 読む 対話する** 教科書の文例を読み，説明に何を書くのかを話し合おう。

「『ひな祭り』や『こどもの日』の他にも，私たちの住んでいるところには，この地域だけの春の行事があるのですね。こんな行事のことを，説明する文章を書いてみましょう。」

「教科書38ページに，そのような行事のことを説明している文章の例が載っています。」（はじめに範読）
　・『大だこ祭り　子どもの日に，…』（音読）
「何という行事のことを書いていますか。」
　・『大だこ祭り』のことです。

説明の文章には，どんなことを書いていますか。

いつから始まったのかも，書いています。祭りの様子，たこの大きさも…

『子どもの成長を願って行われる』ことです。お祭りには，願いがあることが分かります。

聞かせてもらったり，資料をいただいたりするとよいでしょう。

きせつの言葉

⊛
春の楽しみ

わたしたちがくらしている地いきに伝わる
行事のことを，文しょうに書いてみよう

〈地いきの行事〉
・あおい祭
・花祭り
・○○会式（えしき）
・○○祭り

※児童の発表を
板書する。

---

## 🔍 主体的・対話的で深い学び

・地方の祭りや行事には，子どもが参加し，また主役となるものがけっこう多く，伝統にのっとりつつも，子どものもつパワーや純真さ，主体性が尊重されてきた。地域で子どもが大切にされてきた証しでもあり，今も続いているところは多い。児童のくらしの場には，家庭，学校とともに地域がある。その地域の祭りや行事（自然も）に改めて目を向け，それを文に書くことは，その行事や地域とも対話することである。児童が成長していく上でも，大きな意義がある。

**準備物**

・原稿用紙など，説明の文章を書かせる用紙
（ノートに書かせてもよい）

---

## 3 つかむ 決める　書きたい行事を考え，決めよう。

「この文章を読むと，何のためのお祭りなのか，また，どんな祭りなのか，その様子も分かりますね。」

「では，どんな行事，祭りのことを書くのかを決めましょう。書きたい祭りや行事を挙げましょう。」

奈良の『二月堂のお水取り』のことがいいな。たいまつがとても迫力があったから。

『チャンチャン祭り』(奈良県)は，春一番のお祭りだから…

宇治では『茶摘み』をするから，そのことを書こうかな。

その地方の行事を書くのであるから，いくつかに絞られてくることが多い。『題材』の候補を挙げさせ，そこから選ばせてもよい。または，児童の暮らしから自由に書かせるのもよい。

---

## 4 書く 交流する　春の行事を説明する文章を書き，読み合おう。

「行事が決まったら，どんな行事なのか読む人に分かるように，説明する文章を書きましょう。」

３～４文を目安にして書かせる。「ここがよく分かる」「このことも書けば…」などと，個別に助言する。

この祭りが，どうして行われるようになったのか（由来）も，書いておこう。

子どもも，昔の服を着て，お祭りの行列に入って歩くところが楽しい。ぼくも…。

チャンチャンと鐘を鳴らして歩くから『チャンチャン祭り』と言うことも…。

「他の人が読んで分かるかどうか，読み返します。」

「書けたら，書いた文章を読み合いましょう。」

グループで，また全体発表で，など，「読み合い」「聞き合い」のやり方は，クラスに実態に合わせる。

# 聞き取りメモのくふう
## 〔コラム〕話し方や聞き方から伝わること

---

## ◉ 指導目標 ◉

- 必要なことを記録したり質問したりしながら聞き，話し手が伝えたいことや自分が聞きたいことの中心を捉えることができる。
- 相手を見て話したり聞いたりすることができる。
- 比較や分類のしかた，必要な語句などの書き留め方を理解し使うことができる。
- 積極的に必要なことを記録したり質問したりしながら聞き，学習課題に沿って，工夫してメモを取ったり，それを基に発表したりしようとすることができる。

---

## ◉ 指導にあたって ◉

### ① 教材について

　児童は，社会見学などでメモを取る経験をしています。しかし，そのメモは，再び見返しても，ちゃんと使えるものは多くありません。メモを取っても，「書ききれません。」「もう一度言ってください。」などの声があがります。メモは，読書や発表の際にも使いますが，ここでは，「聞き取りメモ」の工夫を取り上げます。メモを取ることでどのような効果があるかに気づかせたり，メモを取る課題に気づかせたりすることで，メモの上手な仕方を学びます。

### ② 主体的・対話的で深い学びのために

　まずは，これまでのメモの取り方でメモしてみるところからはじめています。それから新たに学んだ手法や考え方を活用して，少しずつ上手にメモを取るようになっていくことを実感させていきます。児童は，工夫の仕方を知り，経験を重ねていくことによって，メモを取る力も上達していきます。

　また，学習ゲームを取り入れながら，楽しくメモについて学ばせます。第4時では，実際に，自分たちが話し手と聞き手に分かれ，ロールプレイの手法でメモを取るときの留意点を確かめさせます。

　最後には，教室から出て実践的にインタビュー活動をします。学習してきたメモの取り方やインタビューするときの注意点などをいかし，上手くメモを取ることができたという成功体験を味わわせることを目指します。

## ◉ 評価規準 ◉

| 知識 及び 技能 | ・相手を見て話したり聞いたりしている。<br>・比較や分類のしかた，必要な語句などの書き留め方を理解し使っている。 |
|---|---|
| 思考力，判断力，表現力等 | 「話すこと・聞くこと」において，必要なことを記録したり質問したりしながら聞き，話し手が伝えたいことや自分が聞きたいことの中心を捉えている。 |
| 主体的に学習に取り組む態度 | 積極的に必要なことを記録したり質問したりしながら聞き，学習課題に沿って，工夫してメモを取ったり，それをもとに発表したりしようとしている。 |

## ◉ 学習指導計画　　全6時間 ◉

| 次 | 時 | 学習活動 | 指導上の留意点 |
|---|---|---|---|
| 1 | 1 | ・メモを取った経験を思い出す。<br>・「大事なことを落とさずに聞き，メモを取るときの工夫を見つけよう」という学習課題を設定して，学習計画を立てる。 | ・自分のメモを取る力を確かめさせる。<br>・メモを取る必要性に気づかせる。<br>・メモを取る難しさを話し合い，課題をとらえさせる。 |
| 2 | 2 | ・教科書P41の話の読み聞かせを聞き，相手に伝えることを考えてメモを取る。<br>・友達の書いたメモを見て，よいメモについて話し合う。 | ・どんなメモを取ればよいかを考えさせる。<br>・緊張感をもって，聞く姿勢でメモを取らせる。 |
| | 3 | ・教科書の2つのメモ例を見て，メモの取り方の工夫を考える。<br>・「掲示係のおねがい」文の2度目の読み聞かせを聞き，メモを取る。 | ・教科書のメモの特長を話し合わせる。<br>・箇条書き，要点，記号などのメモの工夫をできるだけ使って，2度目のメモを取らせる。 |
| | 4 | ・教科書P44，45を読み，話し方や聞き方の違いで相手に伝わることについて考える。 | ・教科書に沿って，その役割を演じさせ，受ける印象の違いを話し合わせる。 |
| 3 | 5・6 | ・メモの取り方を確認し，話を聞く準備をする。<br>・目的にあったメモの取り方を確認し，工夫してメモを取る。<br>・学習を振り返る。 | ・メモを取らなくてもよい場面や，書かなくてもよい内容があると気づかせる。<br>・実際にインタビューへ行き，学習したメモの工夫を，実践で生かす。 |

※インタビューの時間は，国語の時間だけで収まらない場合，総合の時間などをうまく活用しましょう。

**本時の目標**

メモを取った経験を思い出し，学習計画を知り，学習の見通しを持つことができる。

**授業のポイント**

メモをすることを，楽しみながら入り，動機づけをする。

**本時の評価**

メモを取った経験を話すことができている。

板書例

〈学習課題〉この学習を通して，どのような力がつくのかを共通理解します。本時は，メモの取り方

△後で見てもわからない
△大事なことがぬけている
△まちがって書いている

〈何のためにメモを取るのか〉
・忘れないため
・聞いたことを整理するため
・考えをまとめるため
※

学習のめあて・学習計画

1 メモを取ったけいけんを思い出す

2 話を聞きながらメモを取る

3 メモの取り方のくふうについて考える

4 くふうしてメモを取り、メモをつかって発表する

5 目的に合ったメモの取り方について考える

※

※児童の発言を板書する。

---

## 1 聞き取る 確かめる — 学習ゲームで，今の自分のメモを取る力を確かめよう。

「『突然，お話聞き取りゲーム』をします。今から，先生が話をします。あとから，その内容についてクイズを出します。メモを取りながら聞いても構いません。」

　この「お話」は，昔話を多少もじった簡単なものにする。このとき，お話の中にはクイズのポイントとなる名前，場所，数字などを入れておくようにする。

昔々あるところに，おじいさんとおばあさんがいました。…

先生，言うことが多すぎて，全部書けません！

話すのが早いから，書くのが追いつきません！

「では，クイズです。第１問！だれとだれが…。」

　答え合わせも入れて，５分くらいで終わらせる。クイズの答え合わせをした後に，どんな話かもう一度簡単に振り返る。

## 2 めあて つかむ — 課題を確認し，「メモ」について知ろう。

「今日は，メモを取った経験を思い出し，メモを取るときのことを考えていきます。」

　めあてを確認し，メモを取った経験を話し合う。

「そもそも『メモ』とはどういう意味でしょう。辞書で引いてみましょう。」

・そういえば，ちゃんとした意味は知らないな。
・大切なことや予定などを書き留めておくこと。覚え書き。

　辞書で言葉の意味を確認し，言葉の共通理解を図る。

「メモを何のために取るのでしょう。」

・大切なことを忘れても，後で見て分かるようにするため。

さっきのゲームで、みなさんが取ったメモはどうでしたか。

長すぎて、全然分からない！

書き留めるどころか、書いている間に忘れてしまう！

の経験から，メモの取り方を学ぶ意識づくりをします。

# 聞き取りメモのくふう

め メモを取ったけいけんを思い出し、メモを取るときのことを考えよう

メモ…　大切なことを忘れないように書いておくこと

〈これまで困ったこと〉
△話すのが早くて、ついていけない
△書ききれない

## 主体的・対話的で深い学び

・メモを取る学習ゲームで導入し，メモを取ろうという意欲をもたせる。ただし，この段階では，メモを上手に取れる児童と，取れない児童の差はとても大きい。また，メモするための聞き取る力もメモを上手に取れるかどうかと関わっている。本時では，うまくメモを取れたかどうかよりも，しっかりと話を聞こうとしていることがまずは大事だと伝え，後々のメモをする力のアップにつなげていきたい。

### 準備物

・メモ用紙（全時間通して使えるもの。白紙やマス目用紙に名前を書くところがあればよい。）

・辞書

## 3 出し合う 対話する　メモを取った経験について出し合い，話し合おう。

これまでにメモを取ったことを聞き，話し合わせる。

これまで，「メモを取っておいて，よかったな」と思ったことは，どんなことでしたか。

社会の授業で，新聞を作るときに役立ちました。

メモを見て，忘れずに買い物に行けました。

「つまり，聞いたことや，見たことをメモしておくと，あとで，役に立てることができるのですね。」
「逆に，メモを取ったとき困ったことは何でしょう。」
・話が早くて，全部書けなかった。
・書いたメモを後から見て，大切なことが抜けていた。

メモには，買い物の時や，読書の時の要点をメモする場合もあるが，ここでは，聞いたことをメモする学習として進める。「話が難しかった」「聞き取りにくかった」など，話し手の課題にはここでは深く触れず進める。

## 4 確かめる　メモを取る意義を考え，学習の進め方を確かめよう。

教科書 P40 のはじめの文を読み，「学習の進め方」を確かめる。

「まず，はじめにすることは何でしょう。」
・①のメモを取った経験を思い出すことです。

活動①は，本時の活動にあたる。ここでメモを取る意義についても考える。

そもそも，どうして，メモを取るのでしょう。一度に話を聞いて，覚えておけばいいのではないでしょうか。

全部覚えられないからです。

聞いた情報を整理するためです。

「②〜⑤は何をする活動なのか，見てみましょう。」
内容を確かめ，板書する。

「次の時間から，実際にメモを取る経験をしながら，メモの上手い取り方を学んでいきましょう。」

**本時の目標**

相手に伝えることを考えて，メモを取ることができる。

**授業のポイント**

メモの必要性を考え，とらえさせる。

**本時の評価**

誰かに伝えるためという目的意識をもって，メモを取っている。

〈学び合い〉書いたメモを友達と見せ合うことで，よりよいメモの仕方が見つかることでしょう。

板書例

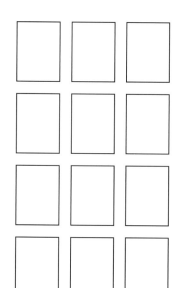

相手に伝えやすいメモにする（自分が見やすくする）には

・短い言葉だけ
・数字を入れる
・いつ、どこで、だれが、なにを、なぜ、どうして
・消しゴムをつかわない（字に線を入れて消す）
※例…まちがい

※※

※児童が書いたメモを貼る。

---

## 1 聞き取る／書く　学習ゲームで，メモを取るときの聞く姿勢を考えよう。

メモを取るときに気をつけることは何だと思いますか？

全部書くのは無理だから，大切なところだけ書く。

短く書くことです。

「では，『耳をすませば，聞こえる音が』ゲームをします。2分間，一言も話さないで，聞こえてくる音をたくさん書きましょう。」

　　窓の外から聞こえる音や，隣のクラスの声，隣の人の鉛筆や紙の音など，メモさせる。
　　①ストップウォッチの「ピッ」の電子音でスタート。
　　②2分後に終了。書いた数や聞こえた音を発表する。

「ゲームで聞こえた音をたくさんメモできましたか。このメモを取るとき，どんなふうにして聞きましたか。」
　・静かに耳をすませて，集中して聞きました。

## 2 めあてつかむ　「相手に伝えることを考えてメモをする」という課題を確認しよう。

「今日は，『学習の進め方』②の『話を聞きながらメモを取る』学習です。教科書は閉じておきましょう。」

係活動について連絡をします。あなたは，今日お休みしている同じ班の人に，聞いたことを伝えなければいけません。そのつもりで，メモを取ってみましょう。

上手にメモを取れるかな。

しっかり聞かないといけないね。

　　教科書 P41 の ② の「けいじ係の活動と，みなさんへのおねがい」の話を聞かせる前に，メモの必要な設定場面を示し，何を目的に聞くのかを説明する。

「どのようにメモを取るようにすればよいでしょう。」
　・大切なところをおとさないように，しっかり集中して聞く。
　・聞きながら，大事なところだけ見つけて，短く書く。

お互いに学び合う活動を確保するようにします。

## 主体的・対話的で深い学び

・単に聞こえてきたことを書き留めるだけではなく，目的をもって，必要なメモを取る場面をつくっている。「誰に，何を」を考え，伝えるためのメモという意識を持たせたい。また，メモを取るときの聞く姿勢・態度の重要性にも気づかせたい。

### 準備物

・メモ用紙（前時と同じもの）
・付録CD

---

聞き取りメモのくふう

め　相手に伝えることを考えて、メモを取ろう

〈メモを取るときに大事なこと〉
・しっかり聞く　　・早く書く
・たくさん書かない　・短く書く
※※

◇ 話を聞きながらメモを取ろう

☆ どんなメモになったかな

※※児童の発表を板書する。

---

## **3** 聞き取る・書く　後から自分で説明できるように，話を聞きながらメモを取ろう。

では，先生が「けいじ係の活動と，みなさんへのおねがい」について話をします。大事なことをおとさないように，メモを取りましょう。

　教科書P41の2の話をする。付録のCDも使ってもよい。教師が読む場合は，付録CDよりも，ゆっくりとした口調で，はっきり読むようにする。児童には，メモを取ることに集中させる。

「後から，自分で他の友達に説明できるように，しっかり聞きましょう。」

　「きちんとメモを取る」という緊張感をもたせ，聞く姿勢で，メモを取らせる。メモは前時と同様に，専用のメモ用紙を配布するとよい。毎回同じ紙にメモを取り続けることで，自分のメモの変化に気づきやすくなる。

## **4** 対話する・まとめ　友達のメモを見て，よいメモについて話し合おう。

　自分たちが書いたメモを黒板に貼り，よいメモについて話し合う。

誰のどんなメモがよいか，発表して下さい。

○○さんの短いメモがいいかなと思います。

「あさって」や「高橋さん」と書いてあるだけでも，話の内容を思い出せます。

「相手に伝えやすいメモにするには，何がポイントでしょう。」
・短く言葉だけ書いてみると，分かりやすいよ。
・数字とかは，必ずいるね。
・いつ，どこで，だれに，とかも必要です。
・消しゴムは使わない。消す時間がもったいないから。

「次回は，伝えやすいメモのポイントを考えて，メモの取り方の工夫を，考えていきましょう。」

**本時の目標**
メモの取り方の工夫を知り，メモを取ることができる。

**授業のポイント**
教科書のメモの取り方から，記号や線を使ったり，短い言葉で書いたりする工夫を確かめた後に，同じ話のメモを取らせ活用させる。

**本時の評価**
メモの取り方を知り，工夫してメモをしている。

〈活用力〉メモの取り方の工夫を取り入れ，メモを取る力を高めていきます。学んだことを活用し，

**板書例**

〈気づいたこと〉

竹中さんのメモ
○記号で分かりやすい
○丸でかこむ
○線でつなげている
○短い言葉
○平がな

北山さんのメモ
○全部書いていない
○短い言葉
○かじょう書き
○〈 〉を使って見出し
○長い丸でかこんでいる

かじょう書き
・事がらをいくつかに分けて、書きならべをすること

要点　話の中心、大事な事がら

☆ 話を聞くとき、要点をとらえてメモを取ろう

〈メモの工夫〉
・かじょう書き（番号をつけてもよい）
・見出し
・線、記号、印
・短い言葉でかんたんに
・平がな

---

## 1 聞く・書く・伝える　学習ゲームで，聞いたお話のメモを取って友達に伝えよう。

「これから，『伝言メモメモ，メッセージゲーム』を行います。
　ルールは，
　① 1 列 4 名でチームを作ります。
　②教師のところに先頭の人がメモを取りに来ます。
　③教師がお話（昔話を少々もじったもの。20 秒くらい。4 文程度が目安）を，先頭の人に伝えます。
　④話とメモする時間を入れて，1 分くらいで終えます。
　⑤メモを使いながら次の人に伝えます。（列の最後まで）
　⑥最後に，どんな話だったか確認します。」

　　伝える内容が長すぎると，メモに時間がかかる。短めの，伝達が成功しやすいお話にする。

伝言メモメモ，メッセージゲームを行います！

楽しみだなぁ，ちゃんと伝わるかな。

しっかりメモしないと，伝えられないよね。

## 2 めあて・比べる　課題を確かめ，教科書のメモの例と自分たちのメモとを比べよう。

「今日は，メモの取り方のくふうについて考えます。教科書 42 ページの③の『竹中さんのメモ』と『北山さんのメモ』を見てみましょう。」
・竹中さんのメモは横書きで，北山さんのメモは縦書きだ。どっちでも構わないんだね。

前回の自分のメモと，教科書の 2 人のメモを比べてみて，どう思いますか。

教科書は，すっきりメモされていて，分かりやすいです。

自分のメモは分かりにくいなあ。

　　前時までに書いたメモと，教科書のメモと見比べさせる。自分たちとの違いを簡単に発表させてもよい。ここでは，違いを感じさせるだけで，次に進める。

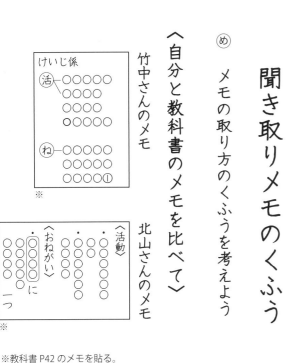

聞き取りメモのくふう

め メモの取り方のくふうを考えよう

〈自分と教科書のメモを比べて〉

竹中さんのメモ

けいじ係
㊙○○○○○
　　○○○○○
　　○○○○○
　　○○○○○
㊙○○○○○
　　○○○○○
　　○○○○○
　　○○○○①
※

北山さんのメモ

〈活動〉
〈おねがい〉

※

※教科書 P42 のメモを貼る。

## 主体的・対話的で深い学び

・メモを取ることを何度も重ねることによって「聞くこと」の大切さに気づき始めている。メモを必死に取ろうとする積極的な姿や，クラス全体の「聞くこと」への意識をほめて認め，励ますようにする。

・教科書のメモの例を知り，メモのよさを見つけさせる。メモの取り方が大きく変化してくる児童も出てくるだろう。メモを一生懸命取ろうとしている児童の主体的な姿を認めたい。

### 準備物

・教科書 P42 の2人のメモの拡大版（黒板掲示用）

・メモ ( 前時と同じ型のもの )

・付録の CD

## 3 対話する　交流する　2人のメモの特長をとらえよう。

「では，竹中さんと北山さんのメモをよく見て，どんな工夫があるのかグループで話し合いましょう。」

竹中さんのメモには，どんな工夫がありますか。

字だけではなくて，線でつないでいるのもいいね。

丸で囲んで文字が，記号みたいで分かりやすい。

確かに，ひらがなは漢字より早く書けそうだね。

ひらがなで簡単に書いてある。

「では，北山さんのメモはどんな工夫がありますか。」

・これも短い言葉で書かれている。全部書いていない。

・「活動」と「おねがい」を見出しにしている。

・簡条書きになっているから，見やすい。

・大事な言葉を○で囲んで目立たせている。

　話し合った内容を発表させ，全体で確かめる。ここで「簡条書き」「要点」という言葉も押さえておく。

## 4 聞く・書く　比べる　もう一度，「けいじ係からのおねがい」を聞いて，メモを取ろう。

「『けいじ係からのおねがい』をもう一度読みます。教科書のメモの仕方も参考にして，メモを取りましょう。」

記号や線を使ってもいいですか。

いいですよ。分かりやすい，見やすいメモにして，相手に伝えやすいメモを書きましょう。

ぼくは，見出しと箇条書きを使って書きたい。

　メモを取った後は，前回のものと見比べたり，友達の前回と今回のメモを見比べたりし，変化を確かめさせる。

　1，2回やったところで，そんなに変わる児童は，多くないかもしれない。何度も積み重ねてメモを取っていくことで上達していき，自分なりのメモの取り方ができてくることを伝えておく。

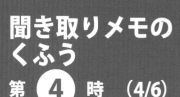
**本時の目標**

話し方や聞き方の違いで相手にどのように伝わるかを考えることができる。

**授業のポイント**

実際に言葉を言わせたり，動作をさせてみたりして，受け取りの感じ方の違いに気づかせる。

**本時の評価**

人の話を聞くときに，話し手の気持ちがよくなるような聞く側の態度とはどういうものかを理解している。

板書例

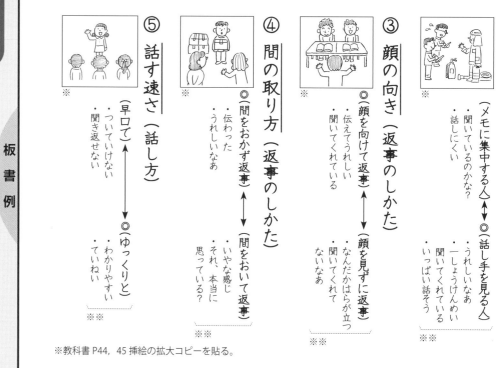

〈聞く力〉聞くことは消極的なことと捉えがちですが，相手に耳を傾け，思いやることです。

③ 顔の向き （返事のしかた）
（メモに集中する人）
・聞いているのかな？
・話しにくい
◎（話し手を見る人）
・うれしいなあ
・一しょうけんめい聞いてくれている
・いっぱい話そう

◎（顔を向けて返事）
・伝えてうれしい
・聞いてくれている
（顔を見ずに返事）
・なんだかはらが立つ
・聞いてくれてないなあ

④ 間の取り方 （返事のしかた）
◎（間をおかず返事）
・伝わった
・うれしいなあ
（間をおいて返事）
・いやな感じ
・それ，本当に思っている？

⑤ 話す速さ （話し方）
（早口で）
・ついていけない
・聞き返せない
◎（ゆっくりと）
・わかりやすい
・ていねい

※教科書 P44，45 挿絵の拡大コピーを貼る。

---

## 1 出し合う 読む　人と話をして嫌な思いをした経験を出し合い，教科書の例を確かめよう。

- これまで，人と話していて嫌な思いをしたことはありませんか。それはどんなことですか。
- たくさん話していたのに，相手が全然こちらを見てくれていませんでした。
- ぼくは，冗談で言ったのに，友達は怒ってしまいました。

　児童からは，様々なエピソードが出てくるだろう。ここでは，人に話してもよいことであるかどうかを判断してから話をさせるようにする。

「話す内容は同じでも，言い方やその時の声の調子で相手の受け止め方は違ってくることがあるのです。今日は，そのことについて考えましょう。」

　教科書 P44，45 を開かせ，各自で読ませる。

「話し方や聞き方のせいで，相手の受け止め方が違ってくる場面がいろいろありましたね。1つずつ違いを確かめながら，相手と気持ちよくやり取りするために気をつけたいことを考えていきます。」

## 2 対話する 交流する　絵を見て話し方や聞き方から伝わることを話し合おう。

「教科書 44 ページ上の場面の絵を見てみましょう。話す人の表情や声の調子などはどうなっているでしょう。聞く人の様子や言葉から考えましょう。」

- 自分が考えた話し方で，隣の人にこのセリフを話してみましょう。上下2種類のセリフを言った後，どうしてそう考えたかを話し合いましょう。
- 上の絵は，一生懸命お願いしているよね。聞く人がちゃんとお願いを受け止めているから。
- 下は，怒っているって思われるようなどなり口調の言い方なのだろうね。

　見本で誰かにロールプレイして見せてもらい，全体で話す人の様子を確かめる。

「では，消防士の話の場面はどうでしょう。今度は聞く人の違いですね。」

　同様に，ペアで2種類の聞く人を演じさせてみながら，聞く人がメモをする手元だけ見ていると，相手にどんな印象を与えるか話し合わせ，全体で交流する。

つまり，聞く力を高めることは，人間性を磨くことです。

## 聞き取りメモのくふう

め　話し方や聞き方から伝わることを考えよう

① 聞く人の受け止め方のちがいは？

◎（上の話し手）
・一しょうけんめい
・お願いする口調
・お願いを聞いてあげよう

（下の話し手）
・どなり口調
・言い方きつそう
・こわい、いやだ
※※

② 話す人が受ける印象のちがいは？

※※児童の発言を板書する。

## 🔍 主体的・対話的で深い学び

・絵を見て考えたことを話すことは，参加しやすく分かりやすい活動といえる。しかし，ただ思いついた意見の発表だけにならないようにしていく。「どうして相手の受け止め方が変わるのか」「どのような違いによって，同じ言葉でも印象が変わるのか」などを考えさせたい。

### 準備物

・教科書 P44，45挿絵の拡大版（黒板掲示用）

---

## 3 実演する 対話する
2種類の返事の仕方や話し方を演じてみて，どう感じるか話し合おう。

では，45ページの3つの場面について考えてみましょう。だれか前でやってみてください。

人がやってみるのを見ると，どんな聞き方や話し方がいいかよく分かるね。

〈見本のロールプレイ〉

「1つ目の『顔の向き』について話し合いましょう。」
・右は話し手の方を見て返事していて話す方も嬉しい。
・左は，下を見ていて，本当に聞いてる？と思いそう。
「2つ目の『間の取り方』はどうかな。」
・間を置いて「いいよ」と言われても，本当にいいのかな？嫌なのかな，と感じてしまうね。
「3つ目『話す速さ』は？今度は話す方の違いです。」
・早口すぎると，途中で聞き返すこともできない。
・聞く方に，伝える気持ちがあるの？って感じるよ。

各場面のロールプレイを見て感じることを話し合わせる。

## 4 まとめ
話し方や聞き方で気をつけることを確かめよう。

では，聞き方や話し方でどんなことに気をつけるとよいか考えましょう。まず，『聞き方』では？

顔を見る。

答えるときは間を置かない。

うなずく。

一生懸命に聞く。

・リアクションをとる。
・話に合わせた表情を見せる。
「では『話し方』で気をつけることは？」
・はっきり話す。
・声や表情を考える。
・ゆっくりしたスピードで話す。
・伝えたい話に合わせた表情で話す。
「相手と気持ちよくやり取りするために，気をつけるとよいことが分かりましたね。」

最後に，感想を交流する。

**本時の目標**

目的に合ったメモの取り方を確認し，工夫してメモを取ろう。

**授業のポイント**

これまでの学びが生かして実践的にメモを取り入れさせる。どんなときにも活用できるメモの有効性にも気づかせたい。

**本時の評価**

聞き方や話し方を考えたりしながら，メモを取る工夫をしようとしている。
工夫してメモを取り，メモをもとに発表できている。

板書例

〈インタビュー〉インタビューされた人が気持ちよくなることが大切です。うなずく，相槌を打つ

「く」くろう
「こ」こつ
「よ」ろこび
「ね」がい

〈目的に合ったメモの取り方〉
・メモを取らなくてよいときもある
・知っていること ↔ 知らないこと
・自分のため ↔ だれかに伝えるため

◇ふりかえろう、いかそう

○メモの取り方で知ったこと
・目的によって変える
・相手を見て　※

○どんなことに気をつけてメモを取ったか
・できるだけ簡単に記号・線
・あとで見て分かるように
・数字や名前は、しっかりと　※

○どんなときにメモを取るくふうを役立てたいか
・見学のとき
・授業中も　※

## 1 考える　インタビューする内容や質問する人を考えよう。

自分たちの「よく知らないこと」について，詳しい人に話を聞き，要点をメモする実践するための準備をする。ここでは，学校のことで，誰について，何か聞いてみたいことがないかを考える。

学校について，誰かに教えてほしい，聞いてみたい，ということはありますか。

校長先生に学校の歴史について聞いてみたいなぁ。

教頭先生は何の仕事をしているのか知りたい。

児童がインタビューしたい人を確かめ，当日までに約束を交わしておく。

3～4人一組で，1人が質問し，残りがメモを取る形や，全員が質問をしながら，メモを取る形をとってもよい。学級の人数やクラスの実態に応じて，インタビューのやり方を考慮する。

## 2 振り返る 話し合う　どんなインタビューをするか話し合い，練習しよう。

メモを取るために，話し方や聞き方も，前時の学習から，振り返りながら，練習させる。

インタビューで相手の話を聞くとき，どんなことに気をつければいいでしょう。

失礼のないように。

メモばかり見ながら話を聞かないように。

相手をできるだけ見ていく。

「インタビューするときに，何を聞くかグループで考えます。知りたいこと，教えてほしいことから，どんな質問をすればよいか話し合いましょう。」
　・学校の歴史で，まず，学校は何年前にできたのか。
　・これまでの卒業生で有名人はいるのか，も聞きたい。

　机間指導で，教師がインタビューされる側になって，答えるリハーサルをしてもよい。

など適度に反応しながら傾聴することを心がけます。

## 聞き取りメモのくふう

め
目的に合ったメモの取り方を
たしかめ、工夫してメモを取ろう

◇ インタビューをする人と、聞きたいことを考えよう

**だれに**
校長先生、教頭先生、音楽の先生
保健の先生、調理師さん ※

**なにを**
学校の歴史
どんな仕事をしているのか ※

☆ 相手のことを引き出す
「き」っかけ ※

※児童の発表を板書する。

---

## 主体的・対話的で深い学び

・実践的にメモを使う時間となる。児童は，メモすることへの抵抗が減ってきている。クラスから出て，担任以外の人に聞きたいことをインタビューしメモをうまく取ってくることで，より自信をつけさせたい。これからもメモを多用したいと思えるような成功体験を味わわせたい。

(参考) 相手のことを引き出す「きくこよね」「き」っかけは，なんですか。「く」ろうは，どんなことですか。「こ」つは，なんですか。どんな「よ」ろこびがありますか。それを続けている「ね」がい(ゆめ)はなんですか。

### 準備物

・メモ用紙

※インタビューする前に，相手に必ず約束を交わしておく。いきなり質問されても相手方にも都合があるので，担任が日程調整しておく。また，インタビューの時間は，国語の時間だけで収まらない場合は，総合の時間などをうまく活用する。

---

## 3 確かめる 実践する　目的に合ったメモの取り方を知り，インタビューでメモを取ろう。

「実際にインタビューする前に，目的に合ったメモの取り方について考えてみましょう。」

話を聞くときに，こんなことはメモを取らなくていい，ということはありませんか。

聞いた人の名前を書かなくてもいいです。もう分かっているから。

自分の知っていることが出たときは，聞くことに集中します。

教科書 P43 の 5 も読み，確かめ合う。

・知っていることはメモしなくてもよいけれど，知らないことで，大事だなと思うことはメモをします。
・自分のためのメモだったら自分だけ分かればいいけど，誰かに伝えるためのメモのときは，より見やすく書く。

教科書 P43「たいせつ」で，聞きながらメモを取るときに大切なことを確認してからインタビューに向かわせる。（グループ別でインタビュー活動させる）

---

## 4 発表する 振り返る　聞いてきたことを発表し，学習したことを振り返ろう。

「インタビューで聞いてきたことを，メモを見ながら発表しましょう。」
　　グループごとに発表させ，感想を交流する。

「インタビューしたことを上手にメモして，クラスのみんなに伝えることができましたね。」

メモの取り方で，あなたがはじめて知ったのは，どんなことですか。

相手に伝えるためとか，自分のためとか，目的によってメモを変えるということも知りました。

相手を見ながら，大事なところだけメモをすることです。

教科書 P43 の『ふりかえろう』の項目について質問し，児童にノートに書かせ，発表させる。

「どんなことに気をつけて，メモを取りましたか。」
「どんなときにメモを取る工夫を役立てたいですか。」
　　同様にノートに振り返りを書かせ，全体で交流する。

# 漢字の広場 1

## ◉ 指導目標 ◉

- 第 3 学年までに配当されている漢字を書き，文や文章の中で使うことができる。
- 間違いを正したり，相手や目的を意識した表現になっているかを確かめたりして，文や文章を整えることができる。
- 進んで第 3 学年までに配当されている漢字を書き，学習課題に沿って文を書こうとすることができる。

## ◉ 指導にあたって ◉

### ① 教材について

　前学年の配当漢字を与えられた条件で使うことで漢字の力をつけようとする教材です。「漢字の広場 1」では，ある町の様子を表した絵をもとに，提示された漢字を使って文を作ります。文の書き方としては，「住人になりきって」紹介するという設定になっています。

　ここでは，書いた文章の間違いを見つけ，より詳しい表現に書き直す活動にも取り組ませています。ただし，この単元のねらいは，前学年の配当漢字の復習です。このねらいを忘れずに，あまり高度な要求にならないように気をつけたいところです。4 年生になって 1 回目の「漢字の広場」の学習なので，町の様子を絵から想像させ，楽しく漢字の復習や文作りをさせましょう。

### ② 主体的・対話的で深い学びのために

　絵から見つけたことや想像したことから自由に話をさせ，楽しい活動にします。文作りでは，教科書に載っている漢字を積極的に使い，文をたくさん書こうとする姿勢を取り上げほめるようにしましょう。作った文章については，自分で間違いを見つけ，推敲させた上で，友達の書いた文を読み合い交流することで，さらによりよい文に仕上げる意欲につなげます。この学習を通して，様々な場面でできるだけ習った漢字を使うことにより前向きにさせることを目指します。

| 知識 及び 技能 | 第3学年までに配当されている漢字を書き，文や文章の中で使っている。 |
|---|---|
| 思考力，判断力，表現力等 | 「書くこと」において，間違いを正したり，相手や目的を意識した表現になっているかを確かめたりして，文や文章を整えている。 |
| 主体的に学習に取り組む態度 | 進んで第3学年までに配当されている漢字を書き，学習課題に沿って文を書こうとしている。 |

◉ 学習指導計画　全2時間 ◉

| 次 | 時 | 学習活動 | 指導上の留意点 |
|---|---|---|---|
| 1 | 1 | ・教科書P46を見て，3年生で習った漢字の読み方を確かめる。<br>・絵を見て，町や周りの様子を想像し，提示された言葉を使いながら，町のことを紹介する文を書く。<br>・書いた文を読み返し，間違いを直す。 | ・絵や提示された漢字から，町や周りの様子のイメージを対話しながら広げるようにする。<br>・それぞれの漢字を復習し確実なものにする時間を取りたい。 |
| | 2 | ・前時に作った文を，グループで読み合い，より内容の詳しい文にするアイデアを出し合う。<br>・書いた文をより詳しい内容の文章に書き直す。<br>・書いた文を友達と読み合い，交流する。<br>・学習を振り返る。 | ・町の絵を詳しく見ることで，イメージを広げさせる。<br>・書き直しでは，全文を書き直させる。<br>・読み合いでは，よかったところを付箋などでコメントさせる。 |

DVD 収録（漢字カード，イラスト）※本書 P94，95 に掲載しています。

# 漢字の広場 1

## 第 1 時 （1/2）

**本時の目標**

3年生で習った漢字を正しく読み書きでき，町や周りの様子を紹介する文を書くことができる。

**授業のポイント**

復習のための取り組みである。書く時間をしっかり確保したい。

**本時の評価**

3年生で習った漢字を正しく読み書きし，工夫して，町や周りの様子を紹介する文章を書いている。

〈漢字カードの使い方〉まず，イラストの上に漢字カードを貼り，読み方を確かめます。次に，児童の作文に使用した

板書例

◇ しょうかい文を書こう

（れい）
　わたしの家は 農家 です。春には， 畑 に
たくさんの野菜を 植 えます。

一文
・ぼくの町の 港 には，大きな船が出発しました。
・わたしの町には，おんせんが人気の 宿 があります。
・わたしの町の 駅 前には， 県立図書館 と
地区センターがあります。

二文
・ぼくの町の 駅 から電車に乗って海の方へ
進むと，赤い 鉄橋 をわたります。そこから
きれいな海と小さな 島 が見えます。
・わたしの町には，山も海もあって自然が
いっぱいです。山の急な 坂道 をのぼると，
有名な お宮 があります。

◇ 気をつけよう

橋 農 館 商 都

※児童の作った文を板書する。

---

## 1 読む 確かめる　3年生の漢字を声に出して読もう。

3年生で習った漢字が出ています。指をさしながら，読んでみましょう。

全部，分かるよ！

意外と忘れているかもしれないよ。

　漢字が苦手な児童の数は，3年生配当漢字から増えてくる。4年生の間にきちんと復習して，完全に身につけさせたい。まず，読みの段階から，丁寧に進めていくことが大切である。

「先生が指をさしたところを読みましょう。」
　・島（しま），港（みなと）…
「読めない漢字が1つでもあった人？久しぶりに見て忘れていたものがあっても，今思い出せば大丈夫です。」

　漢字を1つずつ確認することで，これからの活動の準備とする。

---

## 2 出し合う 対話する　教科書の絵を見て，見つけたことや想像したことを話し合おう。

「この絵をみて，見つけたことを言いましょう。」
　・駅や放送局があります。　・お宮…って何だろう。
「分からない言葉は，国語辞典で調べましょう。」

見つけたところから，想像を加えて話をするのもよいでしょう。例えば…駅でどんな人が何をしていますか。

たくさんの人が，会社に向かおうとしています。

　絵からいろいろ想像させ，次の文作りにつなげる。どんな発言も，否定することなく受け容れる。ときには，教師が言葉を言い換えて，間違いを修正していく。

「他には，どうかな。」
　・湖でボートに乗って釣りをしている人がいます。
　・船が港から出発しました。
　・商店で野菜やくだものの安売りをしています。

漢字カードを移動させると，使用していない残りの漢字がすぐに分かります。

め

# 漢字の広場一

三年生で習った漢字をふく習しよう

町やまわりの様子をしょうかいする文を書こう

※イラストの上に漢字カードを貼る。
※児童が使用した漢字のカードを移動する。

## 主体的・対話的で深い学び

・絵をじっくり見て，積極的に見つけたことや，想像したことを話そうとしていることが，学習の意欲の表れと捉えられる。また，積極的に漢字を使い，どんな表現ができるか考えている様子や，それを表現しようとしている前向きな姿勢を取り上げ，ほめていく。

### 準備物

・漢字カード　DVD 収録【4_09_01】

・教科書 P46の挿絵の拡大コピー
（黒板掲示用イラスト　DVD 収録【4_09_02】）

・国語辞典

---

## 3 想像する 書く ｜ 町や周りの様子が分かるように 紹介文を書こう。

教科書の例文を読む。

「例文のような町や周りの様子を紹介する文章を書きましょう。みなさんは何について紹介したいですか。」
・ぼくは，電車から見える景色。
・町には，自然や都会もあることを書きたいなあ。

この町の住人になったつもりで紹介文を書きましょう。書き始めは，「ぼく～」「わたし～」から始めてもいいですね。

八百屋の安売りのところを想像して書いてみよう。

図書館の話を書こうかな。

紹介文は，本時では，1～2文でよい。絵にかかれている様子をいろいろと想像を膨らませて作文させる。

書けた児童に，その文を黒板に書かせて，まだ書けていない児童の参考とさせてもよい。

## 4 読み直す 書き直す ｜ 自分の書いた文に間違いがないか 読み返し，正しく書き直そう。

漢字がきちんと書けているか，文にも間違いがないか，読み返してみましょう。

間違えていないかな。

あ，「館」の字のへんのところが「食」になっていた。

教科書の漢字を見て，間違いがないか確認させる。
このページでは，画数の多い「橋・農・館」や，間違いやすい漢字「商」（「南」のようになる）や「都」（「おおざと」を左側に書いてしまう）に特に注意させる。

早くできた児童から黒板に書かせて，他の児童の参考にさせるという方法もある。苦手な児童は，説明を丁寧にしても書くことが分からない場合もある。
早くできた児童は，教師のチェックを受けてから困っている友達をサポートさせてもよい。その場合は，漢字や文に間違いがないかだけを指摘できればよい。

# 漢字の広場 1

## 第 2 時 （2/2）

### 本時の目標
書いた文をさらに詳しく見直し，よりよい文になるようにすることができる。

### 授業のポイント
グループで，自分の作った文を紹介し，さらに詳しい内容になるように，アイデアを付け加えさせ，よりよいものに仕上げさせる。

### 本時の評価
書いたものを読み返し，間違いを正したり，よりよい文になるよう表現を考えたりしている。

**板書例**

〈漢字カードの使い方〉まず，イラストの上に漢字カードを貼っておきます。児童が使用したカードを

◇ 作った文をさらにくわしい内ようの文にしよう

○ 放送局 では、番組作りをして、町の様子などをしょうかいしています。

← ☆もっとくわしく

・わたしの家の近くの 商店 も 安売り のときに店主がニュースに出ていました。

・坂道 をのぼったところの お宮 は、願いがかなうとしょうかいされ有名になりました。

○ ぼくの町の 中央 には 駅 があります。

駅 前には、地区センター などビルがたくさんあります。

← ☆もっとくわしく

・そのビルの中には、県立図書館 があって、ぼくも休みの日によく行きます。

・お母さんは、駅 前のビルの中に 役所 があってとてもべんりで 都合 がいいと言っています。

◇ 作った分を読み直して、まちがいを直そう

〈○○になったつもりで〉
・レポーターなど
「今、宿 のおんせんに入っています。…」

※児童の作った文を板書する。

---

## 1 読む 確かめる　漢字の読み方をもう一度確認しよう。

漢字はもう読めるかな。みんなで確認しましょう。

やくしょ。

ぎんこう

びょういん。

つごう。

前時と同じように，指した字を読ませていく。列指名や，声をそろえて言う，読める漢字は立って読む，などをして，効率的に進める。

3 年生の配当漢字は 200 字ある。すべてを同じように扱っていては，定着の成果は出にくくなる。前時に指摘した間違えやすい部分を重点的に取り上げるなど，軽重をつける必要がある。

後半の時間確保のために，さっと進めていく。

---

## 2 出し合う 対話する　前時に作った文を，より詳しい内容の文にするアイデアを出し合おう。

教科書の例文のように詳しい文作りをさせる。

「自分たちが作った文に，どんな言葉を付け加えたら，より詳しくなりますか。想像で付け足してもいいのですよ。」
・鉄橋から見える大きな船が，島へ向けて出発しました。
・坂道の上のお宮から，船が港から出発する様子が見えます。ぼくは，それを島に着くまで見ていました。
「なるほど，町の様子がより分かりますね。」

何人かに発表してもらう。

では，自分たちの文をどのように詳しくできるか，グループで話し合いましょう。

鉄橋を渡ると，もうすぐ町の中央にある駅に着きます，でどう？

いいね。

それから，駅前にある，県立図書館とかの建物を紹介する文を付け足せるよ。

たくさん漢字も使えて，町の様子がよく分かっていいね。

グループで出し合う意見もできるだけ否定せず，「いいね」と言い合うように声かけする。

移動させると，使用していない残りの漢字がすぐに分かります。

め

漢字の広場 1

作った文をさらにくわしい内ようの
文にして読み合おう

※イラストの上に漢字カードを貼る。

## 主体的・対話的で深い学び

・友達の書いた文を読み，積極的に意見を交換し合おうとする姿を取り上げてほめたい。また，友達の意見を聞き，取り入れたり，自分なりの考えを伝えたりすることも，認めていきたい。

・使える漢字が1つ2つと増え，文も1文，2文と増えていくよさを感じさせたい。また，グループでの対話活動で，友達の作文のよさを見つけ合わせながら，よりよい文作りを目指させたい。

### 準備物

・漢字カード（第1時使用のもの）

・黒板掲示用イラスト（第1時使用のもの）

・付箋

## 3 書く　作った文をより詳しい内容の文章にして，ノートに書こう。

では，話し合ったアイデアをもとに，みんなに伝わるように，書きましょう。書いた後は，自分で読み返しながら，伝わるか確認しましょう。

どこを詳しく書いたらいいかな。

安売りについて，もっと詳しく書いてみよう。

「自分の町を，他の町の人に紹介するつもりで詳しく書きましょう。それとも，あなたがテレビのレポーターや，町を紹介するユーチューバーとして伝えるつもりで考えてみるのも面白いですね。」

　詳しく書き直す内容を決めたら，もとの文からもう一度書き直させる。全文を書き直すことで，作った文の見直しや使っている漢字をもう一度書く時間となり，読み合わせるときも読みやすくなる。文が書けた児童には，間違いがないか見直しをさせ，机間指導でも確認していく。

## 4 発表する　交流する　みんなで文を読み合い，コメントを書こう。

　クラス全体で2〜3人に発表させる。

　その後，ノートを自分の机の上に置き，「ノート博覧会」をする。友達の書いた文を読み，どこがよいか付箋や赤鉛筆でコメントを書き込ませるとよい。

出来た文を見て回りましょう。どんなところが工夫されたかを考えながら読みましょう。

これは，レポーターバージョンで書いてある。

駅前のことについて，詳しく紹介しているね。

　読み終わった後に，どんな文にどんなコメントがあったか全体で交流し，お互いにできていたことや，参考になったことを確認する。

　最後に全体を振り返り，感想を交流する。

| 羊 | 畑 | 宿 | 港 | 駅 | 湖 | 島 |
|---|---|---|---|---|---|---|
| 医者 | 病院 | 役所 | 中央 | 都合 | 鉄橋 | 坂道 |
| 行列 | 店主 | 商店 | 温室 | 農家 | 薬局 | 銀行 |
| 地区センター | 県立図書館 | 安売り | 曲がり道 | 放送局 | 申しこみ | 植える |
| | | | | | | お宮 |

# 〈練習〉思いやりのデザイン／アップとルーズで伝える
## 〔じょうほう〕考えと例

全授業時間 8 時間

## ◉ 指導目標 ◉

・考えとそれを支える理由や事例との関係について理解することができる。
・段落相互の関係に着目しながら，考えとそれを支える理由や事例との関係などについて，叙述を基に捉えることができる。
・段落の役割について理解することができる。
・文章を読んで理解したことに基づいて，感想や考えをもつことができる。
・考えとそれを支える理由や事例との関係などを捉えることに積極的に取り組み，学習課題に沿って自分の考えを発表しようとすることができる。

## ◉ 指導にあたって ◉

### ① 教材について

『アップとルーズで伝える』の筆者は，番組制作者であり「人に伝える」という仕事に携わっている人です。この説明文でも，人に伝えるために「わたしはこういう考えのもとに映像の制作をしている」ということが述べられています。そして，サッカーの試合のときの映像を例にして，アップとルーズの映し方の違いや使い分けについて，具体的に説明しています。アップやルーズと言うと難しく聞こえますが，この事例と添えられた写真によって，子どもにも（大人にも）その意図が理解しやすくなっています。

説明文の学習では，まず述べられている要旨は何か，筆者の考えを読み取ることが基本です。とともに，それがどのように説明されているのか，説明のしかたについても目を向けさせます。つまり，説明文の読み方を学ばせるのです。ここでは，筆者の考えが述べられている段落と，そう考える理由や事例が書かれている段落があります。それらを読み分けるともに，段落どうしのつながりや「対比」の効果を考えさせます。そういった説明文の読み方を，まず『思いやりのデザイン』で学習し，それを生かしてメインの『アップとルーズで伝える』をていねいに読みすすめます。

### ② 主体的・対話的で深い学びのために

サッカーや相撲，野球などの中継は，児童もよく見ています。この説明文を読むと，そこにアップやルーズという撮影の技法が使われていることに気づかされます。「へえ，これがアップだったのか」などと，見る目も変わるでしょう。このように，これまでの知識と対話しつつ，新しいことを知るのが主体的な学びであり，説明文を読む面白さです。また友達との対話を通して，段落の役割とつながりに気づかせます。

なお，筆者の考えに対して『自分の考えを発表しよう』という学習もありますが，難しく考えずに，この説明文から学んだことを使う場面を想定させ，書かせます。

## ◉ 評価規準 ◉

| | |
|---|---|
| 知識 及び 技能 | ・段落の役割について理解している。<br>・考えとそれを支える理由や事例との関係について理解している。 |
| 思考力，判断力，表現力等 | ・「読むこと」において，段落相互の関係に着目しながら，考えとそれを支える理由や事例との関係などについて，叙述を基に捉えている。<br>・「読むこと」において，文章を読んで理解したことに基づいて，感想や考えをもっている。 |
| 主体的に学習に取り組む態度 | 考えとそれを支える理由や事例との関係などを捉えることに積極的に取り組み，学習課題に沿って自分の考えを発表しようとしている。 |

## ◉ 学習指導計画　全8時間 ◉

| 次 | 時 | 学習活動 | 指導上の留意点 |
|---|---|---|---|
| 1 | 1 | ・説明文の読み方を振り返り，学習課題と学習の進め方を捉える。<br>・「思いやりのデザイン」を読み通す。 | ・学習課題は「筆者の考えをとらえて，自分の考えを発表しよう」と示す。<br>・新しい文章への期待感を大切にする。 |
| | 2 | ・「思いやりのデザイン」を読み，筆者の考えと説明のしかたを考え，話し合う。 | ・筆者の考えは,例を使って「初め」と「終わり」に書かれていることに気づかせる。 |
| 2 | 3 | ・「アップとルーズで伝える」を読み，①②③段落からアップとルーズとは何か，その意味を読み取る。 | ・「思いやりのデザイン」での学習を生かし，例と説明の段落を見分けさせる。<br>・写し方の違いであることを読み取らせる。 |
| | 4 | ・「…が大切です。」の言葉に着目して，筆者の考えが書かれている段落や文を見つけ，その考えを書き写す。 | ・筆者の考えは「何かを伝えるときには，アップとルーズを選んだり組み合わせたりすることが大切…」の文を見つけさせる。 |
| | 5 | ・アップとルーズでうつしたときの違いを，2つの段落を対比させて読み取る。 | ・アップとルーズのどちらにも，伝えられることと伝えられないことがあることを読み取らせ，対比の効果に気づかせる。 |
| | 6 | ・アップとルーズの使い分けは，テレビ局や新聞の写真でもなされていることを読み取り，まとめで筆者の考えを確かめる。 | ・「目的に応じて…」や「アップとルーズを切りかえながら…」など，筆者の考えが表れている言葉を見つけさせる。 |
| 3 | 7・8 | ・「まとめよう」「広げよう」として，「アップとルーズで伝えるということについて自分の考えを書き…」，発表・交流する。<br>・学習を振り返る。<br>・「考えと例」を読み，例を使った文を作る。 | ・課題について難しく思わないよう，教師からの説明や助言，例示も必要。<br>・見学など，実体験をもとにするのもよい。<br>・教科書の「ふり返ろう」「たいせつ」を読む。<br>・考えと例とのつながりを意識させる。 |

📀 **収録（イラスト，画像）** ※本書 P112，113 に掲載しています。

**本時の目標**

説明文の読み方を振り返り，『筆者の考えを読み取る』という学習課題と学習の進め方を捉える。

**授業のポイント**

教科書 P7 に書いてあることは，読むだけでは児童もイメージしにくい。教師が説明で補い，実際に『思いやりのデザイン』を読みながら気づかせていく。

**本時の評価**

説明文の読み方を振り返り，『筆者の考えを読み取る』という学習課題と学習の進め方を捉えることができている。

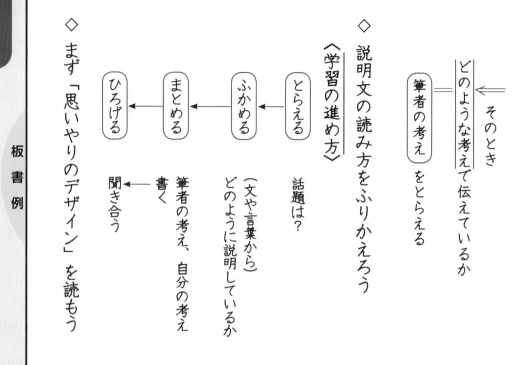

〈説明文〉筆者が最も伝えたいことは何か，それについて自分の考えをまとめる学びが，説明文

板書例

◇ まず「思いやりのデザイン」を読もう

◇ 説明文の読み方をふりかえろう

〈学習の進め方〉

とらえる → ふかめる → まとめる → ひろげる

話題は？

（文や言葉から）どのように説明しているか

筆者の考え、自分の考え

書く

聞き合う

そのとき
どのような考えで伝えているか

筆者の考え をとらえる

---

**1** めあて　説明文を読むための学習のめあてを捉えよう。

「これから『アップとルーズで伝える』という説明文を学習します。アップやルーズって聞いたことがありますか。」
　・何のことだろう。
　・アップって，写真を撮るとき聞いたことがある。
「この説明文を読めば分かります。そして，その前にもう1つ，『思いやりのデザイン』という説明文も読みます。」

2つの説明文を読んで，どんな勉強をしていくのか，教科書47ページを見てみましょう。学習のめあてが書いてあります。

『筆者の考えをとらえて，自分の考えを発表しよう。』です。

「説明文について，4行の文章も読んでみましょう。」
　・『伝える仕事』って，どんな仕事なのだろう？
「人に何かを伝えるとき，どのように伝えるのか，考えがあるようですね。その考えとは何か，それをこの説明文で読んでいくのです。」

**2** 振り返る　説明文の読み方を，振り返ろう。

「これまでにも説明文を読んできましたね。」
　・はい，『ありの行列』とか『すがたをかえる大豆』を読みました。大豆の使いみちがよく分かりました。
「そのような説明文を読んだとき，どんなことに気をつけて読んだのか，振り返ってみましょう。」
　・『問いかけ』の文を，まず見つけました。

7ページを見てみましょう。説明文を読むときに大切なことが，まとめて書いてあります。

『題名や「初め」から話題を確かめます。』題名が大事です。何の説明なのかを確かめます。

大事な文や言葉も見つけます。

　教科書 P7 に書いてあることは，そのままでは分かりにくい。ここはざっと読んで，実際に『思いやりのデザイン』を読みながら，P7 に書かれていることを，具体的に学ばせていくようにする。

では重要です。自分の考えをもつ経験をさせましょう。

- 単元の初めの時間になる。児童も，「どんなことを習うのだろう？」「どんな読み物かな」などと，新鮮な気持ちで臨んでいる。その期待に応えるためにも，みんなで読む時間をとり，文章と出会わせる。それが，主体的な学びにつながる。
- 課題や学習順序は，児童任せにしない。「ここでは，こんなことを，こんな順番で学習するのです」などと，教師がうまく導いて捉えさせる。それは主体性を損なうことにはならず，これからの学習での主体的で対話的な学びの助走になる。

準備物

---

（め）
思いやりのデザイン
アップとルーズで伝える
学習課題と学習の進め方をとらえよう

〈二つの説明文を読んで〉

（めあて）
筆者の考えをとらえて、
自分の考えを発表しよう

（読むことは）
＝
多くの人に何かを伝える（しごと）

---

## 3 対話する　教科書 P7 を参考にして，学習の進め方を話し合おう。

「では，これからどのように説明文を読んでいくのか，学習の進め方（順序）を考えましょう。」

はじめにすることは，どんなことですか。

はじめは『とらえる』です。説明文の「初め」を読んで，話題を確かめることです。

『中』の例と，話題とのつながりも考えます。

「次にすることは，何と書いてありますか。」
・『ふかめる』です。大事な言葉や文を見つけます。

「その次は，『まとめる』で，自分が考えたことをまとめて書きます。最後に『ひろげる』で，読んだ感想を伝え合います。」

学習の順序をつかませる。

---

## 4 読む　『思いやりのデザイン』を通読しよう。

「このような順序で，まず練習として『思いやりのデザイン』を読み，その後，同じように『アップとルーズで伝える』をていねいに読んでいくのです。」

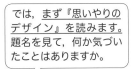
では，まず『思いやりのデザイン』を読みます。題名を見て，何か気づいたことはありますか。

はい，デザインに『思いやりの』とついているので，どんなデザインなのかなあ，と思いました。

『デザイン』をする人が書いた文章だと思いました。

「では，『思いやりのデザイン』を読みましょう。2ページの短い文章です。初めは『とらえる』なので，話題は何かを考えることでしたね。」

　まずは，『インフォ…』など，正しく読めることをめあてに，範読，斉読，一人読みなどで通読する。初めの感想を交流してもよい。次時の予告として，本時に確かめた『順序』で読んでいくことを伝える。

**本時の目標**

「思いやりのデザイン」を読み，『思いやり』の意味から筆者の考えを捉えて，自分の考えをもつことができる。

**授業のポイント**

『初め』と『終わり』の２カ所で筆者の主張が述べられていることに気づかせ，『中』の事例とのつながりを考えさせる。

**本時の評価**

「思いやりのデザイン」を読み，『思いやり』の意味から筆者の考えを読み取り自分の考えを持つことができている。

板書例

〈実物〉インフォグラフィックスは，児童にとっても身近です。導入でいくつか提示してから

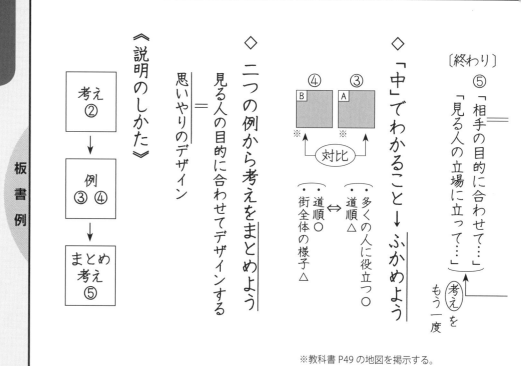

《説明のしかた》

考え②
↓
例
③④
↓
まとめ
考え⑤

思いやりのデザイン ＝ 見る人の目的に合わせてデザインする

◇ 二つの例から考えをまとめよう

◇ 「中」でわかること→ふかめよう

③ A ④ B
※ ※
対比

・多くの人に役立つ
・道順△ ⇔ ・道順○
・街全体の様子△

〔終わり〕

⑤ 「相手の目的に合わせて…」
「見る人の立場に立って…」

＝ 考えをもう一度

※教科書 P49 の地図を提示する。

---

## 1 読む

『思いやりのデザイン』の全文を読みとおし，『話題』を考えよう。

「『思いやりのデザイン』を読んでいきます。まず正しく読めるように，音読しましょう。」（音読）

「『読むめあて』（学習課題）を確かめておきましょう。」

・『筆者の考えをとらえて，…』でした。

「そうです，はじめは『とらえる』でした。説明文は『初め』『中』『終わり』の３つに分けられています。」

まず，『初め』を読んで，説明文の『話題』は何かをとらえましょう。話題は，何でしょうか。

①段落の『インフォグラフィックス』。案内図や絵文字などのデザインです。

②に，それを『作るときに大切にしていること』とあります。『相手の立場から考える』が話題だと思います。

それはどんなことなのかな，と思って知りたくなります。

段落の番号と下欄の『手引き』を参考にして読み，『話題』にあたると思う言葉や文には傍線を引かせる。

---

## 2 読む 対話する

筆者の考えが『初め』と『終わり』に書かれていることを読み取ろう。

「まとめると，『インフォグラフィックスを作るときには，相手の立場から考える』ということを『話題』にしている（筆者の考えでもある）といえますね。」

ノートに書かせたり，板書を写させたりする。

「この考えは，②段落に書かれていますが，同じようなことを書いている段落があります。どこですか。」

・（読んで）⑤の『終わり』の段落だと思います。

では，②段落と同じようなことが，⑤の段落では，どのような言葉で書かれているでしょうか。

『相手の目的に合わせて…』というところだと思います。

『見る人の立場に立って作る…』だと思います。

「このように，筆者の考えは，『初め』と『終わり』の２つのところで述べられているのです。（双括型）」

学びに入ることで，学びへの関心を高めることができます。

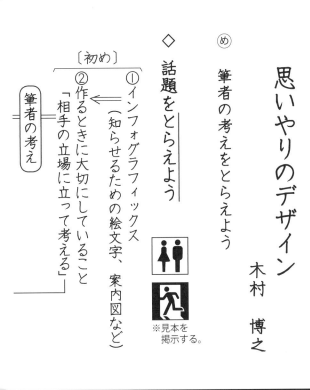

思いやりのデザイン　木村　博之

め　筆者の考えをとらえよう

◇　話題をとらえよう

①インフォグラフィックス（知らせるための絵文字、案内図など）

〔初め〕
②作るときに大切にしていること「相手の立場に立って考える」

筆者の考え

※見本を掲示する。

## 主体的・対話的で深い学び

・国語の学習に限らず，話し合いだけで授業を進めると，読解力のある一部の児童がすすめてしまう授業になりやすい。そうならないために，どの児童も主体的に取り組めるよう配慮する。

・そのため，随所に音読を取り入れたり，大事な言葉に傍線を引かせたり，考えを書かせたりするなど，ここでも児童それぞれが主体的に取り組めるような，個別の学習活動を取り入れるようにする。

### 準備物

・（あれば）案内図や絵文字など，インフォグラフィックスの見本図
　🄳🅅🄳 収録【4_10_01】

・（黒板掲示用）教科書P49のAとBの地図の拡大版

---

## 3 読む 対話する
③④の段落を読み，事例が書かれていることを読み取ろう。

「では，『中』の③④の段落に書かれていることは何でしょうか。読んでみましょう。」（音読）
・AとBの2つの案内図を比べています。
・インフォグラフィックスの案内図の例だと思います。

何のために，AとBの案内図を出して，比べているのでしょうか。

②段落に『街の案内図を例に…』とあるので，③④段落の『中』は，①や②の例として…。

考えを分かりやすく説明するための，例だと思います。

「では，このAとBの案内図を比べると，違いはどんなことだと書いてありますか。」
・Aは，『多くの人に役立つ』けれど，小学校までの道順を知りたい人には分かりにくい。
・Bは，目的地までの道順は分かりやすいけれど，街全体の様子は分かりにくい。

## 4 まとめ 書く
筆者の考えをまとめ，それについて感想を書き話し合おう。

「2つの例を比べて読むと，筆者のどんな考えが，分かってきますか。」
・見る人が，何を知りたいのか，見る目的によって，案内図も違ってくること，変えることです。

それは，まとめて，どこにどのように書いてありますか。

⑤段落の『終わり』に，『インフォグラフィックスを作るときには，相手の目的に合わせて…』と，書いてあるところです。

『見る人の立場に立って…』と書いていることが，例からもよく分かります。

「そう考えてインフォグラフィックスを作るのが…」
・『思いやりのデザイン』です。
「考えの段落と，例の段落はつながっていましたね。」
「伝えるときの，筆者のこの考え方について，どう思いましたか。感想を書きましょう。」

　自分の考えを書いて，発表，交流する。

**本時の目標**

全文を読み通し，題名にある
アップとルーズの意味を読み取
ることができる。

**授業のポイント**

初めの時間。まずは正しく読め
ることを目指させ，音読など読
む活動に一定の時間をかける。
『思いやりのデザイン』で学習
したことも生かすようにする。

**本時の評価**

全文を読み通し，題名にある
アップとルーズの意味を読み
取っている。

〈時間の配分〉音読に時間をかけ初めの感想を交流するなど，ていねいにすすめるなら２時間扱いにするのも

**板書例**

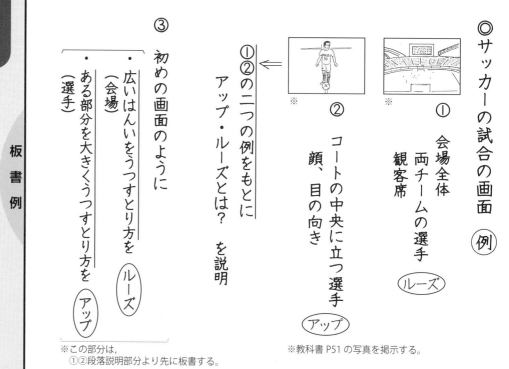

◎サッカーの試合の画面　例

① 会場全体
　両チームの選手
　観客席　（ルーズ）

② コートの中央に立つ選手
　顔，目の向き　（アップ）

※教科書 P51 の写真を掲示する。

①②の二つの例をもとに
アップ・ルーズとは？　を説明

③
・初めの画面のように

・ある部分を大きくうつすとり方を
（選手）　（アップ）

・広いはんいをうつすとり方を
（会場）　（ルーズ）

※この部分は，
　①②段落説明部分より先に板書する。

---

## 1 対話する 読む　題名について話し合い，全文を読み通そう。

「今度は『アップとルーズで伝える』という説明文です。題
名から，何か思ったことや気づいたことはありませんか。」
　・『アップ』とか『ルーズ』って何だろうと思いました。
　・それに伝えるって，何を伝えるのかなと思いました。

　　既に読んでいる児童も多いだろう。話し合いは，興味を持
　たせる程度にして簡単に済ませ，教科書を開かせる。

　・写真がいくつも出ています。アップとかルーズにも関係
　　があるのかな。

> これらの写真も，書いてあることと
> 関係がありそうですね。まず，どん
> なことが書いてあるのか，読み通し
> てみましょう。まず先生が読みます。

　　まずは，範読や斉読で正しく読めることを目標とする。そ
　の後，一人読みなどで読めるかどうか確かめさせる。

## 2 読む　段落ごとに番号をつけ，文章全体を見通そう。

「『アップ』と『ルーズ』の意味は分かりましたか。」
　・うーん，大体分かったような…。
「筆者の言いたいこと，考えはどうでしょう。『思いやりのデ
ザイン』で，筆者の考えが書かれた段落と例の段落を見分
けたように読んでいきます。まず，『思いやりのデザイン』
のように，段落の番号をつけましょう。」

　　『段落』の形式について再確認し，1 段落ずつグループご
　とに読む，斉読して段落ごとに立ち止まるなどで，番号をつ
　けながら 8 つの段落を確かめていく。

> 『思いやりのデザイン』のような，『初め』
> 『中』『終わり』のまとまりにも気づいたで
> しょうか。また，考えが書かれている段落
> や，例の段落にも気づいたでしょうか。

> 何となく分かった
> ような…。

　このときは，結論が出なくてよい。

よいでしょう。その際は，本時の展開 3，4 は次時扱いとします。

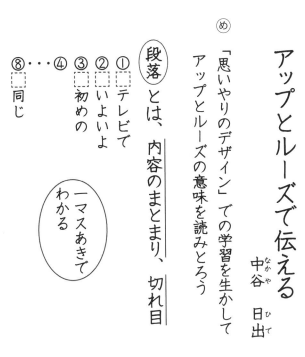

（板書）

めあて

「思いやりのデザイン」での学習を生かして
アップとルーズの意味を読みとろう

アップとルーズで伝える　　中谷（なかや）日出（ひで）

段落 とは、内容のまとまり、切れ目

① テレビで
② いよいよ
③ 初めの
④・・・⑧ 同じ

一マスあきて
わかる

## 🔍 主体的・対話的で 深い学び

・文章との出会いは，まず正しく声に出して読めることが出発点になる。初めからすらすら読める児童もいるが，そうでない児童もいる。まずは，どの児童もたどたどしくなく音読できることが，主体的・対話的な学びの基本，土台になる。また，そうでないと対話的な学習も成り立たない。個別の指導や，家庭学習としての音読もすすめる。多くの児童は音読が好きである。

### 準備物

・（黒板掲示用）教科書 P51，52のアップとルーズの写真の拡大版

・（あれば）他にもアップやルーズの画像やイラスト
（画像 📀 DVD 収録 【4_10_02〜4_10_05】）

## 3 読む 対話する　アップとルーズの意味が書いてあるところを考え，話し合おう。

「読んでみて，題名にあった『アップ』と『ルーズ』とはどんなことなのか，分かったでしょうか。」

「『アップ』と『ルーズ』の意味が書いてあったところはどの段落でしょうか，分かった人は黙って手を挙げましょう。」
（多くの手が挙がるまで待つ）

では，書いてあるところを読んでください。

『アップ』は，『…ある部分を大きくうつす撮り方を「アップ」と言います。』と，③の段落にあります。

はい，③の段落です。『初めの画面のように，広い範囲を写す撮り方を「ルーズ」と言います。』のところです。

「では，③段落をみんなで読んで確かめましょう。」
・『広い範囲』がルーズ，大きく…が『アップ』です。

## 4 読む　写真と①②の段落をつないで読み，段落の役割を考えよう。

「他に，『アップ』と『ルーズ』とはどんなことなのか，分かるところはありませんか。」
・あ，写真（P50，51）を見るとよく分かります。
・右が『ルーズ』。左が『アップ』です。

教科書の写真を黒板に掲示する。

2つの写真のことで，もっとよく分かるところが，文章に書かれていないでしょうか。

①と②の段落だと思います。①は，サッカーで右の『ルーズ』の写真の撮り方を説明しています。

②の段落の説明は，左の『アップ』の写真のことです。

「写真と見比べながら，①②段落を読みましょう。（読む）①や②の段落は，どんな役割をしている段落だと言えますか。」
・『思いやりの…』にもあった『例』の段落です。

「もう一度，①②③の段落（『初め』）を読みましょう。」

**本時の目標**
何かを映像で伝えるとき，アップとルーズを選んだり組み合わせたりすることが大切だ，という筆者の考えを読み取る。

**授業のポイント**
発言は，文章をもとにして「こう書いてあるから」という言い方ができるように励ます。

**本時の評価**
何かを映像で伝えるとき，アップとルーズを選んだり組み合わせたりすることが大切だ，という筆者の考えを読み取っている。

板書例

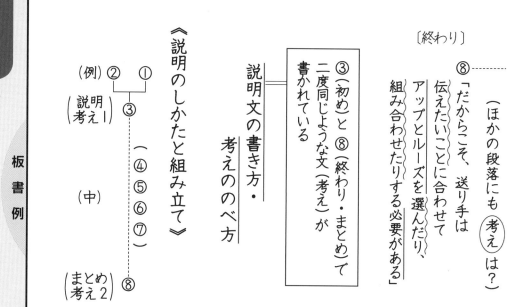

〈比較〉二度も考えを述べるのと，一度の場合とで比較してもよいでしょう。比較することで，

〔終わり〕

⑧‥‥‥‥
「だからこそ，送り手は
伝えたいことに合わせて
アップとルーズを選んだり，
組み合わせたりする必要がある」

(ほかの段落にも 考え は？)

③（初め）と⑧（終わり・まとめ）で
二度同じような文（考え）が
書かれている

説明文の書き方・
考えののべ方

《説明のしかたと組み立て》

(例) ② ①
(説明 考え1) ③
(中) (④ ⑤ ⑥ ⑦)
(まとめ 考え2) ⑧

---

## 1 めあて 読む　めあてを聞き，筆者の考えが書かれた文を見つけよう。

教科書 P56 の『見通しをもとう』を参考にすすめる。
まず，①②③段落を音読し，アップとルーズは，うつし方の違いだった，ということを振り返る。

「今日は，筆者の考えを『とらえる』という勉強をします。今読んだところで，筆者の考えは書かれていなかったでしょうか。その文に線を引きましょう。」

筆者の考えが書かれた文はどれだと思いましたか。その文を選んだわけも言えるといいですね。

③段落の『何かを伝えるときには，このアップとルーズを選んだり，組み合わせたりすることが大切です。』という文です。

筆者が「大切だ」と思っていることが書いてあるからです。

・それに，①②の段落は，アップやルーズの『例』なので，筆者の考えではないと思いました。

## 2 書く 読む　筆者の考えが書かれた文を書き写そう。③段落の他にもないか考えて読もう。

「③段落のこの一文を選んだ人が多いようです。大事な文ですね。ノートに写しましょう。」

筆写させ見て回る。読むや話し合いだけでなく，正しく書くという活動も，授業では大切にしたい。

「ところで，筆者（中谷さん）の仕事は何でしょうか。」
・テレビ番組の制作者と書いてあります。（P55）
「だから，サッカーの中継をするときにも，アップとルーズを使っている人の考えなのですね。」

この筆者の考えは，他の段落にも書かれています。④段落から後の文章を読んで，どの段落に書かれているのか，見つけて線を引きましょう。

どこだろうなあ。

斉読や一人読みで，ていねいに読ませるようにする。

なぜ筆者は二度も伝えたのか，理由が明確になります。

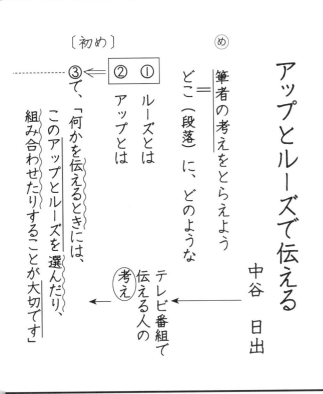

〔初め〕

め　筆者の考えをとらえよう

アップとルーズで伝える　中谷　日出

どこ（段落）に、どのような

テレビ番組で伝える人の考え

① ② ③

ルーズとは
アップとは

で、「何かを伝えるときには、このアップとルーズを選んだり、組み合わせたりすることが大切です」

---

主体的・対話的で深い学び

・筆者の主張（考え）を伝えるための説明文は，筆者の考えが書かれている部分（段落）と，事例が書かれている部分（段落）があり，つながりあっている。また，構成も工夫されている。
・内容とともに，このような『説明のしかた』についても関心を持たせることが深い学びになる。それは，『筆者の言いたいことは何か』『結論は？』などと，文章を論理的に読み取る力をつけることにつながる。

準備物

---

**3　発表する　書く**　③段落の他に，筆者の考えが書かれた段落や文を見つけて発表しよう。

「筆者の考えは，③の他にもどの段落に書かれていたのか，また，どの文なのか見つけられましたか。」
　・『アップとルーズを選んだり，組み合わせたりすることが大切』というのが，筆者の考えだから…。そんな言葉が使われている段落はどこかな。

見つけた自分の考えを発表しましょう。

わたしは，最後の⑧段落にも，筆者の考えが書かれていると思いました。『だからこそ，送り手は…必要があるのです。』の文が，③の文と同じみたいです。

ぼくも⑧段落だと思いました。アップとルーズを『選んだり』や『組み合わせたり…』は③の考えと同じだと思いました。

　他の児童の考えも聞き，⑧にも筆者の考えが書かれていることを話し合い，筆写させる。

---

**4　対話する　まとめ**　筆者の考えが2度書かれている理由を考え，段落の関係をつかもう。

『思いやりのデザイン』でも，筆者の考えは，「初め」と「終わり」で2度書かれていました。

筆者の考えを書いた同じような文が，③と⑧の段落で2度書かれているのは，どうしてだと思いますか。

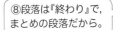
筆者の言いたいことを分かってもらうために最後にもう1度書いていると思います。

⑧段落は『終わり』で，まとめの段落だから。

「このように，説明文で大事な筆者の考えは，初めと終わりで2回書かれることがある（多い）のです。」
「では，①②③の段落のつながりをまとめてみます。①②③は，何の段落と言えばよいでしょうか。」
　・①はルーズの『例』です。写真で説明しています。
　・②も例です。①と②は『例の段落』です。
　・③はアップとルーズの『説明と筆者の考え』の段落。

　　　①②③の段落のつながりを説明する。（板書参照）

思いやりのデザイン／アップとルーズで伝える　105

**本時の目標**

④と⑤の段落を対比させて読み，アップとルーズには伝えられることと伝えられないことがあることを読み取る。

**授業のポイント**

『対比』という書き方とともに，『問い』と『その答え』で説明する，という「説明のしかた」にも目を向けさせる。

**本時の評価**

④と⑤の段落を対比させて読み，アップとルーズには伝えられることと伝えられないことがあることを読み取っている。

板
書
例

〈対比〉アップとルーズの２つの写真を対比すると，それぞれの違いが明確となり，分析しやすく

《説明のしかた》

二つをくらべて ＝ 対比 する

アップ ⇔ ルーズ
ちがいがはっきりする
よく分かる

それぞれに伝えられること
伝えられないことがある

⑤ ⇔ ④
対比

〈ちがい＝とくちょう〉

アップは，
・細かい部分
（しかし）
・うつされない多くの部分 ○

△

ルーズは，
・広いはんいの様子
（でも） ○
・選手の顔つき，視線 △

※教科書 P52, 53 の写真を掲示する。

---

**1** 読む 対話する　③の段落を読んで，『問い』の文を見つけ出そう。

「①②③の段落のつながりは，①と②が例で，③で説明して，筆者の考えを書いていました。」

「③の段落には，もうひとつ大事な文があります。③段落を読んでその文に，線を引きましょう。」（音読）

『アップとルーズでは，どんなちがいがあるのでしょう。』という文だと思います。

「たずねている文」です。説明文の「問いかけ」の文です。

そうですね。説明文でよく使われる『問い（問いかけ）』の文です。

「③段落には，『問いかけ』の文もあるのです。（板書）では，問いの『アップとルーズの違い』は，どこに書いてあるのでしょう。」

・多分，その後の段落で答えていると思います。
・④や⑤の段落にその答えが書いてあると思います。

---

**2** 読む 対話する　『問い』の答えが書かれているのはどの段落か，考え話し合おう。

問いを提示してそれに答えるという形は，説明文でよく使われる説明パターンであることに気づかせる。

「では，その『問い』の答えはどこに書かれているのか，④段落からあとを読んでみましょう。」（音読）

教科書 P57 の『ふかめよう』を参考にする。

アップとルーズの違いを説明しているのは，どの段落でしょうか。

④段落と⑤段落で比べています。

④段落ではアップで撮ったときのこと，⑤段落ではルーズで撮ったときのことを説明しています。

比べて書いているので，違いがよく分かります。

「アップとルーズ，どちらがよいと書いていますか。」

・どちらがよいとは書いていません。アップとルーズ，それぞれのよく分かるところ（よいところ）と，そうでないところを比べて書いています。

なります。

## 主体的・対話的で深い学び

- 説明文を読む目標の一つに，説明のしかたを学ぶことがある。『問いと答えで』，また『対比して』，『意見，主張とその事例で』『考えとその理由で』など，ここでもそれらの説明の方法を使って，筆者の考えが述べられている。文章との対話，児童と教師との対話を通して，気づかせるようにする。
- 『考えの述べ方』が分かってくると，児童自身も使えるようになっていく。4年生以降では，これを学習のまとめや報告など，主体的な表現活動に生かすことができる。

### 準備物

- （黒板掲示用）教科書 P52，53のアップとルーズの写真の拡大版

---

**板書：**

アップとルーズで伝える

め　アップとルーズのちがいを読みとろう
（ふかめよう）

③
・アップとは、ルーズとは
・筆者の考え
・「問い」の文

＜アップとルーズでは、どんなちがいがあるのでしょう＞

④の段落で（アップ）
⑤の段落で（ルーズ）
比べて　説明

（答え）←（問い）

---

## 3 読む／対話する　アップで伝わること，そうでないことを読み取ろう。

「つまり，特徴を比べて書いているのですね。では特徴をまとめて書いてあるのは，どの文でしょうか。」

　　　　線を引かせる（または，筆写させる）。

まず，アップについて，線を引いたところは，どこでしょう。

アップのよい（伝えられる）ところは，『細かい部分の様子がよく分かります。』という文です。大きく映すからです。

反対に，『うつされていない多くの部分のことは，…分かりません。』という文もあります。これもアップの特徴です。

「では，④段落を読んで，写真と比べてみましょう。」
- やっぱり，大うつしの顔で，喜びが伝わってきます。
- でも応援席の様子は，これでは分かりません。

「アップで伝えられること，伝えられないことがあるのですね。この２つをつないでいるのが，前と反対のことを書くときの『しかし』という言葉です。」

## 4 対話する／まとめ　ルーズの特徴を話し合い，説明のしかたについて考え，まとめよう。

「では，ルーズのことは，どの文に書いていますか。」
- 『広い範囲の様子がよく分かります』の文です。
- 『各選手の…なかなか分かりません』の文です。
- ルーズで伝えられることと，『でも』から後に，伝えられないところがあることも書いています。

「このように，④と⑤の段落では，アップとルーズを比べて説明していました。これを『対比』と言います。」

この説明のしかたを読んで，どう思いましたか。

伝えられることは，アップとルーズでは反対みたいだと思いました。写真を比べるとそのことがよく分かりました。

アップとルーズを比べると，どちらにも伝えられることと，そうでないことの両方あることが，よく分かりました。

「ここで読んだアップとルーズの違いを，整理してまとめて書いてみましょう。」（板書参照）

　　　③④⑤を斉読して学習を振り返り，まとめとする。

**本時の目標**
テレビ局や新聞写真でも，伝えたい内容や目的に合わせて，アップとルーズが使い分けられていることを読み取る。

**授業のポイント**
テレビ局での例，新聞に載せる写真の例を読むときも，「筆者の考えが書かれている文はどれか」を考えさせる。

**本時の評価**
テレビ局や新聞の写真でも，伝えたい内容や目的に合わせて，アップとルーズが使い分けられていることが読み取れている。

板書例

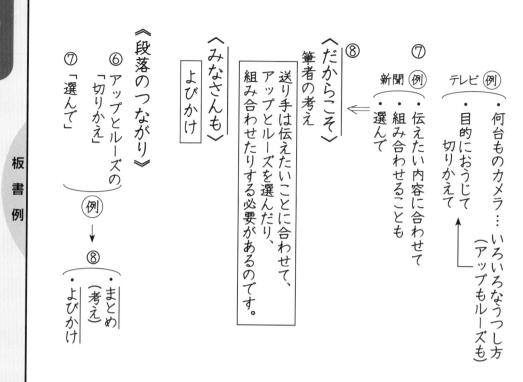

〈具体例〉身近な話題を取り上げ，アップとルーズの使い方を考えるとよいでしょう。そうする

⑦テレビ〈例〉
・何台ものカメラ…いろいろなうつし方
・目的におうじて切りかえて
（アップもルーズも）

⑦新聞〈例〉
・伝えたい内容に合わせて
・組み合わせることも
・選んで

⑧〈だからこそ〉筆者の考え
送り手は伝えたいことに合わせて、アップとルーズを選んだり、組み合わせたりする必要があるのです。

〈みなさんも〉よびかけ

《段落のつながり》
⑥アップとルーズの「切りかえ」
⑦「選んで」
〈例〉→⑧
・まとめ（考え）
・よびかけ

---

## 1 対話する 音読する
アップとルーズの例を話し合おう。⑥⑦⑧段落を音読しよう。

「④と⑤の段落では，アップとルーズで伝えられることが違ってくることが書かれていました。」

アップとルーズの写真など，見たことを話し合う。

アップやルーズを使った画面や写真を見たことはありますか。

祇園祭の新聞の写真は，ルーズでした。何台もの山鉾が続いている賑やかな様子がよく分かりました。

テレビで，相撲で優勝した力士の顔を，アップでうつしていました。

「例にあったサッカーの試合の他にも，アップとルーズは使われているのですね。⑥⑦⑧の段落にもそのようなことが書かれています。筆者の考えを読んでいきます。では，最後まで読みましょう。」

写真なども見せ，斉読，一人読み，指名読みなど音読。

## 2 読む 対話する
⑥段落の，テレビ局でのアップとルーズの例を読もう。

「まず，⑥の段落には，何のことが書かれていますか。」
・『このように』と，④⑤の説明がまとめてあります。
・テレビでは，何台ものカメラでうつしていることです。
・アップとルーズを切り替えていることです。

ここで，筆者がいちばん言いたいことはどのことですか。筆者の考えは『何かを伝えるときには，このアップとルーズを選んだり，組み合わせたり…』でしたね。このことを考えると？

『…目的に応じて，アップとルーズを切り替えながら…』の文だと思います。同じことを言っています。

筆者の考え，言いたいことの文に線を引かせてもよい。『何台ものカメラを用意して』『切りかえながら』については，教師からの補いの説明が必要。

「この段落は，何の段落と言えますか。」
・『テレビ局での（アップとルーズの切りかえの）例』。

ことで，筆者のねらいについて考えることができます。

アップとルーズで伝える

め アップとルーズの使い方を読みとろう

アップとルーズの例
（サッカーの試合のほかに）
・ぎおん祭のようす（ルーズ）
・すもう（アップ）
※児童の発言を板書する。

〈ほかにも〉 → ⑥⑦で

⑥ このように（まとめ）
伝えられること
伝えられないこと

## 主体的・対話的で深い学び

・1つの段落から，大切な文や要旨を読み取るのはなかなか難しい。教師からの助言的な対話や児童どうしの対話から，見つけるコツのようなものに気づかせたい。例なのか，意見（考え）なのかを読み分けるのも，目のつけどころの一つになる。

・また，対話で意見を述べるときは，4年生では「それは」「なぜなら」（理由），「例えば」（具体化）などの接続語を使うように助言すると，考えがうまく伝わる対話になる。

### 準備物

・アップやルーズが分かる映像や，新聞などの写真，あるいはイラスト

## 3 読む 対話する ⑦段落の新聞の写真での アップとルーズの例を読もう。

「次に⑦段落での筆者の考えを，読みましょう。」
「書いてあるのは，何の説明でしょうか。」
　・新聞の写真のこと，アップとルーズがあることです。
「ここで，筆者の考え，言いたいことが書いてあるところはどこでしょう？　線を引きましょう。」
　・『伝えたい内容に合わせて…』のところです。
　・『それらを組み合わせることもあります。』
　・『その中から目的にいちばん合うものを選んで…』

新聞の写真のことで，筆者が言いたいことを一つの文で書いてみましょう。

新聞に載せる写真も，伝えたい内容や目的に合わせてアップかルーズのどちらかの写真を選んでいる。

「この⑦の段落は，何の段落と言えますか。」
　・『新聞写真の（アップとルーズの使い分けの）例』

実物の写真も見せて『目的』など，説明で補う。

## 4 読む まとめ ⑧段落を読み，筆者の言いたいこと （考え）について話し合おう。

「最後の⑧段落を読みましょう。」
「初めの2行の『同じ場面でも，アップとルーズのどちらで伝えるかによって伝わる内容が変わってしまう』とは，例えばどんなことなのでしょうか。」

　サッカーの例などから，具体化させて話させる。

もし，サッカーの試合をアップだけでうつすとすれば見た人には，どう伝わるでしょうか。

一人の選手の喜びや，悔しさは分かるけれど…。

ボールの動きや他の選手の位置は分からない。

「だから，選んだり組み合わせたりすることが大切なのですね。家で，テレビなどで確かめてみましょう。」

「ここは，何の段落と言えばよいでしょうか。」
　・『筆者の考えをまとめている』段落…かな。

　最後の，筆者から読者への呼びかけを読む。

## 本時の目標

「アップとルーズで伝える」を読んで考えたことを書き，発表し合うことができる。学習のまとめをする。

## 授業のポイント

7時の「自分の考え」は難しく捉えすぎず，「読んで思ったこと」でもよしとする。そこにも児童の考えは出る。

## 本時の評価

「アップとルーズで伝える」を読んで考えたことを書き，発表し合うことができている。学習のまとめができている。

---

〈時間の配分〉3時間扱いでもよいでしょう。その場合，展開1の書く活動で1時間，展開2，3で

**板書例**

◎ たとえば…

◻︎ を見学して伝えたいこと

・お店
・町の神社，お寺，まちなみ
・○○の行事，まつり　など

◎ そこで…

① まず，伝えたいことは「何か」を考えて

② アップとルーズのとくちょうをもとに「どこで」「どう使うか」を考えて

◇ 書いてみよう

〈本文のキーワード〉

・目的におうじて
・選んで
・組み合わせて
　　　とり入れて

◇ 発表して聞き合おう

※第8時の板書例は省略。

---

## 1 めあて 書く （第7時）

読んで，自分の考えたことを書こう。

『アップとルーズで伝える』を読んできて，今，大切だな，と思っていることはどんなことでしょうか。

アップとルーズについて，どんな違いがあるのかがよく分かりました。違いを知ることが大切だと思いました。

伝えるためには，使い分けが大事だと分かりました。

「今日は，『アップとルーズで伝える』ということについて，自分の考えをまとめて書きます。」

教科書 P57『まとめよう』で以下2項目を説明する。
〇人に何かを伝える（具体的な）場面を思いうかべる。
〇本文を一部引用する。
　教科書の2つの文例（学級新聞，朝のスピーチ）はかなり高度。「心に残った文」を聞き出し，また「祇園祭をうつすなら」など，写真を撮る場面やテーマを例示，助言して書かせるのもよい。児童によっては，感想や印象に残ったことを書かせてもよい。

---

## 2 発表する 交流する

自分の『考えたこと』を発表し，聞き合おう。

「みなさんが書いた『このように伝える』という『考えたこと』を発表しましょう。」

【発表例】　見学など，具体的な場面をもとにするのもよい。

わたしは，社会科での『和菓子屋さんの見学』で見たことを伝える場面を思いうかべて書きました。お店の様子を伝える写真でも，アップとルーズを組み合わせることが大切だと思います。…

（※下線部は，本文の引用部分）

・（続き）ルーズでうつしたいのは，商店街とお店全体の様子です。昔からあるお店だということを伝えたいからです。反対に，お店の古い木の看板とおいしそうな和菓子はアップでうつしたいです。とくに和菓子の美しさは，アップでないと伝わらないと思ったからです。…
・ぼくは『お茶畑の見学』の場面。茶畑の広さはルーズで，茶摘みの摘み方やその様子はアップで…。

　発表を聞き合い，よいところをほめ合わせる。

1時間，展開4の『考えと例』で1時間という配分になります。

## 板書（第7時）

アップとルーズで伝える

（第7時）
め

「アップとルーズで伝える」ということについて
自分の考えを書いてまとめよう
学習したことをもとにして
（まとめ→ひろげよう）

人に何かを伝える場面を
本文も引用して
何を
どのように

どんな場面でアップやルーズを使うか
どう使うか、伝えたいことは何か

---

### 🔍 主体的・対話的で深い学び

・「アップとルーズで伝える」ということについて，伝えたいことを思い浮かべて「自分の考えを書く」ことは，主体的な活動になる。学んだことを使うという発展的で深い学びでもある。それには，教師からの助言も必要で，一つ，ヒントや例題，例文があるだけで『そういう文章なら，ぼくも…』と書きやすくなる。また，それを発表して聞き合うことは，対話的な学びとなる。

### 準備物

・『この本 読もう』に出ている本を，図書室から借りだしておき見せる。時間に応じて，一部を読み聞かせると効果的。

---

## 3 まとめ 振り返る （第8時）
**学習のまとめをしよう。**
**『この本 読もう』で本を知ろう。**

「『アップとルーズで伝える』の学習を振り返りましょう。この説明文を読んで，よかったなと思うことや分かったこと，できるようになったことを簡単に書いて，話し合いましょう。」（1～3文程度）

・アップとルーズがあるなんて初めて知りました。…写真を見るとき，気をつけて見るようになりました。
・2つを比べて書いてあったので，いいところと，そうでないところが分かりやすいと思いました。

『振り返ろう』と『たいせつ』も読んで，確かめましょう。まず，『具体的な例』はどこに書かれていましたか。

初めの①と②の段落が，サッカーでのルーズとアップの例でした。例と，考えの段落（③，⑧）がありました。

他にも，アップとルーズを使い分けている例もありました。それは…。

「『人に伝える』ことに関係する本もあります。」

『この本 読もう』の本を見せ，紹介する。

---

## 4 読む 対話する
**『考えと例』を読もう。**
**例を使った話をしよう。**

この『アップとルーズで伝える』では，サッカーの画面が例として使われていました。例が書いてあると，どんなよいところがあると思いましたか。

アップなどの言葉だけでは，どんなうつし方なのか分からない。サッカーでのアップとルーズの例があると，うつし方の違いがよく分かりました。

「例があると，筆者の考えや説明したいことが，読む人に分かりやすくなるのですね。」
「例と考えは結びついていることを，教科書59ページの『考えと例』を読んで，確かめましょう。」

「自分の考えを『例』を使って書いて，話してみましょう。題は教科書の『どんな遊びが好きか』または，他のことでもいいです。」（書いて発表し合う）
・わたしは本を読むのが好きです。例えば…

書けた児童から読ませ，見本とする。

# カンジーはかせの都道府県の旅 1

全授業時間 2 時間

## ◉ 指導目標 ◉

・第 4 学年までに配当されている漢字を読むとともに，漸次書き，文や文章の中で使うことができる。
・進んで第 4 学年までに配当されている漢字を読むとともに，漸次書き，学習課題に沿って，都道府県名を使った文を作ろうとすることができる。

## ◉ 指導にあたって ◉

### ① 教材について

　　児童は「カンジーはかせ」シリーズが大好きです。今回はカンジーはかせと都道府県を周る旅という設定になっています。カンジーはかせと共に，都道府県の漢字を学びながら，都道府県に興味を持ち，調べ学習をします。都道府県の漢字を使って無理なく楽しみながら文作りができる教材です。

### ② 主体的・対話的で深い学びのために

　　まずは，自分の旅の経験交流から始めます。「どこにいったことがあるか」という発問から，「どこでどんな経験をしたか」「また行ってみたいところはあるか」について楽しく友達と対話・交流させていきます。また，地図帳を用いて意欲的に調べられるよう指導します。

　　都道府県の漢字は，読むことから始めます。そして，都道府県の漢字を，日本地図の中でその場所，その都道府県の特色・名産品と結びつけながら書かせ，より興味を持って覚えられるようにします。つい，「暗記」に偏りがちになってしまう漢字学習を，友達との交流や調べ学習，文作りなどを取り入れることで，楽しいものにします。この学習をきっかけに都道府県に興味をもち，社会科の学習などでも，その漢字を自然と使えるようにさせたいものです。

| 知識 及び 技能 | 第4学年までに配当されている漢字を読むとともに，漸次書き，文や文章の中で使っている。 |
|---|---|
| 主体的に学習に取り組む態度 | 進んで第4学年までに配当されている漢字を読むとともに，漸次書き，学習課題に沿って，都道府県名を使った文を作ろうとしている。 |

◉ 学 習 指 導 計 画　　全 2 時 間 ◉

| 次 | 時 | 学習活動 | 指導上の留意点 |
|---|---|---|---|
| 1 | 1 | ・カンジーはかせと，どんな旅行をしたいか考える。<br>・「都道府県の旅」というテーマで，線が引いてある24の都道府県名を使った文を考え，書く。 | ・都道府県に，どんなものがあるか興味をもたせる。 |
|  | 2 | ・カンジーはかせと，どんな旅行にいくのか発表する。<br>・線が引いてある24の都道府県名を，ローマ字で書く。 | ・都道府県の漢字を間違わずに使って書くことを意識させる。<br>・ワークシートを用いることで，なぞりがきからローマ字を練習する。 |

DVD 収録（都道府県漢字カード，児童用ワークシート見本）※本書 P120，121 に掲載しています。

**本時の目標**

漢字で記された都道府県を読み，その都道府県について地図帳などを使って調べ，発表することができる。

**授業のポイント**

まずは①～㉔の都道府県にどのようなものがあるかを調べ，興味をもたせたい。ただし，漢字学習のためなので，深入りしすぎないようにする。

**本時の評価**

漢字で記された都道府県を読み，興味をもって調べようとしている。

板書例

〈特産品〉都道府県と特産品をつなげると，楽しく学ぶことができます。特産品の実際の写真が

◇①～㉔の都道府県の特ちょうを調べよう

| | | | | | | | |
|---|---|---|---|---|---|---|---|
| ㉒ 静岡県 | ⑲ 山梨県 | ⑯ 富山県 | ⑬ 東京都 | ⑩ 群馬県 | ⑦ 福島県 | ④ 宮城県 | ① 北海道 |
| ㉓ 愛知県 | ⑳ 長野県 | ⑰ 石川県 | ⑭ 神奈川県 | ⑪ 埼玉県 | ⑧ 茨城県 | ⑤ 秋田県 | ② 青森県 |
| ㉔ 三重県 | ㉑ 岐阜県 | ⑱ 福井県 | ⑮ 新潟県 | ⑫ 千葉県 | ⑨ 栃木県 | ⑥ 山形県 | ③ 岩手県 |

## 1 経験交流 読む

都道府県に興味をもち，教科書の24都道府県の文を読もう。

どんな都道府県に行ったことがありますか。

わたしは，千葉の東京ディズニーリゾートに行ったことがあります。

ぼくは，横浜の中華街に行ったことがあるよ。横浜って，何県だ？

都道府県の地図を黒板に掲示する。

どんな都道府県に行ったことがあるか，出し合わせる。経験交流から，都道府県の漢字を読んだり書いたりすることへ，興味をもたせていく。

教科書 P60，61 を開かせる。

「日本全国をめぐるカンジーはかせの，都道府県の旅を追って，①～㉔の文を読みましょう。」

教師の後に続いて，①～㉔までの文を読みながら，その都道府県の漢字を板書する（または，漢字カードを貼付する）。

## 2 対話する 選ぶ

カンジーはかせとどんな旅行に行きたいか考えよう。

「24の各都道府県の特産物や特徴などが書かれた文ですね。他にも，こんなところがあります。」

教科書を読んだ後，文に書かれている以外の各都道府県の特徴を写真やスライドなどで紹介する。

「これらの都道府県を，カンジーはかせと3か所めぐるとするなら，どの都道府県へ行きますか。隣の人と話してみましょう。」

ぼくは，北海道，茨城，山梨だなぁ。食べ物がおいしそうです！

食べ物ばかりのところだね！わたしは，宮城，秋田，福井で，特徴あるものを見たいなあ。

お祭りみたいなことが好きなんだね。カンジーはかせも食べることより，観るほうが好きなのかな。

自分が行きたい場所を隣の人と気軽に話し合わせる。グループ交流でもよい。

あると，児童もイメージしやすくなります。

## 主体的・対話的で深い学び

・地図帳を見て，①〜㉔の都道府県についてワークシートに調べたことをうめさせていく。まずは各個人で調べさせ，それから，調べて新たに知ったことを，友達と情報交換することで，より都道府県に興味をもたせる。覚えることより，使えることを学ぶ時間を目指したい。

### 準備物

・地図帳（各自）
・（黒板掲示用）日本地図（教科書 P60 の地図の拡大版）
・（あれば）都道府県の特徴を示す資料（画像）
・都道府県漢字カード　DVD 収録【4_11_01】
・ワークシート（児童数）
　（児童用ワークシート見本　DVD 収録【4_11_02】）

---

（縦書き板書）

### カンジーはかせの都道府県の旅 ―

⑨ カンジーはかせと，どんな旅行をするか考えよう

◇ カンジーはかせと行きたい都道府県を考えてみよう

☆ ①〜㉔の中から　三つ選ぶ

※教科書 P60 の日本地図を掲示する。

---

## 3 調べる　地図帳を使って，都道府県の特徴を調べよう。

地図帳を使って都道府県により興味をもたせる。

「地図帳には，分かりやすく都道府県の特徴（特産品や特産物）が載っています。見つけたことをワークシートに記録しましょう。まず，1人で調べて見つけたことを書きましょう。」
　・地図帳にいっぱい載っているから，たくさん書こう。

「調べたことを，グループで発表しましょう。」

福井県はめがねも有名みたいだね。

山梨県には富士山があるよ。

山形県は将棋もあるみたい。

静岡県にも富士山がある。どっちなんだろう。

24 の都道府県をグループで振り分けて，それぞれ詳しく調べさせてもよい。

## 4 発表する 交流する　調べたことを発表しよう。

「グループで調べたことを発表してください。」

グループで調べたことを，発表し合って共有する。黒板に書くスペースを開放していてもよい。

「共有したことは，ワークシートに赤色で付け足しておきましょう。」
　・みんなが調べたことも合わせて，いっぱい書けた。

次回は，カンジーはかせとどんな場所をめぐるのか，旅行プランを立てます。今日知った特徴と都道府県を使って，文を書きます。

どこに行くか，もう少ししっかり考えてみよう。

わたしは，あの県と，あの県と，この県に行こうかなあ。

次回の見通しをもつ。
　家庭学習で自主的に調べてきたいという意欲を大切にして，家で付け足ししてきてもよいことにする。

## 本時の目標

都道府県の漢字を使って文を作り，カンジーはかせとどんな旅に出かけるか発表できる。また，都道府県をローマ字で書くことができる。

## 授業のポイント

例文を作り紹介し合って，都道府県の漢字を楽しく学ばせる。都道府県の特徴を短い文に書き表す活動から，より興味をもたせたい。

## 本時の評価

都道府県の漢字を使って，文が書くことができる。
興味をもって，聞こうとしている。

**板書例**

〈旅行プラン〉旅行プランのよさを旅行会社の人になり切って紹介するとよいでしょう。互いの

◇ どんな旅行をしたいか文に書こう

☆ 三つの都道府県を使って

《例文》
ぼくは、カンジー博士と北海道でほたてを食べます。それから、電車で青森県に行って、りんごを食べます。さらに、となりの岩手県でわんこそばを食べます。

◇ 考えたことを交流しよう
・自由に旅行する（動き回ろう）
・お互いのノートをもって
・出会ったらどんな旅行か読み合う
・一言コメント

◇ 都道府県名をローマ字で書こう

| | ローマ字表記 | | ローマ字表記 |
|---|---|---|---|
| ① | Hokkaido | ⑬ | Tôkyô |
| ② | Aomori | ⑭ | Kanagawa |
| ③ | Iwate | ⑮ | Niigata |
| ④ | Miyagi | ⑯ | Toyama |
| ⑤ | Akita | ⑰ | Ishikawa |
| ⑥ | Yamagata | ⑱ | Fukui |
| ⑦ | Fukushima | ⑲ | Yamanashi |
| ⑧ | Ibaraki | ⑳ | Nagano |
| ⑨ | Tochigi | ㉑ | Gifu |
| ⑩ | Gunma | ㉒ | Shizuoka |
| ⑪ | Saitama | ㉓ | Aichi |
| ⑫ | Chiba | ㉔ | Mie |

※①～㉔の都道府県のローマ字表記を掲示する。

---

## 1 読む 交流する　都道府県の読み方を確かめ，調べたことを出し合おう。

前回の都道府県の漢字を覚えているかな。①から順に読んでいきましょう。

①北海道では，じゃがいもが多く生産されている。

②りんごは，青森県の特産品の一つだ。

都道府県が拡大表記されたものを提示する。
教科書P60，61の①～㉔の都道府県の読み方を確かめながら文を読む。隣どうしで確かめ合ってもよい。

「前の時間に①～㉔の都道府県についていろいろ調べて発表してもらいましたが，家で他にも調べてきたことがあれば発表してください。」
・北海道には，世界遺産もあったよ。
・栃木県にも，世界遺産があったよ。

　　グループや全体で発表し合う。

## 2 書く　自分が行きたい都道府県の文を書こう。

「カンジーはかせと周りたい都道府県を使って，どんな旅行をするか文に書きましょう。」

三つ行きたいところをつなげて文を書きましょう。

ぼくは、カンジー博士と北海道でほたてを食べます。それから、電車で青森県にいって、りんごを食べます。さらにとなりの岩手県でわんこそばを食べます。

こんなふうに書けばいいんだね。

　　例文を紹介する。

「主語や述語，つなぎ言葉に気をつけて書きましょう。」
・わたしは北陸三県で文を書こう。

「文が書けた人は，先生のところへ持ってきて見せてください。」
　　文を見せにきた児童のノートを見て，その場で丸をつける。
　　丸つけした児童には，他の都道府県を使って，文をどんどん作らせる。

工夫に一言感想を述べ合うと，楽しい活動になります。

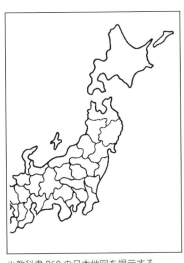

※教科書 P60 の日本地図を掲示する。

カンジーはかせの都道府県の旅 一

め カンジーはかせとどんな旅行をするか
発表しよう

---

・作った文を発表し，全員の書いたものを互いに見合う時間を取る。友達と交流し，ユニークな旅を考えている友達の文を読み合う活動から，より都道府県のことについて興味や関心が高まるだろう。
・「全員で見合う」活動は，全員参加を保障することになる。その場でお互いに声を出して読み合ってもよい。

### 準備物

・ワークシート（第1時で使用したもの）
・①～㉔の都道府県のローマ字ワークシート
　（児童用ワークシート見本 📀 収録【4_11_03，4_11_04】）
・都道府県カード（第1時で使用したもの）

---

## 3 発表する 交流する　作った文を発表し，交流しよう。

「①～㉔の都道府県の旅行プランを発表しましょう。」
・秋田県であきたこまちを食べて，そのあと山形県でササニシキを食べて，新潟県でコシヒカリを食べます。
・食べてばかりだね。

　グループや全体で発表し合う。少し発表したら，みんなで書いたものを自由に立ち歩いて見せ合わせる。見たら，ノートに一言コメントを入れて交流する。

結構いろんなところにいろんなものがあるんだね。

へぇー！山形県には，世界一のクラゲの水族館もあるんだ。全然知らないことばっかり！

教師も赤で丸や線を入れながら，各グループを見て回る。

---

## 4 【発展】書く　ローマ字で都道府県を書いてみよう。

ローマ字だったら，どのように書くのでしょう。書いてみましょう。

最初の文字は大文字で書くんだね。

地名だからね。全部大文字で書くこともあるって習ったよね。

　ワークシートを配り，ローマ字で都道府県を書く練習をする。

「うすい線をなぞって練習してから，自分で書きましょう。」
・Hokkaido とか Niigata とか，間違えやすそうだね。
・新潟は漢字も難しいよ！

「ローマ字で地名を書くには，読み方を知らないと正しく書けません。逆に，町の看板などで地名の読み方が分からなくても，ローマ字が分かれば地名の読み方も分かります。」

北海道　青森県　岩手県　宮城県　秋田県　山形県

福島県　茨城県　栃木県　群馬県　埼玉県　千葉県

東京都　新潟県　富山県　石川県　福井県　山梨県

長野県　岐阜県　静岡県　愛知県　三重県　神奈川県

**ワークシート 第1時**

カンジーはかせの都道府県の旅 1

● 地図帳を見て、都道府県のことを調べましょう。

名前（　　　）

| ① 北海道 | ⑬ 東京都 |
| ② 青森県 | ⑭ 神奈川県 |
| ③ 岩手県 | ⑮ 新潟県 |
| ④ 宮城県 | ⑯ 富山県 |
| ⑤ 秋田県 | ⑰ 石川県 |
| ⑥ 山形県 | ⑱ 福井県 |
| ⑦ 福島県 | ⑲ 山梨県 |
| ⑧ 茨城県 | ⑳ 長野県 |
| ⑨ 栃木県 | ㉑ 岐阜県 |
| ⑩ 群馬県 | ㉒ 静岡県 |
| ⑪ 埼玉県 | ㉓ 愛知県 |
| ⑫ 千葉県 | ㉔ 三重県 |

---

**ワークシート 第2時**

都道府県のローマ字 1　　名前（　　　）

| | 漢字 | ローマ字表記 | なぞってみよう | 書いてみよう |
|---|---|---|---|---|
| ① | 北海道 | Hokkaido | Hokkaido | |
| ② | 青森 | Aomori | Aomori | |
| ③ | 岩手 | Iwate | Iwate | |
| ④ | 宮城 | Miyagi | Miyagi | |
| ⑤ | 秋田 | Akita | Akita | |
| ⑥ | 山形 | Yamagata | Yamagata | |
| ⑦ | 福島 | Fukushima | Fukushima | |
| ⑧ | 茨城 | Ibaraki | Ibaraki | |
| ⑨ | 栃木 | Tochigi | Tochigi | |
| ⑩ | 群馬 | Gunma | Gunma | |
| ⑪ | 埼玉 | Saitama | Saitama | |
| ⑫ | 千葉 | Chiba | Chiba | |

---

**ワークシート 第2時**

都道府県のローマ字 2　　名前（　　　）

| | 漢字 | ローマ字表記 | なぞってみよう | 書いてみよう |
|---|---|---|---|---|
| ⑬ | 東京 | Tôkyô | Tôkyô | |
| ⑭ | 神奈川 | Kanagawa | Kanagawa | |
| ⑮ | 新潟 | Niigata | Niigata | |
| ⑯ | 富山 | Toyama | Toyama | |
| ⑰ | 石川 | Ishikawa | Ishikawa | |
| ⑱ | 福井 | Fukui | Fukui | |
| ⑲ | 山梨 | Yamanashi | Yamanashi | |
| ⑳ | 長野 | Nagano | Nagano | |
| ㉑ | 岐阜 | Gifu | Gifu | |
| ㉒ | 静岡 | Shizuoka | Shizuoka | |
| ㉓ | 愛知 | Aichi | Aichi | |
| ㉔ | 三重 | Mie | Mie | |

カンジーはかせの都道府県の旅 1　121

# お礼の気持ちを伝えよう

## ◉ 指導目標 ◉

・書く内容の中心を明確にし，内容のまとまりで段落をつくったり，段落相互の関係に注意したりして，文章の構成を考えることができる。
・間違いを正したり，相手や目的を意識した表現になっているかを確かめたりして，文や文章を整えることができる。
・言葉には，考えたことや思ったことを表す働きがあることに気づくことができる。
・丁寧な言葉を使うとともに，敬体と常体との違いに注意しながら書くことができる。
・相手や目的を意識して，書くことを選び，伝えたいことを明確にすることができる。
・書く内容の中心を明確にし，構成を考えることに進んで取り組み，これまでの経験をいかして手紙を書こうとすることができる。

## ◉ 指導にあたって ◉

### ① 教材について

　　メールやインターネットの発展する現代において，お礼や依頼，お詫びなどを表す形式は簡略化され，手紙を書くという機会が減ってきています。その一方で，日本的な文化である「和手紙」は，奥ゆかしく，他には負けない伝統文化のよさをもっています。手紙による文字の温かさや思いなどは，人の気持ちを動かす，価値あるものだということに気づかせます。

　　児童は，これまでの学習で簡単な手紙を書くことは経験しています。ここでは，お礼の気持ちを伝える手紙を例に，手紙の基本的な型，後づけの書き方，宛名や住所の書き方などを学びます。お世話になったことが役立ったことを具体的に書くことで，より感謝の気持ちが伝えられることなどにも気づかせます。

　　4 年生では，社会科見学や総合的な学習などで，学校以外の様々な人と触れ合い，お世話になる機会も出てきます。そんなとき，礼状を書いたり，この学習を応用して依頼状や案内状などを書いたりなど，学んだことを実際に活用していくことができます。

### ② 主体的・対話的で深い学びのために

　　形式を学習するだけではなく，手書きのよさを味わえる時間としたいものです。教材に組み込まれているから手紙を書く，という動機ではなく，「手紙そのもののよさ」「お礼を伝えるのに，手紙がどのようによいのか」などを話し合わせます。主体性をもって取り組ませることで，これまで何気なく書いていたものより充実した内容の手紙とすることを目指します。

　　また，手紙独特の書き言葉を知り，日本語の奥ゆかしさに触れる時間にもなるでしょう。

## ● 評価規準 ●

| 知識 及び 技能 | ・言葉には，考えたことや思ったことを表す働きがあることに気づいている。<br>・丁寧な言葉を使うとともに，敬体と常体との違いに注意しながら書いている。 |
|---|---|
| 思考力，判断力，表現力等 | ・「書くこと」において，相手や目的を意識して，書くことを選び，伝えたいことを明確にしている。<br>・「書くこと」において，書く内容の中心を明確にし，内容のまとまりで段落をつくったり，段落相互の関係に注意したりして，文章の構成を考えている。<br>・「書くこと」において，間違いを正したり，相手や目的を意識した表現になっているかを確かめたりして，文や文章を整えている。 |
| 主体的に学習に取り組む態度 | 書く内容の中心を明確にし，構成を考えることに進んで取り組み，これまでの経験をいかして手紙を書こうとしている。 |

## ● 学習指導計画　　全 6 時間 ●

| 次 | 時 | 学習活動 | 指導上の留意点 |
|---|---|---|---|
| 1 | 1 | ・学習の見通しをもつ。<br>・教科書 P6 を見て，「書くこと」についての既習の学習を振り返り，「気持ちが伝わる手紙を書こう」という学習課題を設定して，学習計画を立てる。 | ・3 年生のはがきを書く学習からの発展なので，混同しないようにする。<br>・「思いを込めて書く」という軸がぶれないようにする。 |
| | 2 | ・だれに，何のお礼を伝えるのかを決める。 | ・これまでお世話になった人に，どんなお礼ができるかを話し合わせる。 |
| 2 | 3・4 | ・手紙の型に沿って，内容を考える。<br>・「初めの挨拶」「本文」「結びの挨拶」「後づけ」という手紙の型を確かめる。<br>・何に対してお礼を言いたいのかを明確にするため，詳しく書き出す。<br>・手紙の型に沿って書き，読み返す。<br>・文末の表現や文字の間違い，言葉遣いに誤りがないかを確認する。 | ・自分の伝えたいお礼を具体的に書き出すことによって，何が書きたいか精選させる。<br>・手紙によく使う言葉例を，たくさん出し合わせ例示した後，各自で言葉を選ばせて使わせる。ただし，間違った使い方にならないように，机間巡視する。 |
| | 5 | ・教科書 P65 を参考にして，封筒に宛名と差出人を書く。 | ・封筒や宛名も，文面を書くときと同様に，丁寧に書かせる。 |
| 3 | 6 | ・手紙で気持ちを伝えることのよさを話し合う。<br>・教科書「ふりかえろう」などから，学習を振り返り，身につけた力を押さえる。 | ・できたことを話し合わせ，次に手紙を書くときにいかせるようにする。 |

💿 **収録** （児童用ワークシート見本）※本書 P132，133 に掲載しています。

# お礼の気持ちを伝えよう

## 第 1 時 （1/6）

### 本時の目標
書くことについて振り返り,「気持ちが伝わる手紙を書こう」という学習課題を設定し,学習計画を立てることができる。

### 授業のポイント
手紙とはがきの違いに気をつける。思いのこもったものであるということに気づかせたい。

### 本時の評価
手紙を書くことについて,学習課題を確認し,見通しをもって学習計画を立てている。

**板書例**

〈学びのプロジェクト化〉実際に手紙を書くというプロジェクトを設定することで,児童の学びが

〈手紙とはがき〉
手紙 …ふうとうに入れて,あらたまった内容
　　おれいじょう,あいさつじょうなど
はがき…かん単な内容,だれに見られてもいい

〈手紙のマナー〉
・返事は早く返す
・正しく,ていねいに
・ペン書きがのぞましい
・字をまちがえずに書く
・気持ちをこめる

　　　　　　　　　　　　　※

〈学習のすすめ方〉
1 だれに,何のお礼を伝えるのか考えよう
　型を知ろう
2 手紙を書こう
　内容を考えよう
3 読み返してまちがいがないようにしよう
4 手紙を送ろう（あて名,あて先）

---

## 1 経験交流 つかむ これまで友達に「手紙」を書いたことがあるか尋ねてみよう。

今まで手紙を書いたことはありますか。

あります。年賀状とか,暑中見舞いとか。

おばさんに入学祝でお手紙をもらったから,お礼の手紙を書きました。

導入として,これまで誰にどんなことを書いたことがあるか,出し合わせる。

「誰に書いたか,隣の人に尋ねてみましょう。」
・友達に書いた。よく手紙のあげ合いをしているよ。
・先生や,親せきのおじさんにも書いたことがある。
「どんなことを書きましたか。」
・「お元気ですか」とか書いたかな。

手紙ついては3年生で「案内状の書き方」で既習なので,時間をあまり取らずに進める。ここで,教師のもらった手紙（できれば礼状）を見せてもよい。

## 2 知る めあて 手紙とはがきの違いを確かめよう。めあてを聞こう。

「手紙とはがきは,何が違うか,隣の人に知っているか聞いてみましょう。」

手紙とはがきは,同じようで,少し違います。

両方同じじゃないの？何か知ってる？

手紙は封筒に入れるよね。あとは,貼る切手の値段が違う。

教師から,以下の内容を簡単に説明し,押さえておく。
手紙は,封書で出す正式なもの。はがきは,手紙に比べ,あらたまったあいさつを省き,簡潔な内容を記すものである。また,本人以外の目にも触れるので,見られて困ることは避けるのがマナーとなっている。

「今回は『気持ちが伝わる手紙』を書く学習です。」
・クリスマスカードとか,お誕生日祝いのカードは,封筒に入った手紙だね。

ダイナミックなものになります。

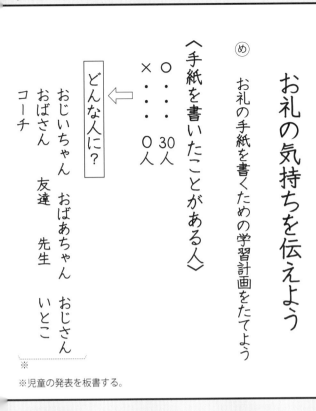

お礼の気持ちを伝えよう

お礼の手紙を書くための学習計画をたてよう

め 〈手紙を書いたことがある人〉

○・・・30人
×・・・○人

どんな人に？ ←

おじいちゃん　おばあちゃん　おじさん
おばさん　先生　友達
コーチ　いとこ

※

※児童の発表を板書する。

## 主体的・対話的で深い学び

・手紙をどうして書くのか，なぜ返事をするのか，などを考えさせることで，手紙を書くことの必要性が考えられる。今まで，何気なく書いていた手紙について，自分たちの経験に基づいて「何を一番大事して書くとよいか」話し合わせる。話し合うことで，どのような手紙を書けば相手に喜ばれるか，手紙の「気持ちを伝える」という本来の意味を深く学ぶことができる。

### 準備物

・教師がこれまでにもらった手紙

## 3 対話する 交流する　手紙を送るときに大事なことが何かを話し合おう。

「手紙を出すときに，一番大事なことは何でしょう。」

まず，各自考えたことをノートに書かせ，次に，その考えを，グループ内で発表させる。

「では，グループで一番大事だと思うことを話し合いましょう。」

早く返事をすることが大事。お礼とお詫びはすぐに，と聞いたことがある。

気持ちが一番大事だと思う。早さより，自分の気持ちを込めることが大事だよ。

タイミングが大事かもしれない。もらって嬉しいなと思う時があるから。

グループで出たことを全体で出し合わせ，児童からでたそれぞれの意見を確かめ合わせる。

「どれが一番とは決められません。手紙を書く上では，どれも大事なものですね。」

## 4 振り返る つかむ　3年生での学びを確かめ，学習計画を立てよう。

「手紙を書く以外に，これまで『書く』ということについてどんなことを学んできたか，確かめましょう。」

教科書P6を読み，「書くこと」について確かめる。

「書くこと」についての4つの流れを確かめながら，読んでみましょう。

決める・集める
↓
組み立てる
↓
書く
↓
つなげる

まず，何を書くか決めないとだめだね。

次に，内容をどんなことにするか，組み立てないとね。

教科書P6下「三年生の学びをたしかめよう」をさっと読み，確かめる。続いて，教科書P62「学習の進め方」を見て，今回の学習も同じような流れで取り組んでいくことを確かめる。

「最後に，手紙を送ります。封筒に宛名と住所を書くので，それまでに手紙を送る相手の住所と宛名を調べておかないといけませんね。」

**本時の目標**

誰に何のお礼を伝えるか決めることができる。

**授業のポイント**

すぐに手紙を書くことに進むのではなく，手紙を書くまでに様々なことを膨らませ，手紙を書く意欲につなげたい。

**本時の評価**

誰にどんなお礼を書こうとするか考えて，決めている。

〈必要感〉児童が自分の切実とした課題と捉え，「お礼の手紙を書きたい」と思うように，教師は

**板書例**

〈どんなことで〉
・いい思い出をつくってくれた
・応援してくれた
・教えてくれた
・育ててくれている
・誕生日のおいわいで
　（勉強のこと，ならいごと）
※

◇どんなお礼ができるか（したいか）考えよう

・グループで話し合い
・全体で交流
・（お礼をしたい相手ごとに）グループになって話し合い

・だれに
・何のお礼を
→ 伝えるのか決める
← ノートに書く

---

## 1 出し合う　これまで手紙でお礼をしたり，されたりした経験を出し合おう。

これまで，お礼の手紙を書いたり，もらったりしたことがありますか。

あります。おばさんのお見舞いにいったあとに，お礼の手紙をもらいました。

この前，転勤した先生に手紙を書きました。

ここでは，いろいろな手紙の話題にならないよう，「お礼」の手紙に絞って出し合わせる。

「どうして，お礼をするのか，考えてみましょう。」
・自分がいろんなことをやってもらったから。
・ありがたい，と思ったからです。

「お礼の気持ちを伝える手紙のよさを考えてみましょう。」
・もらった人が嬉しいと思う。
・スマホとかのメールより温かさはあるかもしれないね。
・でも，ちゃんと書くのが難しそうです。

## 2 交流する　自分の経験や思い出を友達に話そう。

「みなさんは，これまで，どんな人にお世話になってきたと思いますか。」

　グループになって，どんな話題からでもいいので，思いついたことを出し合わせる。

「あなたがお世話になった人は，誰でしょうか。先生は，自分の親や，先生方にいろいろと面倒を見てもらいました。」

やっぱり，親にはお世話になっているよね。

おばあちゃんは，遊びに行くといつもぼくが食べたいものを作ってごちそうしてくれる。

整骨院の先生にもお世話になっているよ。

「友達の話から，思い出したことをどんどん出していきましょう。」

　祖父母，幼稚園や保育所の先生など，全体交流で出てきた意見を板書していく。

児童に必要感を与える授業づくりをしましょう。

め

お礼の気持ちを伝えよう

だれに、何のお礼をするか考えよう

お礼 … かんしゃの気持ちを伝える

〈どんな人に〉
・これまでの先生
・保育園やようち園の先生
・お父さん
・おじいちゃん、お母さん
・おばあちゃん、親せきの人
・野球のコーチ　ならいごとの先生

※
※児童の発表を板書する。

## 🔍 主体的・対話的で深い学び

・「誰にお礼の気持ちを伝えるか」「どんなお礼の仕方があるか」などを出し合うことによって，あまりお礼の手紙などを考えたことがない児童の考えを広げる。お礼の気持ちを話で伝えるのではなく，文字にして書くことで，一生懸命さや思いが伝わることを，話し合いから感じさせ，手紙を書きたい気持ちを膨らませる。

準備物

---

## 3 対話する 交流する　どんなお礼がしたいのか，話し合ってみよう。

「お世話になった人に，自分ならどのようなお礼ができるか，どのようなお礼がしたいか話し合いましょう。」

割り算の計算で助けてもらったことのお礼をしたくなった。

例えば，お世話になった旧担任の先生には，毎日楽しい話をしてくれたことにお礼を言えると思う。

それ，いいね。

「グループで話し合ったことを，発表してください。」

　全体で交流してから，3〜4人グループに切り替え，意見を出させる。このとき，お世話になった人別にグループを作り，話し合わせてもよい。
　親（保護者）への手紙は，今までの感謝の気持ちを改まって伝える機会となる。学校やクラスの実態によっては，特別な場を設け，最後に親（保護者）にお礼の手紙を渡すことをめあてとして進めていくのもよい。

## 4 決める 書く　誰にどんなお礼の手紙を書くかを決め，ノートに書こう。

「今までの話し合いで，誰にどんなお礼の手紙を書くか，決めましょう。決めた人は発表してください。」

　何人かに発表してもらう。

ぼくは，転勤した先生に，3年生のときのことについて，お礼の手紙を書きます。

いつもお世話になっているお母さんに手紙を書こうと思います。口では言えないことを，手紙に書きたいです。

「決めた人は，だれに，何についてのお礼を書くのか，ノートに書いておきましょう。」

　「誰に」「何のお礼か」を明確にさせ，書き留めておかせる。あわせて，学習課題に沿って，前時でおさえたところも，読み返しておく。

「次の時間から，手紙の型にそって内容を考えていきます。」

# お礼の気持ちを伝えよう

## 第3,4時 (3, 4/6)

### 本時の目標
手紙の「型」を確かめ，手紙を書くことができる。

### 授業のポイント
手紙の型のワークシート枠を使って，「初めのあいさつ」「本文」「むすびのあいさつ」「後づけ」など役割をおさえる。

### 本時の評価
手紙の「型」を知り，相互の関係に注意し，文章を考えている。

### 板書例

〈心を込める〉手紙は相手に送るものです。心を込めて書くこと，そして，丁寧に読みやすい字で

〈手紙に書きたいこと〉
・どんな出来事だったか
・そのとき思ったこと
・言いたかったこと
・言い足りなかったこと
・自分の思い
・感謝の気持ち　　　　　など

④後づけ
・日付
・自分の名前
・相手の名前
・別れのあいさつ
・相手を気づかう言葉

〈気をつけること〉
・相手にお礼の気持ちが伝わるように
・ていねいな言葉で
・読みやすい字で
☆文字は，「太く」「こく」「正しく」

---

## 1 知る 確かめる
（第3時）
**手紙の型について知り，教科書の例文で確かめよう。**

「教科書63ページの②を読みましょう。」（読む）
・手紙には「型」があるんだね。

型に沿うことで，どんなよいことがあるのでしょう。

あらたまった気持ちを伝えることができる。

読みやすいし，書く方も書きたいことがまとめやすい。

型に沿って書くよさを出し合い，教科書に示されている型「初めのあいさつ」「本文」「むすびのあいさつ」「後づけ」の内容を確かめる。

「教科書64ページの手紙の例文を読みましょう。」（音読）
「教科書の例文で，手紙の型を確かめてみましょう。」
　例文のどこの部分が，手紙の型のどれにあたるか確認し，4つの構成をはじめに抑えておく。

　ワークシート（季節の言葉）で季節の言葉の練習をしてもよい。

---

## 2 書く
**4つの型に合わせて書く内容を考え，大まかに書き出してみよう。**

　ワークシート（手紙の型）を配る。

「4つの型に合わせて，書くことを考えていきましょう。」
　ワークシートには，大まかな内容を箇条書きさせる。

「本文が『伝えたいこと』です。お礼を伝えるために『相手がしてくれたこと』，『その時に感じたこと』などを書き加えることで，気持ちがよりよく伝わります。」

どんなことがあったか，書いてみましょう。

算数の割り算の時間に，ヒントで九九の段を言ってくれたことを書こうかな。

音楽会で表情をよくほめてくれたことを書こう。それで自信がついたから。

　一つだけで書き終わっている児童には，机間指導で教師から助言したり，同じようなことを書いている児童に発表させたりする。なかなか書けない児童には，ささいなことでも何か一つ書き，そこに自分の思いをのせればよいと声掛けしていく。

## 主体的・対話的で深い学び

- 3年生でも学習した手紙の型について，より詳しく学ぶことになる。伝えたい気持ちを一番大事にして，手紙のもつ温かさを確かめ合わせたい。
- 日本で古くから使われている言葉を提示し，文に入れ込むことで，手紙の質がグンと上がる。児童は，自分の手紙を読み返したり，友達の書いた手紙を読んだりしているうちに，どんな言葉がふさわしいか感じさせ，自分で推敲する力をつけさせたい。

### 準備物

- 教科書P64手紙例文の拡大コピー（黒板掲示用）
- ワークシート「季節の言葉」（児童数）（児童用ワークシート見本 **DVD** 収録【4_12_01】）
- ワークシート「手紙の型」（児童数）（児童用ワークシート見本 **DVD** 収録【4_12_02】）
- 便箋をコピーした用紙（児童数）
- 便箋（清書用紙）（児童数）

---

**［黒板］**

お礼の気持ちを伝えよう

め 手紙の型を確かめ、手紙を書こう

①初めのあいさつ
・季節のあいさつや相手の様子をたずねる言葉
・自己しょうかいなど

②本文
・伝えたいこと
☆相手がしてくれたこと
☆そのときに感じたこと

③むすびのあいさつ

教科書P64
手紙の例文の拡大コピー

※手紙の例文のどの部分が①～④にあたるのか確かめる。

---

## 3 （第4時） 書く　書き出したことを，手紙の文章にして書いてみよう。

「4つの型に沿って，書くことが大体決まりましたね。では，教科書の例文のように，手紙の文を書いてみましょう。」

便箋をコピーした用紙を配る。

「初めのあいさつ」は，季節のあいさつや，様子をたずねる言葉ではじめましょう。

「桜の花が咲き，春の訪れを感じる季節となりました。お元気ですか。」でいいかな。

「『むすびのあいさつ』は，相手を気遣う言葉や，別れのあいさつで締めくくります。」
・くれぐれもお体にお気をつけお過ごしください。
・次にお会いできることを，心から楽しみにしています。
「相手にお礼の気持ちが伝わるように，読みやすい字で，ていねいな言葉を使って書くことが大切です。」

教科書P65下の「たいせつ」を読み，教科書の例文で，丁寧な言葉遣いや語尾などの書き方を確かめる。

## 4 推敲する 清書する　間違いがないか，相手や目的を意識した表現かどうか読み返し，清書しよう。

「書き終わったら，自分で見返したり，隣の人と読み合ったりしましょう。」

声を出して読んでみましょう。文のつながりがうまくいっているかなどにも気をつけて読み返しましょう。

うまく書けているかな。

むすびのあいさつは，これでいいかな。

教師も一度は目を通し，文末表現や文字の間違い，言葉遣いなどに誤りがないか確認する。

「清書は，便箋に丁寧に気持ちを込めて書きましょう。時間をかけて，受け取る相手を想像して書くといいですね。」

便箋（清書用紙）を配る。清書は，できるだけ楷書で書かせる。本来ならば，ペン書き，ボールペン書きが望ましい。えんぴつで書く場合は，「太く」「濃く」「正しく」消しゴムを使うことなく，書くよう指導する。

# お礼の気持ちを伝えよう

## 第5,6時 (5,6/6)

### 本時の目標
正しい宛名の書き方で書くことができる。
学習の振り返りで，身につけた力を確認できる。

### 授業のポイント
宛名や住所，封筒に書くことも，中身の手紙くらいに丁寧に書かせる。

### 本時の評価
正しい宛名の書き方で書いている。
学習の振り返りで，身につけた力を確認している。

---

**板書例**

〈丁寧さ〉普段以上に丁寧に書くことを意識させます。なぜなら，相手の名前や住所の書き間違いは，

〈美しいふうとうのポイント〉
□ まっすぐにあて名や住所を書く
□ 切手をはる（まっすぐ）
□ 相手のあて名や住所にまちがいはないか
□ 字の大きさ（バランスよく）
□ あて名はふうとうの真ん中に書く
　（住所より一文字分下げて）
□ 数字の書き方（漢数字で）
　…15は十五と書く

◇ ふりかえろう
〈知る〉
手紙を書くときの言葉の使い方
〈書く〉
お礼の気持ちが伝わるように何を書いたか
〈つなぐ〉
手紙で気持ちを伝えるよさとは？

---

（第5時）

## 1 知る　宛名や住所の書き方を知ろう。

宛名や住所を書くときに，気をつけることは何でしょうか。

まっすぐ書くこと？

きれいに書くこと？

「宛名や住所が，ただ分かればいいというわけではありません。せっかくていねいに書いた手紙を入れるのですから，宛名や住所の美しさも大切です。」

教科書の例を参考に，住所と宛名を提示し，ポイントをおさえる。
　○まっすぐ書けているか
　○切手は貼ってあるか（まっすぐ）
　○相手の宛名や住所に間違いはないか
　○空白をバランスよく使えているか
　　（宛名は封筒の中央に，住所より1字分下げて）
　○数字の書き方（15は十五と書く，など）

## 2 書く　宛名や住所を丁寧に書こう。

ワークシート（封筒の表と裏）を配り，練習をする。練習にもじっくり時間をかけて書かせる。

「住所の都道府県名などは省くこともできます。住所や名前で難しい文字があるときは，先生に相談してください。」

練習も本番と一緒です。美しく，丁寧に，バランスを考えて書きましょう。

バランスなんて，これまで気にしたことがなかったな。

宛名は一番大きな字で中央にまっすぐ…。

丁寧に練習で書けたら，本番用に封筒を配る。切手なども貼れるのなら，準備して，丁寧に貼らせる。そのとき，切手を舐めるのではなく，水か糊で貼らせる。

相手に失礼になるからです。

※教科書 P65（封筒の宛名書き例）の
拡大コピー

おもて

うら

め

お礼の気持ちを伝えよう

あて名や住所の正しい書き方を知ろう

学習をふりかえろう

## 主体的・対話的で深い学び

・手紙は，その中身だけで終わらない。手紙を入れるもの（封筒）も大切だということに気づかせる。宛名や住所を封筒に書くときに大切なことを話し合い，新たな視点が生まれる。常に受取人のことを考えること，つまり「相手の立場で」という視点を持たせ，相手のことを考える気持ちを育んでいきたい。

### 準備物

・教科書 P65 の封書の表・裏の拡大コピー（黒板掲示用）

・封筒をコピーした練習用のプリント
　　（児童用ワークシート見本　**DVD** 収録【4_12_03】）

・封筒（児童数）

・切手（必要に応じて）

---

**3**　（第6時）**振り返る**　手紙で気持ちを伝えるよさとは何か，振り返ってみよう。

「手紙で気持ちを伝えるよさを振り返りましょう。手紙の書き方を学んで，思ったことを発表しましょう。」

> 伝えたい気持ちについてあらためて考えて書くと，分かりやすくなりました。

> 型に沿って書くと，美しく見えるし，あらたまった気持ちを伝えられたと思います。

> 丁寧に書くと，気持ちがよりこもっている気がします。

「これまで書いてきた手紙と比べるとどうでしたか。グループで話し合ってみましょう。」

・こんなに丁寧に手紙を書いたことはなかったよ。

・時間をかけてきれいに書いたから，気持ちもこもって見えるんじゃないかな。

　　グループで話し合ったことを発表させ，共有する。

---

**4**　**振り返る　書く**　学習したことを振り返ろう。

　　教科書 P65 の振り返りを読み，学習を振り返る。3つの各項目に対し，自分の学んだことや考えたことをノートに書かせる。

> 言葉の使い方で気をつけたことは，相手に失礼のないように書いたことです。話し言葉より，丁寧な言葉を使うようにこころがけました。

> お礼の気持ちが伝わるように，詳しく書きました。ただ，「ありがとう」だけでなく，どんなことをしてもらったとか，そのときの嬉しい気持ちを詳しく書きました。

「振り返りが書けたら，ノートを机の上に置き，見せ合いましょう。見たノートに意見や感想があれば，赤えんぴつで書き込むか，直接伝えましょう。」

　　グループ，または全体で交流する。

「これからは，お礼だけでなく，お願いやお詫びの気持ちなどでも手紙でうまく伝えられたらいいですね。」

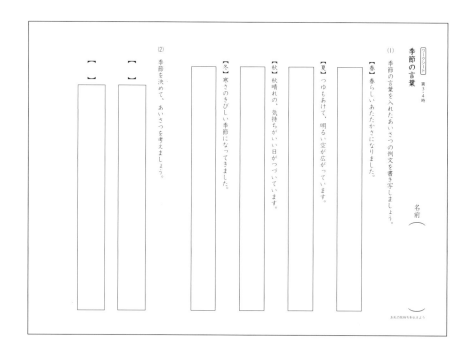

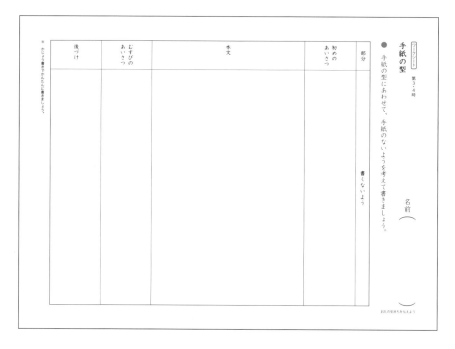

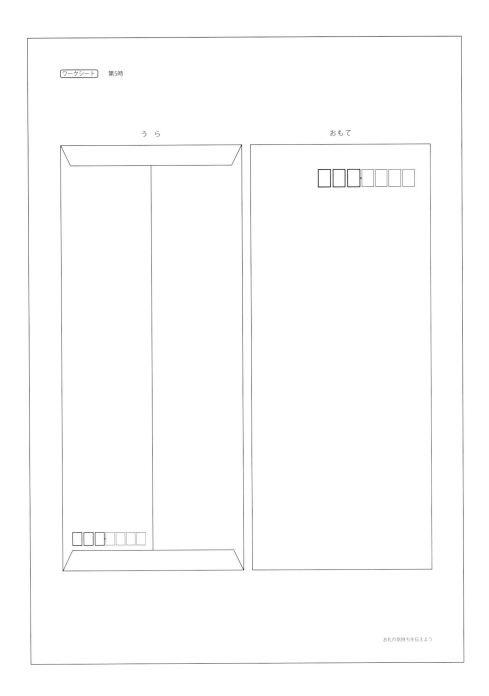

うら　　　　　　　　　　　　おもて

お礼の気持ちを伝えよう

# 漢字の広場 2

## ◉ 指導目標 ◉

・ 第3学年までに配当されている漢字を書き，文や文章の中で使うことができる。

・ 間違いを正したり，相手や目的を意識した表現になっているかを確かめたりして，文や文章を整えることができる。

・ 進んで第3学年までに配当されている漢字を書き，学習課題に沿って文を書こうとすることができる。

## ◉ 指導にあたって ◉

### ① 教材について

　前学年の配当漢字を与えられた条件で使うことで漢字の力をつけようとする教材です。「漢字の広場2」では，「夏の楽しみ」がテーマになっています。夏休み前の時期，児童もイラストを見ながら楽しそうなことの想像を膨らませることでしょう。イラストに沿って「それぞれの人になったつもりで」提示された漢字を使った短作文の練習をします。

　また，ここでは，主語と述語のつながりや，句読点に気をつけて読み直しをすることも課題として提示されています。ただし，この単元のねらいは前学年の配当漢字の復習です。このねらいを忘れずに，あまり高度な要求にならないように気をつけたいところです。

### ② 主体的・対話的で深い学びのために

　自分がイラストで描かれている人になったつもりで，夏の体験を自由に語らせることは，書く抵抗を和らげる一つの手法です。ここでは，できるだけ多くの漢字を使って短文を作らせたいところですが，作文や漢字が苦手な児童は手が止まってしまいます。漢字を正しく書けているかどうかを，教科書の字をよく見ながら書かせることが大切です。友達と見せ合う前に，教師が机間指導の段階で間違いを見つけ指導することで，児童の「失敗感」は減るでしょう。友達に指摘されるより，先生に指摘されたほうが児童の自尊心は傷つきにくいと考えられるからです。また，間違いやすい複雑な漢字を，重点的に指導するという視点も大切です。

| 知識及び技能 | 第3学年までに配当されている漢字を書き，文や文章の中で使っている。 |
|---|---|
| 思考力，判断力，表現力等 | 「書くこと」において，間違いを正したり，相手や目的を意識した表現になっているかを確かめたりして，文や文章を整えている。 |
| 主体的に学習に取り組む態度 | 進んで第3学年までに配当されている漢字を書き，学習課題に沿って文を書こうとしている。 |

## ● 学習指導計画　全2時間 ●

| 次 | 時 | 学習活動 | 指導上の留意点 |
|---|---|---|---|
| 1 | 1 | ・教科書P66を見て，3年生で習った漢字の読み方を確かめる。<br>・絵を見て，それぞれの場面を想像し，話し合う。<br>・提示された漢字を書く。 | ・絵にかいてあるものだけでなく，絵から想像したことも話し合わせ，次時の文作りの素地を作る。<br>・間違えやすい漢字や部分に気をつけて書く練習をさせる。 |
| | 2 | ・絵を見ながら，提示された言葉を使って夏の楽しみを文に書く。<br>・書いた文の主述のつながりや句読点が適切かどうかを確かめ，間違いを直すなど推敲する。<br>・書いた文を友達と読み合い，交流する。 | ・夏の楽しみを「自分だったら」というように置き換えて考えることで，イメージを確かにさせる。「なったつもり」「したつもり」の文でよい。 |

📀 収録（漢字カード，イラスト）

根　暑い　太陽　命中　持つ　旅行　荷物　速い　かき氷　調べる　有名人

葉　泳ぐ　平等　鉄板　配る　予定　緑色　九州　息つぎ　味わう　自由研究

炭　練習　全部　家族　注ぐ　出発　温度　夏休み

豆　　　　　　　　　　　　　　　　　　

波

油

# 漢字の広場 2

## 第 ① 時 （1/2）

### 本時の目標
3年生で習った感じを正しく読み書きでき、夏の楽しみの絵から、いろいろ想像して書くことができる。

### 授業のポイント
復習のための取り組みである。絵から想像し、考えたことを自由に書くことで、意欲的に漢字学習に取り組ませたい。

### 本時の評価
3年生で習った漢字を正しく読んだり、教科書に出てきている漢字を正しく書いたりして、夏の楽しみを想像し、書いている。

**板書例**

〈漢字カードの使い方〉まず、イラストの上に漢字カードを貼り、読み方を確かめます。次に、場面の

◇ 絵から想ぞうしたことを発表しよう

| 緑色 根 葉 温度 | 自由研究 調べる 豆 | 予定 速い 荷物 九州 | 家族 持つ 出発 旅行 | 炭 注ぐ 味わう 全部 | 油 鉄板 配る 平等 | 命中 有名人 | かき氷 夏祭り | 泳ぐ 息つぎ 太陽 | 練習 暑い 波 |

×緑 緑　　族 旅　　鉄 ×鉄 ×配ばる 配る　　×永 氷

※イラストの上の漢字カードを場面の絵ごとに移動する。

---

## 1 読む 確かめる　3年生の漢字を声に出して読もう。

3年生で習った漢字です。1つずつ読み方を確かめてみましょう。指をさしていきますので、読みましょう。

れんしゅう、あつい、なみ、…

かきごおり、なつまつり、…

漢字が苦手な児童の数は、3年生配当漢字から増えてくる。4年生の間にしっかり復習して、完全に身につけさせたい。学習に入る前に、漢字を学ぶ必要性について考えを出し合ってもよい。

まず読みの段階から、丁寧に進めていく。

「読めない字が1つでもあった人？」（挙手させる）
「久しぶりに見た字で忘れていたものがあっても、今思い出せば大丈夫です。」

読みを確認する。意味が分からない言葉は、教師が説明するか辞書で調べさせる。

---

## 2 出し合う 対話する　場面ごとに絵を見て、見つけたことや想像したことを出し合おう。

この絵は、夏の楽しみについてかいてあります。いろいろな楽しみがありますね。みなさんの夏の楽しみは何ですか。隣どうしで話をしましょう。

ぼくは、夏休みにおじいちゃんの家に行くのが楽しみ。

わたしは、プールが楽しみ！

どんなことが楽しみか話をさせて想像を膨らませる。夏休み前の授業のため、児童も自分のことと重ね合わせて、いろいろ想像することができる。

「教科書の絵を見て、見つけたことを話しましょう。」
・夏祭りに有名人が来ているのかな。
・あと、出店でダーツもしているよ。
・バーベキューでは、お父さんは調理係なのかな。

色んな想像を、友達と出し合うことで、次時の文作りへつなげる。「絵を見て話す（想像する）」という設定から離れすぎないように、声をかけておく。

絵ごとに漢字カードを黒板の左に移し，板書として使います。

※イラストは5枚に切り離せるようにしておく。
※イラストの上に漢字カードを貼る。

（め）

# 漢字の広場2

三年生で習った漢字を正しく読み、
夏の楽しみの絵からいろいろ想ぞうしよう

---

## 主体的・対話的で深い学び

・まずは，絵を見て想像したことを出し合わせる。「何をしているかな」との問いに，児童は予想を超えた想像力豊かな発言をすることもある。どれも面白い意見であることを認め，学びに向かう力として捉えたい。児童は，夏休みにこんなことがしたい，どんなことをしようと想像するだけでも楽しくなってきて，積極的に学ぶことができるだろう。

・「族」「旅」「遊」の字はどうして似ているのかなどに着目してみると，漢字への興味を惹くことが期待できる。

### 準備物

・漢字カード　ＤＶＤ 収録【4_13_01】

・教科書P66の挿絵の拡大コピー
　（黒板掲示用イラスト　ＤＶＤ 収録【4_13_02】）

・国語辞典

---

## 3 想像する 交流する　夏の楽しみの絵から想像したことを話し合おう。

　5つの場面に分けて，いろいろ想像を膨らませて2人組で出し合ったことを全体で発表させる。

「海で泳いでいる絵から，どんな想像をしましたか。」
　・海で泳ぐと，波があるから息つぎが大変そうです。
　・暑い中で，とても長い距離を泳いでいるのかな？

自由研究の絵からどんなことが想像できますか。

豆を植えて，温度と成長の関係を調べているようです。

夏休みの宿題で，2学期になったら発表するのかな。

「他の絵はどうですか。」
　・近所の人たちとバーベキューをしたのかな。平等に配っているのは，お母さんかな。
　・炭を使って鉄板で焼いたお肉は美味しいだろうね。
　・だから，全部味わって食べきったみたいだね。

---

## 4 書く 確かめる　漢字を正しく書こう。間違えやすい漢字を確かめよう。

次の時間に，ここに出ている漢字を使って文を作ります。正しく書けるように練習しましょう。特に，「緑」「鉄」「配る」の字や送り仮名に気をつけましょう。

間違って覚えていたな。正しい漢字を覚えよう。

　他に，間違えやすい漢字として「旅」，「族」の字がある。「⽅」の部分は「旗で家族が移動したり，旅行したりしている」と字源を教えてもよい。

　クラスの実態に合わせて，進め方は工夫できる。前回の「漢字の広場1」の指導のときから，まだ苦手なままの児童には，さらに丁寧に個別支援をしていく。

「正しい字を間違わずに書いて，覚えられましたか。」

　早くできた児童は，教師のチェックを受けてから困っている友達のサポートをさせてもよい。

**本時の目標**

教科書に提示されている3年生で習った漢字を正しく読み書きできる。

**授業のポイント**

「自分だったら」「その人になりきって」と考えさせる。既習漢字でも，漢字を間違えて書く児童がいると思って机間巡視する。言語指導なので，間違いは指摘する。

**本時の評価**

提示された漢字をできるだけ多く使い，文を書いている。

板書例

〈漢字カードの使い方〉 まず，イラストの上に漢字カードを貼っておきます。児童が使用したカードを

◇ それぞれの人になったつもりで文を書こう

〈例〉わたしは、夏休みに、家族で九州へ旅行に行きます。

・ぼくは、夏休みに、泳ぐ練習をします。太陽の日ざしが暑くても、波があってもうまく息つぎできるようになるまでがんばります。

・わたしは、夏休みの自由研究で、豆の育ち方を調べます。

〈旅のしおりのように〉
・旅行二日目。わたしは、夏祭りで有名人の歌を聞き、かき氷を食べる予定です。

◇ 作った文章を読み直そう

・漢字のまちがい
・主語と述語のつながり
・句読点「。」「、」「「」の使い方
・て、に、を、は　など

◇ 友だちの文章を読み合おう

※児童の作った文を板書する。

---

## 1 読む 確かめる　これまで習った漢字を読もう。

漢字はもう読めるかな。みんなで確認しましょう。

にもつ　しゅっぱつ　かぞく　もつ

前時と同じように，指した字を読ませていく。列指名や，声をそろえて言う，読める漢字は立って読む，などをして，効率的に進める。読めない漢字が読めるようになった人から，立っている状態から席に座らせるのもよい。

既習漢字を新出漢字と同じように扱っていては，定着の成果は出にくくなる。間違えやすい部分を重点的にとりあげるなど，軽重をつける必要がある。

後半の時間確保のために，さっと進めていく。

---

## 2 作る 対話する　教科書の例文で文の作り方を確かめ，作ってみよう。

「今日は，この漢字や言葉を使って，文を作ります。教科書の例文を読みましょう。」

・わたしは，夏休みに，家族で九州に旅行に行きます。

「例の文には，教科書のどんな言葉が使われていますか。」

・「家族」「九州」「旅行」です。

・絵の女の子になったつもりで，文を作っているんだね。

このように「それぞれの人になったつもりで」夏の楽しみを文章に書きます。だれか考えられた人，発表してみてください。

ぼくは，夏休みに，海で泳ぐ練習をします。

わたしは，夏祭りで有名人が歌を歌うのを見に行きます。

「例文は1文ですが，1文でも2文でもいいですよ。教科書の言葉をできるだけたくさん使いましょう。」

何人か作った児童に発表させ，文の作り方を理解させる。

移動させると，使用していない残りの漢字がすぐに分かります。

め

## 漢字の広場 2

三年生の漢字を使って、
夏の楽しみを文章に書こう

※イラストの上に漢字カードを貼る。

---

### 🔍 主体的・対話的で深い学び

・自分が想像したことを文にできる楽しさの感じられる活動としたい。漢字や文のつながりなど机間指導で確認し，教師との対話によって，正しくはどう直せばよいか自分でできるだけ気がつくように支援していく。

・友達と見せ合う活動も積極的に取り組ませたい。付箋には，よかったところを書かせ，「どんなコメントを書くと，友達が喜ぶかな。」と声かけする。漢字の間違いや，文のつながりのおかしなところについては，友達にそっと伝えてあげるよう伝えておき，雰囲気よく学ばせる。

### 準備物

・漢字カード（第1時使用のもの）

・黒板掲示用イラスト（第1時使用のもの）

・国語辞典

・付箋

---

## 3 書く 読み直す　夏の楽しみの絵から想像して書いた文をノートに書こう。

絵の人になったつもりで，夏の楽しみを文に書きましょう。書くときは，主語と述語のつながりや，句読点に気をつけましょう。

旅のしおりのように書いてもいいですか。

いいですよ。1日目，2日目，などという言葉を使ってつなげるのもいいでしょう。

「なったつもりで」を忘れて書いている児童がいるかもしれない。机間巡視や全体で早めに確認する。

使い終わった漢字に○をつけておくと，どれだけの漢字を使って文が書けたかが分かることも伝えておく。

「ノートに書けたら，自分で間違いがないか読み直しましょう。」

ここがメインの活動になるので，時間を15分〜20分確保する。ある程度の時間で区切って，隣の人と書いた文章を読み合い，間違いなど確かめ合わせてもよい。

---

## 4 読む 交流する　みんなで文を読み合い，確認しよう。

「書けた文を何人かに発表してもらいます。どんなところが工夫されたかを考えながら聞きましょう。」

クラス全体で2〜3人に発表させる。

その後，ノートを自分の机の上に置き，「ノート博覧会」をする。友達の書いた文を読み，どこがよいか付箋や赤鉛筆でコメントを書き込ませるとよい。

友達が書いた文を見て回りましょう。

教科書の言葉もたくさん使って文が作れているね。

上手く日記風に書いてある。
1日目が海で，2日目がバーベキューのことだね。

読み終わった後に，どんな文にどんなコメントがあったか全体で交流し，お互いにできていたことや，参考になったことを確認する。

# 一つの花

全授業時間 7 時間

## ◉ 指導目標 ◉

・ 登場人物の気持ちの変化や性格，情景について，場面の移り変わりと結びつけて具体的に想像することができる。
・ 様子や行動，気持ちや性格を表す語句の量を増し，語彙を豊かにすることができる。
・ 登場人物の行動や気持ちなどについて，叙述を基に捉えることができる。
・ 文章を読んで理解されたことに基づいて，感想や考えをもつことができる。

## ◉ 指導にあたって ◉

### ① 教材について

　戦争の時代，食べ物はもちろんあらゆる物が乏しくなり，子どもにも「一つだけ…」としか言えなかったころの物語です。ごくふつうの人々の戦時下と戦後のくらし，また悲しみや願いが，ある一家族の姿を通して語られています。

　物語は，大きくはお父さんが出征するまでの戦中と，「それから十年の年月がすぎました」という戦後の二つの場面で構成されています。その間の十年は，読者の想像に任されています。その中で「一つだけ」というゆみ子の口癖は，お父さんが手渡した「一つの (コスモスの) 花」へ，そして「コスモスの (花の) トンネル」へと続いていることがイメージできます。お父さんの思いとも言える「一つの花」は，厳しいくらしの中での「一つの豊かさ，子への愛情，幸せ，希望…」を表しているようです。そして，それはゆみ子の十年後として描かれています。そこにお父さんは (戦死して?) いませんが，いっぱいのコスモスの花とともに，一日一日を，前を向いて生きようとする姿が読み取れます。これがこの物語の主題と言えるでしょう。ただ，「戦争は悲惨だ」「かわいそう」というだけの読み方にならないようにします。

　「場面の様子をくらべて読み，感想を書こう」という学習課題ですすめます。ですから，感想では戦時中の様子とも比べながら，十年後の場面をどう読むかが大切になります。場面ごとの人物の様子や行動，言葉に着目して読み進めます。

### ② 主体的・対話的で深い学びのために

　感想を書くという学習活動自体が，主体的な学びといえます。また，感想を友達と交流することは，対話的で深い学びとなります。友達の感想への共感とともに，見方や感じ方は異なることにも気づかせます。そこに，児童個々のくらしが反映しているからです。一方，感想を書く前提として，場面設定や人物の行動，会話の意味が読み取れていることが必要です。語り手の視点に立って読み，その場面を自分はどう見たのかを，書き留めさせておくのもよいでしょう。なお，戦後七十数年，戦争に関わる言葉や当時の様子については，教師からの説明が必要です。

## ◉ 評価規準 ◉

| 知識 及び 技能 | 様子や行動，気持ちや性格を表す語句の量を増し，語彙を豊かにしている。 |
|---|---|
| 思考力，判断力，表現力等 | ・「読むこと」において，登場人物の行動や気持ちなどについて，叙述を基に捉えている。<br>・「読むこと」において，登場人物の気持ちの変化や性格，情景について，場面の移り変わりと結び付けて具体的に想像している。<br>・「読むこと」において，文章を読んで理解したことに基づいて，感想や考えをもっている。 |
| 主体的に学習に取り組む態度 | 進んで登場人物の気持ちの変化や性格，情景について，場面の移り変わりと結び付けて具体的に想像し，学習課題に沿って，物語の感想を書こうとしている。 |

## ◉ 学習指導計画　全 7 時間 ◉

| 次 | 時 | 学習活動 | 指導上の留意点 |
|---|---|---|---|
| 1 | 1 | ・全文を読み，物語の概要を捉える。<br>・学習課題を聞き，初めの感想を書く。 | ・学習課題は『場面の様子を比べて読み，感想を書こう』とする。 |
| 2 | 2 | ・場面分けをして，1 の場面の設定を話し合い，戦争中のゆみ子のくらしを読み取る。 | ・『一つだけ…』がゆみ子の口癖であったこととそのわけを読み，話し合う。 |
| | 3 | ・ゆみ子の将来を心配しながらも，出征するお父さんと，見送るゆみ子たち家族の様子を読み取る。 | ・『高い高い』をするお父さんの姿や，何も分からず，「一つだけ」というゆみ子の姿を読む。 |
| | 4 | ・最後の別れに『一つの花』をゆみ子に渡したお父さんと，ゆみ子の姿を読み取る。 | ・『一つだけ…』が『一つの花』になったこと，ゆみ子が喜んだことに気づかせる。 |
| | 5 | ・『それから十年…』後のゆみ子の姿とくらしぶりを，それまでの時代と比べて読み，違いを話し合う。 | ・お父さんはいない。またくらしも豊かではないが，ゆみ子は元気に成長したこと，いっぱいのコスモスに気づかせる。 |
| 3 | 6 | ・全文を読み返し，十年後の場面には『一つだけ』という言葉が出てこない理由を考え，話し合う。<br>・学習課題に沿って感想文を書く。 | ・『場面の様子をくらべて読み…』という課題に沿って，お父さんの願いも考えながら，戦中と戦後の場面を読み比べさせる。<br>・『一つの花』の意味を考えさせる。 |
| | 7 | ・書いた感想を発表・交流する。<br>・学習を振り返り，まとめをする。 | ・教科書の『ふりかえろう』を参照する。<br>・戦争や平和に関わる読み物を紹介する。 |

📀 **収録（イラスト，画像）** ※本書 P149「準備物」欄に掲載しています。

# 一つの花

**本時の目標**

全文を読み通し，初めの感想を書くことができる。
学習課題を知る。

**授業のポイント**

初めて物語にふれる。初めは教師の上手な範読を聞かせる。次に，学習の基礎として正しく音読できるよう援助する。

**本時の評価**

全文を読み通し，初めの感想を書くことができている。
学習課題を捉えている。

板書例

〈題名読み〉題名には，作者の思いが込められています。作品を読む前に題名からどのようなお話

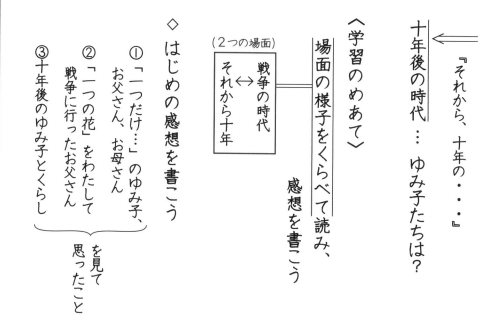

『それから，十年の・・・』

十年後の時代 … ゆみ子たちは？

〈学習のめあて〉

場面の様子をくらべて読み，感想を書こう

（2つの場面）

```
戦争の時代
それから十年
```
戦争の時代 ↔ それから十年

◇ はじめの感想を書こう

① 「一つだけ…」のゆみ子，お父さん，お母さん

② 「一つの花」をわたして戦争に行ったお父さん

③ 十年後のゆみ子とくらし

を見て思ったこと

---

## 1 つかむ 「一つの花」という物語を読み，学習しよう。

「これから『一つの花』という物語をみんなで読んで学習していきます。どんなお話なのか，初めの言葉を読みましょう。」（教科書 P67 をみんなで読む）

『戦争がはげしかったころの親子のお話』とあります。今から 70 年前，戦争をしていました。これまでにも，そんなころのお話を読んだことはありますか。

『ちいちゃんのかげおくり』を読みました。ちいちゃんが，死んでしまうお話でした。

「『一つの花』は，その頃（ちいちゃんのかげおくり）と同じ時代のお話です。」

「題名は『一つの花』です。題名をどう思いましたか。」

・「一つの花」って何の花なのかなと，思いました。

・「一つ」って何か変な感じ…。たった一つっていうことなのかなあ。大事なもの，特別な花なのかな？

## 2 聞く 音読する 全文の範読を聞き，音読をしよう。

では，『一つの花』を読みましょう。始めに先生が読みます。出てくる人は誰で，どんなお話なのでしょうか。一つの花，今西祐行。一つだけちょうだい，これが，…

まず，『一つの花』とはどんな物語なのかを，教師の範読で聞かせる。（約 7 分）

・「一つの花」とは，お父さんがゆみ子にあげた一つのコスモスの花でした。

「他にも，分かったことや思ったことがあったでしょう。今度は，自分で読んでみましょう。」

各自，音読させる。読みにくい児童の側について，援助する。読みがなをつけさせてもよい。

この後『配給』や空襲，また『いつ』『どこで』『どの国と』など，この戦争の概要を説明する。

なのか，想像を膨らませます。

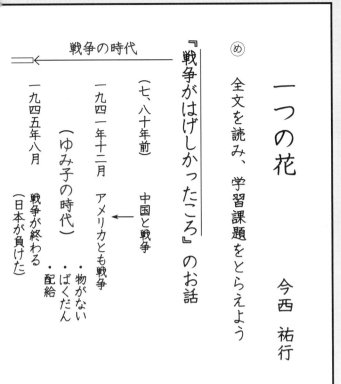

一つの花　今西　祐行

め　全文を読み、学習課題をとらえよう

『戦争がはげしかったころ』のお話

戦争の時代 ←――

（七、八十年前）　中国と戦争

一九四一年十二月　アメリカとも戦争
（ゆみ子の時代）
　・物がない
　・ばくだん
　・配給

一九四五年八月　戦争が終わる（日本が負けた）

## 主体的・対話的で深い学び

・お父さんが出征する場面などを読むと，実際その場に居合わせたようなつらい気持ちになる。そういう体験ができるのが，物語を読む意義でもある。中には，「そうか」「どうして?」「よかった」などと，独り言を言いながら読んでいる児童もいる。これは，読むことを通して主体的，能動的に問いかけ，物語と対話している姿でもある。このような自分の気持ちを出した（主体的な）読み方が，感想文を書くときにも大切になる。

### 準備物

・戦争のことを説明するための資料
（地図，当時の防空頭巾など実物があれば，また写真など）
・（できれば）原稿用紙
（ノートでもよいが，原稿用紙などに書かせて回収し，教師が目を通しておくと，今後の授業にいかすことができる）

## 3 聞く　　学習課題を捉えよう。

「出てくるのは誰で，どんなお話なのか分かったと思います。この『一つの花』で勉強をすることを確かめましょう。78ページ1行目を読みましょう。」
　・『場面の様子をくらべて読み，感想を書こう。』

「この『一つの花』は，大きく分けると2つの場面（時代）があったことは，分かりましたか?」
　・はい，戦争中と，その十年後です。
　・十年後，ゆみ子は，もう小学生になっています。
　・お父さんが，戦争に行く日の場面もありました。

『一つの花』の場面を大きく分けると，『お父さんが戦争に行くまでの場面』と，『その十年後，ゆみ子が大きくなったときの場面』になります。様子はずいぶん違いますね。このような場面の様子をくらべて，感想を書くのです。

十年後は，時代も違うし，ゆみ子も大きくなっている…。

## 4 書く　　はじめの感想を書こう。

「読むと，いろいろ思うことも出てきたでしょう。今の気持ち，はじめの感想を書いておきましょう。」

こんなことを考えて，書くといい…ということ（観点）を，いくつか挙げておきます。

① いつも「一つだけ」と言っていたゆみ子や，お父さん，お母さんを見て。
② 「一つのコスモスの花」をゆみ子に渡して，戦争に行ったお父さんを見て。
③ 十年後の（小学生になった）ゆみ子とくらしを見て。

　初発の感想は，教師にとっても児童の考えを知り，今後の授業の展開を考える上での参考になる。
　『はじめの感想』は，『何でもいい，心に残ったこと』でもよいが，いくつかの観点を示す方がよい。

　書けた児童から何人か発表させる。主には，次時の始めに読み合う。教師が目を通し，選んでおく。

**本時の目標**

『一つの花』の設定を捉え，戦争中のくらしぶりと，ゆみ子たち，人物の様子を読み取る。

**授業のポイント**

学習する内容が多い。効率よくすすめる。
戦争については，教師が随時説明を入れる。年代や期間，当時の言葉などを解説する。

**本時の評価**

『一つの花』の場面設定を捉えることができている。また，戦時中のゆみ子たちの暮らしぶりと様子を読み取っている。

〈時間の配分〉クラスの様子に照らして，ゆとりを持ってゆっくりすすめるなら，2時間扱いに

**板書例**

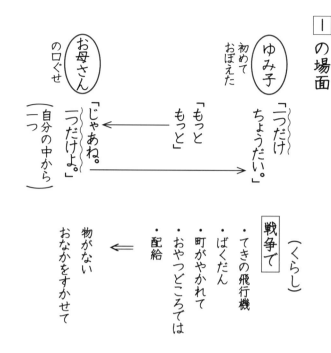

◇ ゆみ子とお母さんの様子を見て
　思ったことを書こう

**1 の場面**

ゆみ子
初めておぼえた
「一つだけちょうだい。」
「もっともっと」
「じゃあね。一つだけよ。」

お母さん
の口ぐせ
（自分の中から一つ）

（くらし）

**戦争で**
・てきの飛行機
・ばくだん
・町がやかれて
・おやつどころでは
・配給
→ 物がない
　おなかをすかせて

---

## 1 発表する読む　初めの感想を発表し，聞き合おう。全文を通読し，場面分けを考えよう。

前時に書いた初めの感想から選んでおき，何人かに発表させる。いくつかをプリントしておき，読み合うのもよい。友達の多様な考えを知り合わせる。

「『一つの花』を音読しましょう。いくつの場面があるのか，また場所や出てくる人物も確かめましょう。」

斉読や一人読みなどで，場面を意識させる。

場面は，いくつに分かれていましたか。確かめましょう。まず，1つ目の場面は，どこまででしょうか。

『…覚えてしまったのです』までです。

1行空いています。

【場面分け】 ※第2場面は，2つか3つに分けてもよい。

第1場面　戦争中のくらしと，ゆみ子の口癖

第2場面　① 「なんてかわいそうな子…」から

　　　　　② それから，まもなく…

　　　　　③ ところが，いよいよ汽車が…

第3場面　それから，十年の年月が…

---

## 2 対話する確かめる　いつ，場所，人物など，各場面の設定を話し合おう。

教科書P78『学習』を読み合い，手引きとする。

3つの場面について，いつ，どこ，出てくる人物，出来事など，場面ごとに整理してみましょう。

第1と，第2の場面は，戦争中の時代です。

第3の場面だけが，戦争の後の時代のことです。でも，季節は秋です。

「3つ目の場面だけが，時代が違うのですね。」

・それに，ゆみ子は大きくなっているし，お父さんもいない。場面が大きく変わっています。

「そうです。大きく2つの場面でできている物語です。まず，1つ目の場面（の設定）を確かめましょう。」

・時代は，戦争中の時代。場所はゆみ子の家です。

・人物は，2歳くらいのゆみ子とお母さん。

・食べるものがあまりなくて，おなかをすかせている。

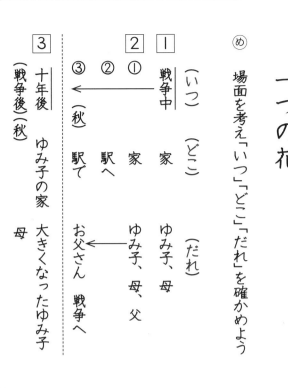

一つの花

め 場面を考え「いつ」「どこ」「だれ」を確かめよう

1 戦争中
　①
　（いつ）戦争中
　（どこ）家
　（だれ）ゆみ子、母

2
　②（秋）家へ　ゆみ子、母、父
　③（秋）駅で　お父さん ← 戦争へ
　　　駅へ

3 （戦争後）（秋）
　十年後　ゆみ子の家　大きくなったゆみ子　母

してもよいでしょう。

## 主体的・対話的で深い学び

・時間の終わりは，その場面を見て自分はどう思ったのか，書いて発表する時間としている。グループでもよいが，やはり『クラス，みんなで』学んだ，話し合ったという時間も大切にする。

・感想では，児童によって目の付けどころも出来事の捉え方も，感じ方も異なるだろう。中にはゆみ子の『一つだけ…』を『わがまま』と捉える児童もいるかもしれない。児童にもそれぞれのくらしがあり，それは感想にも表れる。そのような対話的な学びで，見方・感じ方も広がり深い学びとなる。

### 準備物

・戦争中のくらしが分かる資料など（地図，写真など）
　（児童の様子に応じて，適宜説明に使う）

## 3 読む 対話する　第1場面から，ゆみ子たちのくらしぶりを読もう。

　第1場面にならって，第2，第3の場面設定も確かめ合う。主に時代，場所，人物を中心に捉える。様子や出来事は，今後，場面ごとに読んでいく。

「まず，第1場面を読みましょう。ゆみ子とお母さんの様子やくらしぶりは，どう書いてあるのでしょうね。」（斉読，指名読みなど）

・戦争中は，お菓子なんてどこにもなかったんだなあ。

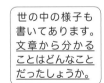

世の中の様子も書いてあります。文章から分かることはどんなことだったでしょうか。

『お米の代わりに…』と書いてあるので，お米がなかったことが分かります。びっくりしました。どうしてだろう。

『毎日…てきの飛行機が…』から，町が焼かれて，多くの人も死んだのだろうと思いました。怖いな。

　『…だの』や『そんな物は‥』『…といえば』などの心情的な表現も，時間に応じて取り上げる。

## 4 読む 対話する　ゆみ子とお母さんの様子を読もう。

ゆみ子とお母さんの様子も書かれています。様子が分かる文や言葉に線を引き，横に思ったことも書いて発表しましょう。

『一つだけちょうだい。これがゆみ子の…』の文からも，ゆみ子はいつもお腹をすかせて…

　『一つだけ…』は，子どもが初めて覚える言葉としては，ふつうではないことにも気づかせる。

「お母さんの様子は，どうでしょうか。」
・『自分の分から一つ…』から，お母さんは，精一杯ゆみ子を育てたい，食べさせてやりたい気持ちです。
・『一つだけ，一つだけ…』の口癖から，…。
　『…を読んで』など文を踏まえた発表をさせる。

「こんなゆみ子やお母さんの様子を見て，どう思いましたか，今の気持ちを書きましょう。」

　語り手の視点で書かせて，発表させる。

# 一つの花

## 第 3 時 （3/7）

**本時の目標**

2の場面の途中までを読み，高い高いをするお父さんの様子や，出征するお父さんを見送るゆみ子たちの様子を読み取る。

**授業のポイント**

お父さんの長い言葉（独白）は，詳しくは扱わない。『かわいそうな子』は，ゆみ子を不憫に思い，将来に希望を見いだせないでいる心情といえる。

**本時の評価**

お父さんとお母さんが，ゆみ子のことを話し合う様子や出征するお父さんを見送るゆみ子たちの様子を読み取っている。

**板書例**

②
それからまもなく，
お父さんも戦争に行か・な・け・れ・ば・な・ら・な・い・日

ゆみ子
「一つだけちょうだい。おじぎり，──」

みんな食べて

（遠い汽車の駅へ）　見送り

駅　軍歌

他にも（見送り）「ばんざい」

お母さん　ゆみ子　お父さん

ホームのはしの方で

戦争になんか行く人ではないかのように

さいごかも？ ＝ 別れ

◇
ゆみ子たち家族の様子を見て思ったことを書こう

---

## 1 振り返る 音読する

**1の場面の感想を発表しよう。**
**2の場面を音読しよう。**

「1の場面について書いた感想を発表して，聞き合いましょう。」（教師が発表者を決めておく）

本時までに1枚文集にしておき，読み合ってもよい。前時の振り返りは，このような感想発表の形で行う。

「今日は，2の場面を読みます。お父さんも出てきます。ゆみ子をどう思っているのでしょうか。」
（まず，P71『高い高いするのでした。』まで音読）
・家でゆみ子の『一つだけ…』のことを話しています。

お母さん，お父さんの言葉を読んでみましょう。

お父さんは，『どんな子に…』と，ゆみ子の『一生』を心配しています。

『一つだけ』とほしがるゆみ子を，お母さんは，『なんてかわいそうな子…』と，言っています。きっと，お母さんも悲しかったと思います。

## 2 読む 対話する

**2の場面①　お父さんとお母さんのゆみ子への思いを読もう。**

お父さん，お母さんは，ゆみ子を『かわいそうな子』と思ってはいるがどうしてやれない。音読と話し合いを通して，その様子や思いに気づかせる。

お父さんの様子としたことが書いてあるところに線を引いて，分かることをメモしましょう。

『深いため息を…』から，お父さんの気持ちが分かる。

『そんなとき…』『めちゃくちゃに高い高い』からも，お父さんのつらさが分かる。

「『めちゃくちゃに高い高い』をしたお父さんを，どう思いましたか。気持ちも想像してみましょう。」
・ゆみ子をとても大事に思っています。かわいいと…。
・でも何もしてやれない。だから『高い高い』をした。

「お母さんとお父さんの言葉を読んで，また様子を見て，思ったことを書きましょう。」（書いて発表）

扱いにしてもよいでしょう。

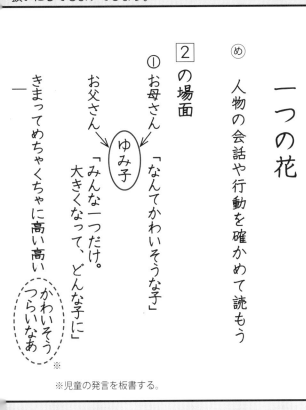

一つの花

め 人物の会話や行動を確かめて読もう

2 の場面
① お母さん → ゆみ子 「なんてかわいそうな子」
お父さん → ゆみ子 「みんな一つだけ。大きくなって、どんな子に」
— きまってめちゃくちゃに高い高い

（かわいそう つらいなあ）※

※児童の発言を板書する。

## 主体的・対話的で深い学び

・出征することになったお父さん，見送るお母さんとゆみ子。これが，最後の別れになるかもしれないのに，ゆみ子はそのことがよく分かっていない。気持ちはもっぱらおにぎりに向いている。このときの，お父さんお母さんの心の中は分からない。しかし，その様子から，想像はできる。親子の姿は，語り手の目で描写されている。それを見て，自分はどう思ったのかを，対話的な学びとして交流する。

準備物

## 3 読む　2の場面②　お父さんが出征する場面を読もう。

「このあと，ゆみ子の一家に大きなできごとが起こります。それは，何でしょう。」
　・お父さんが，戦争に行くことになったことです。

「では，続きを読みましょう。」
　『それからまもなく，』から『…いく人ではないかのように。』までを，みんなで読む。

場面が変わりましたね。家ではありません。まず，書かれているのは，いつ，どこでのことなのでしょうか。

『それからまもなく…』です。『高い高い』をしたときからすぐのこと。

場所は，お父さんを見送るまでの道と，駅です。

　　出征の様子，服装，持ち物，かばんの中身，軍歌など，分かりにくいところは簡潔に説明，解説する。
　　また，ゆみ子の関心事は，お父さんではなく，もっぱら『食べること』だったと気づかせる。

## 4 読む　駅のプラットホームでの書く　ゆみ子たちの様子を読もう。

「駅での様子は，どうだったのでしょう。『駅には…』から後を読みましょう。」（音読　また指名読み）
　　『他にも戦争に行く人』『人ごみ』『ばんざい』などは，P72の挿絵も押さえながら，その場面を想像させる。

ゆみ子の家族は，駅のどこにいますか。（板書の図を指す）『万歳』や，『勇ましい軍歌』と比べてどうでしょうか。

駅のホームの，はしっこの方です。

大勢の人たちとは，離れたところにいます。

ゆみ子の家族，なんとなくさびしそう…。

「そのお父さんの様子はどう書かれていますか。」
　・『まるで，戦争になんか…』

「このときのゆみ子の家族を見て，思ったことを書きましょう。」

　　書いた感想を発表し，聞き合う。

# 一つの花

**本時の目標**

お父さんが，別れ際にゆみ子に『一つの花』を渡したときの様子を読み取る。

**授業のポイント**

『一つの花』を渡したときのお父さんの言葉や様子と，ゆみ子の喜びようを文に即して読み取らせる。その理由は問わなくてよい。

**本時の評価**

お父さんが，別れ際にゆみ子に『一つの花』を渡したときの様子を読み取っている。

〈話し合い〉お父さんの言葉からどんなことを考えながら言ったのか，ゆみ子に対する思いや願い

**板書例**

◇お父さんとゆみ子の様子を見て思ったことを書こう

〈お父さん〉
ぷいと・・・
コスモスの花を見つけた
→
「ゆみ。さあ，一つだけあげよう。
一つだけのお花、大事にするんだよう。」
※
ホームのはしっぽ ※

〈ゆみ子〉
キャッキャッと足をばたつかせてよろこび・・・
（おにぎりではないのに）
↓
〈お父さん〉
にっこりわらうと何も言わずに・・・
一つの花を見つめながら——。

※花のイラストを貼付し，動かす。

---

## 1 振り返る・発表する  2の場面前半の①②を音読し，前時の感想を発表，交流しよう。

「第2の場面を初めから読んで，人物の様子や出来事を振り返りましょう。」（音読）

・お父さんが戦争に行くのを，見送る場面でした。

> 練習の意味でも，音読の機会を設ける。一人読み，斉読の他，指名読みなど多様なやり方で音読させる。

前の場面で書いた『見て思ったこと』を発表しましょう。

ゆみ子は，お父さんが戦争に行くことが，全然分かっていないと思います。そこがよけいかわいそうでした。

他に見送りの人がいないなんて，どうしてだろうと思った。

> ここで，前時に書いた感想を発表し合う。（短時間）
> 前もって目を通しておき，いろいろな考えや思いを知り合わせる。そのため指名して読ませるのもよい。

---

## 2 読む・対話する  2の場面の後半の③『一つの花』の場面を読もう。

「いよいよ，お父さんが汽車に乗って行ってしまう場面です。どんなことが起こるのでしょうか？今日学習するところを音読しましょう。」（P74 L2 – P75 を音読）

『ところが，いよいよ汽車が…』の文をもう一度読みましょう。『汽車が入ってくる…』ということは？どういうことですか。

お父さんが，もう行ってしまうということです。お別れです。

戦争に行くのだから，二度と帰ってこないかも…。

「そのとき，起こったことが何かというと？」

・ゆみ子の『一つだけちょうだい』が始まりました。

「どんな気持ちになりますか。」

・なんでこんなときになってぐずるの，という気持ち。
・やめて，何とか機嫌を直して…という気持ち。
・お母さんは，もう泣きたい気持ちだったかも…。

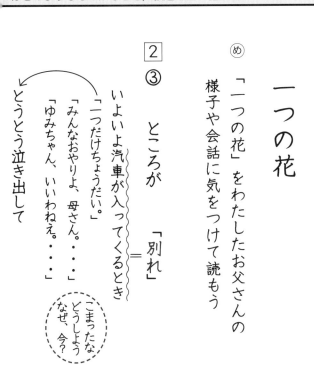

## 一つの花

め 「一つの花」をわたしたお父さんの様子や会話に気をつけて読もう

② ③ ところが 「別れ」＝

いよいよ汽車が入ってくるとき

「一つだけちょうだい。」
「みんなおやりよ、母さん。・・・」
「ゆみちゃん、いいわねえ。・・・」

（こまったな、どうしよう、なぜ、今？）

とうとう泣き出して

---

### 主体的・対話的で深い学び

・「なぜ，お父さんはゆみ子にコスモスの花を渡したのか。」また，「なぜ，ゆみ子は喜んだのか…」などと，「なぜ」「どうして」という聞き方，問い方（発問?）がよくされる。しかし，この問い方では，お父さんやゆみ子に聞かなければ分からないことになってしまう。内心「困ったな」と思う児童もいるだろう。「なぜ」「どうして」は，手軽な問いの言葉だけに，つい使ってしまう。「なぜ」と問わない『発問の言葉』を考えたい。

### 準備物

・（あれば）実物のコスモスの花。
　または，黒板に貼付できるコスモスのイラスト
　（黒板掲示用イラスト DVD 収録【4_14_01】）

・参考画像「コスモス」
　DVD 収録【4_14_02】）

---

## 3 読む 対話する　お父さん，お母さんがゆみ子にしたことを読もう。

「そこで，ゆみ子の『一つだけ…』を見た，お父さん，お母さんがしたことは，どう書いてありますか。そこを読んでください。」

お父さんは，『（おにぎりを）みんなおやりよ』といいました。(多分) 自分の分なのに…優しいです。

お母さんは，『ゆみちゃん，いいわねえ…』などと言っています。何とか気をそらせて機嫌をとっているのだと思います。

何とかなだめようと，あやしています。

「それでもゆみ子は…と，いうと？」
　・『ゆみ子は，とうとう泣き出してしまいました。』
「そこでお父さんのしたことは？読んでみましょう。」

　　線を引かせる。『ぷいと…』『忘れられたように…』『コスモスの花が…』と，語り手の視点で書かれている。

---

## 4 読む 書く　「一つの花」をゆみ子にあげたお父さんとゆみ子の様子を読もう。

「コスモスの花を見つけたお父さんの言葉を読みましょう。別れが来たお父さんの言葉です。」
　　お父さんの思いを込めて，音読。数人に指名。

その結果，どうなったのか，読みましょう。まず，ゆみ子は？

花をもらって　ゆみ子は喜びました。キャッキャッと足まで，ばたつかせて…。

お父さんもお母さんも，ほっとしたと思います。

「お父さんの様子は，どう書いてありますか。」
　・『にっこり…』『何も言わずに…』『一つの花を見つめながら…』（戦争に）行ってしまいました。
　・お父さんは「よかったな」という気持ちかなあ？

「この場面を見て，みなさんは今どんな気持ちでしょう？思ったことを書いて話し合いましょう。」

　　思ったこと感じたことを書き，発表させる。

**本時の目標**

『それから十年』後の，ゆみ子の家族の様子を読み，それまでとの違いを読み取ることができる。

**授業のポイント**

十年後の暮らしでは，お父さんがいないという負の面とともに，『いっぱいのコスモス』に象徴される，成長や明るさ，健気さなどの面を捉えさせる。

**本時の評価**

『それから十年』後の，ゆみ子の家族の様子を読み，それまでとの違いを読み取ることができている。

**板書例**

〈読む〉この場面に作者はどのような思いを込めたのかを考えるとよいでしょう。十年後の場面，

くらしは？

（十年前とくらべて）お父さんはいないけれど――

○とんとんぶきの小さな家（でも）

○コスモスの花でいっぱいに（中から）

○ミシンの音＝仕事？

「お肉とお魚とどっちがいいの。」… 選べる　←→　「一つだけ」

買い物かごをさげたゆみ子
・スキップしながら
・コスモスのトンネルを…
・小さなお母さんになって

◇ 書いてみよう
それから十年のゆみ子（たち）を見て
思ったこと・言いたいことについて

---

## 1 読む／対話する　第 3 の場面の設定を話し合い，ゆみ子のくらしの様子を読もう。

「今日は，3つ目の場面を読みます。『それから，十年の年月がすぎました。』（いったん止まって）この『それから』とは，いつからのことなのですか。」

・お父さんと駅で別れてからの，十年後です。
・『一つの花』をもらって別れてから，十年後です。

「では，続きを読みましょう。」（範読，一人読み）

十年後は，どのような様子でしょうか。場所はどこですか？戦争はどうなった？出てくる人物は誰ですか。

ゆみ子の家（の見えるところ）です。

大きくなったゆみ子が出てきます。

お母さんは家の中にいるみたいです。

戦争はすでに終わっていることなど，時代の変化を説明する。ゆみ子の家も，おそらくは空襲で焼けてトントン葺き（要説明）なのかもしれない。

## 2 読む／対話する　十年後の，ゆみ子の姿を読もう。

この場面も，語り手が眺める視点で語られている。

ゆみ子のお家やくらしの様子は，どう書いてありますか。分かることを，書いて発表しましょう。

お家は，小さなとんとんぶきの家です。

でも，今は『コスモスでいっぱい』です。十年前と同じで，季節は今，秋ですが，前は『一つの花』でした。

箇条書きなどで簡単に書かせる。想像も入ってよい。なお，このコスモスをお父さんがくれたコスモス（が増えた）と，考える児童もいる。

「ゆみ子の様子も，十年前と比べてみましょう。」

・ゆみ子は，お昼を作れるくらい大きくなっています。十年後だから小学校の 5，6 年生かな。
・『スキップを…』から，ゆみ子はとても元気そう。それに，コスモスのトンネルをくぐって楽しそう。

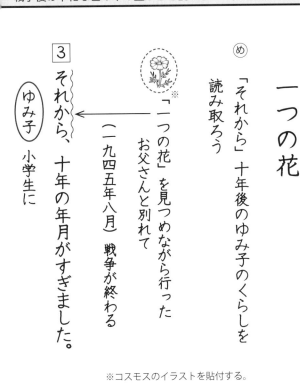

③

ゆみ子　小学生に

それから、十年の年月がすぎました。

「一つの花」を見つめながら行った
お父さんと別れて
（一九四五年八月）戦争が終わる

「それから」十年後のゆみ子のくらしを
読み取ろう

※

一つの花

め

※コスモスのイラストを貼付する。

---

## 🔍 主体的・対話的で深い学び

・この『ゆみ子たちの十年後』の場面をどう読むか，人によっても様々だろう。中には『この場面は，なくてもよいのではないか?』という考えもあるかもしれない。一方，『この場面こそ，作者が語りたかったことだ。なくてはならない場面だ。』という人もいよう。

・前の場面で，お父さんが見つめた『一つの花』（願い・希望）とつないで，児童にもこの場面をどう読むか，対話的で主体的な学習をすすめながら深めたい。

### 準備物

・コスモスのイラスト（第4時で使用したもの）

---

## 3 読む 対話する　家族のくらしの様子を読み，話し合おう。

お母さんの仕事などの暮らし向きも想像させる。

「くらしの様子が分かるところはありませんか。」

・お母さんは，ミシンをかけています。なんだか，忙しく縫い物の仕事をしているみたいです。

・『お肉とお魚とどっちが…』と聞いているので，もう食べるものには困っていないと思います。十年前の戦争のときは「一つだけ」でした。

では，十年前と比べて，大きな違いは?…といえば，何でしょうか。

だから，今はゆみ子とお母さんの二人暮らしです。前は三人だったのに。

今は，お父さんがいないことです。戦争で死んだのかもしれません。

簡単に，この十年のことを想像させるのもよい。

「この場面を，もう一度，読みましょう。」（音読）

---

## 4 書く 対話する　あれから十年後のゆみ子を見て，どう思ったのかを書こう。

「十年後のゆみ子とくらしの様子が書かれていました。それを見てどう思いましたか，書いてみましょう。」

お父さんは，『どんな子に育つだろう』と心配していたけれど，ゆみ子が明るく元気な子になっていてよかったです。…

でも，『お父さんの顔も覚えていない…』のはかわいそうでした。やっぱりお父さんもいてほしいな，と思いました。…

お父さんはいなくても，ゆみ子もお手伝いをしてがんばっている。コスモスの花もいっぱい。ゆみ子，がんばれ…と思いました。

「このお話には，大きく分けて戦争の時代とその十年後の2つの場面がありました。今，話し合ったようにくらしの様子も変わりました。次の時間は2つの『場面の様子をくらべて読み』感想を書きます。」

# 一つの花

## 第 6,7 時 （6,7/7）

### 本時の目標
戦争中とその十年後の場面を比べて読み，感想を書いて交流することができる。
学習の振り返りができる。

### 授業のポイント
6時目の感想を書く時間を確保する。また，書きにくい児童には，個別の援助をする。
感想は，まず自由に書かせる。

### 本時の評価
戦争中とその十年後の場面を比べて読み，感想を書いて交流している。
学習の振り返りをしている。

**板書例**

〈読書〉今もテロや戦争など，世界には恐怖に怯えながら生活する人々がいます。だれもが平和に

◇ ふりかえろう

◇ 感想を発表して聞き合おう
・ゆみ子の様子を見て

◇ 「一つの花」について
・「一つの花」について

◇ 感想を書こう

成長したゆみ子のすがた
「いっぱいのコスモス」に

一つの花　花とは
（お父さんの願い？）
（一つの幸せ？）大切なもの ※

← 一つの花

○ コスモスの花でいっぱいに　十年後
○ コスモスのトンネルを
・幸せ
・平和
・一つでない
・生きる
○ 小さなお母さんになって

※児童の発言を板書する。

---

### （第6時）

## 1 読む・対話する　学習課題を確かめ，物語を読み直そう。

「学習課題は，『場面の様子をくらべて読み，感想を書こう』でした。また78ページの『見通し』のところに，『くり返し使われている言葉に着目して，…』とあります。この2つを考えて，読み返しましょう。」

　　2つの課題を板書し，全文を斉読か一人読みさせる。

「まず，『くり返し使われている言葉』とは，何だと思いましたか。」
・やっぱり『一つだけ（ちょうだい）』だと思います。

この『一つだけ…』という言葉は，最後の場面には出てきていません。2つの場面を比べて読んで，その理由を考えましょう。どうしてでしょう？

ゆみ子が，『…お肉とお魚とどっちが…』と聞いているように『一つだけ』と言わなくてよい時代になったからだと思います。選べるくらいに…。

それは，やっぱり戦争が終わったから。

コスモスもいっぱい，『一つだけ』じゃないから。

## 2 対話する・書く　場面の様子を比べて読んだ感想を書こう。

「この『一つだけ』という言葉とよく似た言葉もありました。何でしょうか。」
・お父さんがゆみ子にあげた『一つの花』です。
・題名と同じです。どちらも『一つ』です。」

この『一つだけ…』と『一つの花』は似ていますが，違うところはありますか。

ゆみ子の『一つだけ』は『ちょうだい』でした。でも『一つの花』は，ちょうだいではありません。

『一つだけ』は，食べ物です。花とは違う。食べ物ではないのに，ゆみ子が喜んだところが…。

「では，2つの場面（戦中と十年後）を比べて読んだ感想を書きましょう。今，いちばん心に残っている場面を中心にして書きましょう。」

　　教科書P79の『感想の例』をもとに，書き方を説明する。『学習』の内容はかなり高度で難しい。解説が必要。

くらせる世界を願った本から，戦争と平和について考えます。

一つの花

め　場面の様子をくらべて読み、感想を書こう
感想を読み、聞き合おう

〈くり返し使われている言葉〉

「一つだけ」←「一つの花」

「一つの花」＝題名

「一つ」　十年後の場面にはない

コスモス
—— 花によろこんだゆみ子は？

---

##  主体的・対話的で深い学び

- ここでは『場面の様子をくらべて読み，感想文を書こう』という課題になっている。しかし，児童の思う『感想』は様々であり，指導者の思うような感想はなかなか書いてくれない。ねらいとは別の，思わぬところに心を寄せていたりもする。児童のよいところであり，おもしろいところでもある。
- たとえ，学習課題に沿った感想でなくとも，読んで思っていることを交流することは，対話的な学びになる。

### 準備物

- 「この本，読もう」に紹介されている本
（図書室で借りておき，見せる。時間があれば読み聞かせをする）

---

## 3 発表する 交流する （第7時） 場面を比べて読んだ感想を発表し合い，交流しよう。

「書いた感想を，発表しましょう。」

> お父さんとゆみ子たちが別れる場面が，いちばん心に残りました。お父さんは『一つの花』に喜んだゆみ子を見て，『一つだけちょうだい』のゆみ子ではないことが分かったのだと思います。だから，『にっこり』とわらって，別れたのだと思いました。それは，十年後のゆみ子の姿に…

- 十年後，お父さんがいなくてもがんばっているゆみ子（の姿）に感動しました。それは…十年前には…
- お父さんがあげた『一つの花』が，コスモスのトンネルになったみたいで，いいなと思いました。

　前もって教師が読んでおき，発表させる感想文は選んでおく。発表の仕方は，クラスの実情に応じて，グループでの読み合い，全体での発表・交流など。
　どこに心を寄せているのかを知り合い，伝え合う。

---

## 4 まとめ 振り返る 心に残った場面を振り返ろう。学習のまとめをしよう。

> 題名の『一つの花』には，どんな気持ちや願いが込められているのでしょうか。

> たった『一つの花』だけど，とても大事なものという意味だと思いました。

> 一つの『幸せ』とか，『元気に育って』という，ゆみ子への『願い』が『一つの花』だと思いました。

「『ふりかえろう』を読みましょう。特に心に残った会話や人物の行動，様子はどんなことでしょうか。」

- 『一つだけちょうだい』という，ゆみ子の言葉です。
- でも，十年後，ゆみ子はもう言いませんでした。十年後のゆみ子の姿がいい。応援したいです。
- お父さんが『一つの花』を見つめて別れた場面と，十年後のゆみ子とコスモスが心に残っています。

　『この本，読もう』に紹介されている本を紹介し，戦争や平和について考えることを呼びかける。

一つの花　153

# つなぎ言葉のはたらきを知ろう

## ◉ 指導目標 ◉

・接続する語句の役割について理解することができる。
・接続する語句の役割を積極的に理解し，これまでの学習や経験をいかして，接続する語句を使い分けることができる。
・つなぎ言葉（接続詞）を使って，文を書くことができる。

## ◉ 指導にあたって ◉

### ① 教材について

　「だから」や「しかし」のような言葉を「つなぎ言葉（接続語）」と言います。つなぎ言葉は，ただ文と文とをつなぐというだけでなく，前の文と後の文との関係を表すはたらきをしています。たとえば，「しかし」があると，その後ろには前の文の内容とは逆になるような文が続く（逆接）ことが分かります。文と文の関係がつかめるのです。また，つなぎ言葉を使うことによって考えが明確になり，文意も伝わりやすくなります。考えを進める上でも，大切なはたらきをする言葉です。

　本単元では，このようなつなぎ言葉（接続語）の働きと使い方について学習します。つなぎ言葉は，「だから」や「しかし」の他にも，「また」や「そして」「つまり」などいろんな言葉があり，使う文脈も異なります。これらのよく使うつなぎ言葉については，教科書でも説明されていますが，文例も使った教師からの説明も必要でしょう。そして例文に多くふれたり，つなぎ言葉を使った文を作ったりすることを通して，そのはたらきとともに使う場面や使い方に気づかせるようにします。

### ② 主体的・対話的で深い学びのために

　わたしたちは言葉を使ってものごとを考え，また考えをすすめています。つまり，思考力は言葉の力に支えられています。特につなぎ言葉は，論理的に考えたり意見を述べたりするときに，重要な役割を果たしています。ですから，このようなつなぎ言葉を使って文章を書いたり，対話したりすることは，言葉の力とともに思考力や表現力を高める上でも大切なことです。

　4年生頃からは，意見を述べるときも，「それは，…」「なぜなら…」などのつなぎ言葉を使って，その理由を述べることもできてきます。国語科に限らず他の教科でも，これらのつなぎ言葉を意識的に使うことをすすめ，使えるように指導します。特に，意見を述べる場面の多い主体的で対話的な学習では，「だから」「つまり」などのような，つなぎ言葉を使った発言をほめ，広げるようにするとよいでしょう。

## ◉ 評価規準 ◉

| 知識 及び 技能 | 接続する語句の役割について，理解している。 |
|---|---|
| 主体的に学習に取り組む態度 | 接続する語句の役割を積極的に理解し，これまでの学習や経験をいかして，接続する語句を使い分けようとしている。 |

## ◉ 学習指導計画　　全2時間 ◉

| 次 | 時 | 学習活動 | 指導上の留意点 |
|---|---|---|---|
| 1 | 1 | ・例文を読み，「だから」と「しかし」のどちらが入るのかを考える。<br>・表を見て，「だから」などの他にもいろいろなつなぎ言葉があることを話し合う。<br>・教科書P83の問題①を見て，問題の文の，後に続くつなぎ言葉と文を考えて書く。 | ・「だから」や「しかし」のような言葉を，「つなぎ言葉」ということを知らせる。<br>・文と文の関係によって，使うつなぎ言葉も違っていることに気づかせる。<br>・つなぎ言葉一覧表も参考にさせる。 |
| | 2 | ・P83の問題①で作った文を発表し，つなぎ言葉がうまく使えているかどうか，話し合う。<br>・つなぎ言葉を使った文を作り，発表，交流する。<br>・つなぎ言葉によって，気持ちも表せることを話し合う。<br>・学習のまとめをする。 | ・使えるつなぎ言葉は1つではなく，後の文によって複数あることに気づかせる。<br>・友だちの作った文を聞き合い，多様なつなぎ言葉の使い方を知り合わせる。<br>・教科書の②の問題を考え，「だから」と「しかし」を使ったときの気持ちの違いを話し合わせる。 |

🄳🅅🄳 収録（黒板掲示用カード，児童用ワークシート見本）

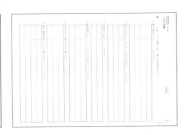

# つなぎ言葉の
# はたらきを知ろう
## 第 1 時 （1/2）

## 本時の目標
「だから」や「しかし」は，文と文をつなぐつなぎ言葉であることを知り，そのはたらきや使い方が分かる。

## 授業のポイント
「つなぎ言葉」は，教科書の説明だけでは分かりづらい。文例も挙げて教師が説明で補う。例文の音読を通して，つなぎ言葉の使い方を耳で捉えさせる。

## 本時の評価
「だから」や「しかし」は，文と文をつなぐつなぎ言葉であることを知り，そのはたらきや使い方が分かっている。

---

〈文づくり〉接続語を使って，文づくりをたくさん経験します。接続語の使い方に慣れ，正しく

**板書例**

〈練習問題１〉

① 明日は、晴れるらしい。〔　？　〕、──────。

〈いろいろなつなぎ言葉〉

(1) だから、それで
(2) しかし、ても
(3) また、そして
(4) それとも、または
(5) つまり、要するに
(6) では、さて

| つなぎ言葉 | … 文と文のつながり方を表す |

②
雨がふりそうだ。〔　　〕、かさを持っていかない。
↓
しかし
（前の文と反対のこと
予想されないこと）

---

## 1 導入 対話する　文と文の間の，〔　　〕に入る言葉を考えよう。

まだ教科書は開けないで，教科書 P81 ①の文「雨が降りそうだ。〔　　〕，かさを持っていく。」と黒板に文を書く。

「先生が黒板に２つの文を書きました。この文の間の〔　　〕には，どんな言葉が入ると思いますか。」

「ヒント。『だから』か『しかし』のどちらかです。」

- 「しかし」が入ると，「しかし，持っていかない…」となって，後ろの文とうまくつながらないよ。
- 雨が降りそうなら，傘を持っていくのは当たり前だから…『だから』を入れるとうまくつながります。

## 2 対話する 読む　文と文をつないでいる「つなぎ言葉」を知ろう。

教科書 P81 ②の２文を板書する。

「では，この文ではどうでしょう？」
- 今度は，〔しかし〕。雨が降りそうなら傘を持っていくものなのに，それと反対の文が後ろにあるから。

「初めの文が同じでも，後の文によって〔　　〕に入る言葉は違ってくるのですね。この『だから』や『しかし』は，前の文と後ろの文をつないでいるのです。このような言葉を『つなぎ言葉』と言います。」

教科書 P81 を読み，「だから」と「しかし」はどういうときに使うのか，はたらきを考えさせ，説明で補う。

使うことができるようにします。

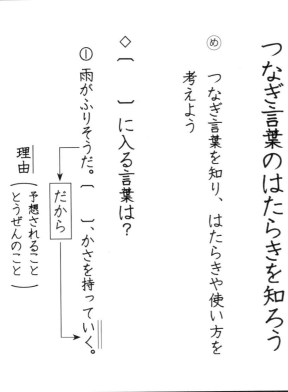

つなぎ言葉のはたらきを知ろう

め つなぎ言葉を知り、はたらきや使い方を
考えよう

◇ 〔 〕 に入る言葉は？

① 雨がふりそうだ。〔 　〕、かさを持っていく。

だから

理由（予想されること
とうぜんのこと）

## 主体的・対話的で深い学び

・教科書のつなぎ言葉の説明は，4年生には難しいところもある。
そこは，かみくだいて文例も挙げながら説明で分からせる。児童に
とって，説明やお話を聞くことは理解する上での大切な学習活動で
あり，先生との対話でもある。

・説明を聞いて，「『だから』というつなぎ言葉はこんなときに使う
のか…」などと自分と対話しているとき，それは十分対話的で主体
的な学びになっている。それは，つなぎ言葉を使った文を作る，話
すという主体的で深い学びへとつながっていく。

### 準備物

・例文を書いた掲示用短冊 　（板書してもよい）
・黒板掲示用カード「だから」「しかし」 DVD 収録【4_15_01】
・ワークシート（児童数）
　（児童用ワークシート見本 DVD 収録【4_15_02】)

---

## 3 対話する とらえる　いろいろなつなぎ言葉を知ろう。

　ここで，まとめ的に「だから」や「しかし」を使った文作
りや，問題作りを取り入れてもよい。

　『つなぎ言葉』は，『だから』
や『しかし』だけでしょうか。
他にもよく使っているつな
ぎ言葉は，ありませんか。

　『そして』とか，
『でも』『また』
もよく使います。

　『でも』は，『しかし』
の代わりにも使え
ます。

「教科書の P82 の表を見てみましょう。いろいろなつなぎ
言葉が，『はたらき別に』出ています。文章の例も出てい
ます。どんなつなぎ言葉がありますか。」
・「だから」と「しかし」もあります。
・「しかし」のところに，「でも」や「それで」も出てい
　ます。同じなかまなんだな，と思います。

　「はたらき」の説明とともに，例文を読みながら，いろい
ろなつなぎ言葉と，その使い方を分からせる。

---

## 4 書く　練習問題①　つなぎ言葉を考えて，文を書こう。

「いろいろなつなぎ言葉があることが分かりました。今度は
このようなつなぎ言葉を正しく使って，文を書いてみましょ
う。」（教科書 P83 上の問題 1）

「□に入るのはつなぎ言葉です。P82 の表も見てつなぎ言葉
を選び，後の文を考えて書きましょう。」

　まず①の問題をしま
しょう。書けたら，
『明日は，晴れるらし
い。』の続きを発表し
ましょう。

（だから），野球が
できそうだ。

（だから），かさは
持って出なくてよい。

（しかし），風は
強いそうだ。

　まず①の問題を全員で考え，つなぎ言葉は後に続く文の内
容と合っていなければならないことを確かめる。

　続いて残りの問題をさせる。1 つの課題で 2 つの文を作ら
せてもよい。つなぎ言葉が変われば，あとの文も変わってく
る。個別の指導もする。

　時間上，書いた文の発表は，次時に回してよい。

**本時の目標**
つなぎ言葉を使って，短い文を書くことができる。

**授業のポイント**
教科書 P82 の「つなぎ言葉一覧」の表は，児童数コピーして配布し，文作りで使わせる。文作りは，児童のくらしから材料を見つけさせたい。

**本時の評価**
つなぎ言葉を使って，短い文を書くことができている。

**板書例**

〈活用力〉つなぎ言葉をいつでも正確に使うことができるようにします。そのためには，文づくりを

④ 飲み物は，・・・ですか。
〔それとも〕〔あるいは〕〔または〕、──。

⑤ 休みの日は，・・・ます。
〔だから〕〔しかし〕〔また〕、──。

⑥ 昨日，・・・ました。
〔そして〕〔それで〕〔また〕〔しかし〕、──。

◇ つなぎ言葉を使って、文を作ろう

（例）
□□は、○○がすきです。
〔　　〕、──。

〈練習問題 ２〉
・徒競走のとき、必死で走った。
→〔だから〕、二着だった。（予想される）
→〔しかし〕、二着だった。（反対）

☆ つなぎ言葉は、気持ちをつたえる

## 1 発表する　①の問題の文に続く，つなぎ言葉と，後の文を発表しよう。

前時の教科書 P83 問題①で書いた②から⑥の課題について発表する。グループ内で，発表し合うこともできる。前時に終わっていれば，文作りに進める。

「問題②の文に続くつなぎ言葉と文を発表しましょう。」

「同じ文でも，いろんなつなぎ言葉が使えますね。」

聞き合い，明らかに間違ったつなぎ言葉の使い方や文については，「こうするといい」と教師が助言する。問題⑥まで，できれば全員１文ずつ，発表できるとよい。

## 2 書く　つなぎ言葉を使った短い文を書こう。

「では，このような『つなぎ言葉』を使って，２つの文をつないだ文を，自分でも考えてみましょう。」

まず，教師が見本を作ってみせるとよい。

児童が書きにくいようであれば，『□□は，○○が好きです。〔つなぎ言葉，〕…』などと，問題①にならって文型を例示してもよい。

「３つは作ってみましょう。つなぎ言葉は，82 ページの表の言葉を参考にします。また，『だから』と『しかし』を使った文は，必ず作ってみましょう。」

（国語辞典で「しかし」などをひくと，例文が載っている）

数多く経験することが大切です。

つなぎ言葉のはたらきを知ろう

め　つなぎ言葉を使って、文を作ってみよう

〈練習問題 １〉

②　村田さんは、・・・上手です。
〔だから〕、よく友だちにも教えています。
〔しかし〕、ピアノをひくのは得意ではありません。
〔また〕、ギターもひけるそうです。

③　全員・・・ね。
〔では〕〔でも〕、―――。

※児童の発表を板書する。

## 主体的・対話的で深い学び

・つなぎ言葉は、ふだんの会話ではあまり使っていないだろう。いわゆる「書き言葉」として、きちんと考えや気持ちを伝えたいときには必要になってくる言葉である。高学年になると、主体的・対話的な学習場面も多くなる。理由を述べたり（それは）、結論をまとめたり（つまり・だから）するとき、つなぎ言葉を使うと効果的に考えを伝えられることに気づかせたい。使うことにより、クラスの話し合いの質も高まる。また、学習のまとめを書くときも、つなぎ言葉を使わせると表現力が向上する。

### 準備物

・教科書 P82の「つなぎ言葉一覧」（児童数）
　※文作りの手がかりにさせてもよい。

・国語辞典

## 3 書く／交流する　つなぎ言葉を使った文を発表・交流しよう。

文作りに時間をかける。書けた文は、クラスに応じて以下のような方法で発表させる。

○　各自が１つの文を選んで、全員の前で発表。
○　グループ内で、各自が発表し合う。後で代表者が全員の前で発表。

うまくできたと思う文を、発表しましょう。

『和田さんは、カレーは好きですか。〔それとも〕ハンバーグが好きですか。』

『明日は野球の試合がある。〔だから〕今夜は、早く寝よう。』

つなぎ言葉の使い方で、おかしいところがあれば、耳で聞いて分かるだろう。教師がそれを説明する。
みんなで聞き合い、とくにおかしくなければ、拍手などで認め合い、ほめ合うようにする。

## 4 対話する／まとめ　問題②を考えよう。学習のまとめをしよう。

「つなぎ言葉を使うと、気持ちを表すこともできます。問題②を読んで、考えてみましょう。」

「まず〔だから〕を入れて、読んでみましょう。」
　・徒競走のとき、必死で走った。だから、２着だった。
「今度は、〔しかし〕を入れて読んでみましょう。」
　・徒競走のとき、必死で走った。しかし、２位だった。

「つなぎ言葉の前と後ろの文は同じです。〔だから〕と〔しかし〕を入れると、違いはあるのでしょうか。」

〔だから〕のときは、必死で走ったので、２着になれた。『うれしい』『がんばった』という気持ちが出ています。

〔しかし〕を入れると、必死で走ったのに２着にしかなれなかった。『くやしい』『残念』という気持ちが出ています。

教科書 P83『いかそう』を読み、発表や作文につなぎ言葉を使っていくことを話し合う。

# 短歌・俳句に親しもう（一）

## ● 指導目標 ●

・易しい文語調の短歌や俳句を音読したり暗唱したりするなどして，言葉の響きやリズムに親しむことができる。
・進んで言葉の響きやリズムに親しみ，これまでの学習をいかして，音読したり暗唱したりしようとすることができる。

## ● 指導にあたって ●

### ① 教材について

　　短歌３首と江戸時代の俳句３首を声に出して読みます。どれも，昔から人々の口に上ってきたものです。ここでは，１首，１句ずつていねいにその内容を読み取ることよりも，音読を通して口調のよさやリズムを感じ取らせる（体感させる）ことが，主な学習活動になります。また，好きになった短歌や俳句を暗唱しようと呼びかけます。いくつかのお気に入りの歌や句を覚えておくのもよいことです。

　　短歌（和歌）や俳句は，文字からその内容を読み取ることとともに，声に出して音の響きやリズムを味わうところに，鑑賞のおもしろさがあります。『石走る垂水の上の早蕨の…』という歌では，『の』の響きで，滝から早蕨へと視点が移っていっている（ズーム）様子が感じ取れます。五七や七五の調子（リズム）も，音声化を通して「いいなあ」と思えるもので，日本語の感覚を磨くことにもつながります。

　　一方，短歌や俳句には古語も多く，『石走る』『垂水』『早蕨』『錦』などの言葉は，児童にはほぼ分かりません。教科書には『大意』もありますが，補いも必要です。ここは，教師が言葉の意味や短歌，俳句の情景や心情を教えるのがよいでしょう。暗唱が好きな児童も多いのですが，ある程度の内容と情景の理解は必要です。

### ② 主体的・対話的で深い学びのために

　　45分で３首と３句を読み，味わうのはかなり難しいことです。ですから，軽重をつけて鑑賞し，音読するようにします。あるいは，２時間扱いにして，短歌と俳句を分けて取り上げるのも一方法です。暗唱の時間もゆっくりとれ，他の短歌や俳句も紹介できます。児童の実態に対応するのも，児童の主体性を大切にすることになります。それぞれの短歌，俳句についての感想の交流は，時間的に厳しいところですが，音読を聞き合うことも一つの対話であり交流だと言えます。

## ◉ 評価規準 ◉

| 知識 及び 技能 | 易しい文語調の短歌や俳句を音読したり暗唱したりなどして，言葉の響きやリズムに親しんでいる。 |
|---|---|
| 主体的に学習に取り組む態度 | 進んで言葉の響きやリズムに親しみ，これまでの学習をいかして，音読したり暗唱したりしようとしている。 |

## ◉ 学習指導計画　　全1時間 ◉

| 次 | 時 | 学習活動 | 指導上の留意点 |
|---|---|---|---|
| 1 | 1 | ・3つの短歌の意味の切れ目や，五七五七七の音数に気をつけて，声に出して読む。<br><br>・3つの俳句を，声に出して読む。<br><br>・気に入った短歌や俳句を発表し合い，音読したり暗唱したりする。 | ・音読は，教師のあとに続いて読むなどさせ，まずは正しい読み方ができるようにする。<br>・短歌や俳句の意味や内容については，教科書にある『大意』を活用するとともに，古語の意味や情景などは，教師の説明で補う。 |

※指導書では1時間扱いですが，ゆとりをもって進めるなら2時間扱いにして，短歌と俳句を分けて取り上げてもよいでしょう。
※それぞれの短歌や俳句の意味（時代背景・古語も）を確かめておきます。

# 短歌・俳句に親しもう（一）

## 第 1 時 （1/1）

### 本時の目標
短歌や俳句に詠まれている情景を思い浮かべ，そのリズムを感じ取りながら声に出して読むことができる。

### 授業のポイント
『先生の後について』『列ごとに』『全員で』など，いろいろな読み方をして音読の回数を増やす。全員が，一人ずつ読む場面も作りたい。

### 本時の評価
短歌や俳句に詠まれている情景を思い浮かべ，そのリズムを感じ取りながら声に出して読むことができている。

〈時間の配分〉ゆとりを持ってすすめるなら，短歌と俳句を分けて取り上げ，２時間扱いにしても

板書例

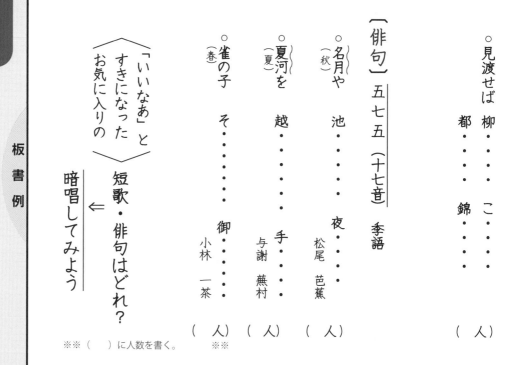

〔俳句〕 五七五（十七音） 季語

○見渡せば　柳・・・・こ・・・・
　都・・・・錦・・・・　　　　（　人）

○名月や（秋）　池・・・・・夜・・・・　松尾　芭蕉　（　人）

○夏河を（夏）　越・・・・・手・・・・　与謝　蕪村　（　人）

○雀の子（春）　そ・・・・・御・・・・　小林　一茶　（　人）

〈すきになった　お気に入りの〉「いいなあ」と

短歌・俳句はどれ？　←　暗唱してみよう

※※（　　）に人数を書く。　※※

---

## 1 振り返る
**めあて** 短歌や俳句について振り返ろう。めあてを聞こう。

「短歌と俳句を勉強します。短歌と俳句について振り返っておきましょう。」

これまで読んだり聞いたりして，知っている短歌や俳句はありませんか。

３年生のとき，勉強しました。

『古池や…』芭蕉の俳句です。

『あしびきの　山鳥の尾の…』お正月の百人一首の歌です。

「よく覚えていますね。いいことですよ。」
「短歌や俳句には，決まりがありましたね。」
　・短歌は，五七五七七の音数で作られていました。

　　俳句についても，音数や季語について振り返る。

「短歌が３首，俳句が３句，教科書に出ています。これを声に出して読む勉強をします。」

## 2 短歌を読む
**区切りを考え，声に出して読もう。**

「初めは，志貴皇子の歌（短歌）です。」

まず先生が１回読みます。そのあと区切って読んでいきますから，読む後について読んでいきましょう。

『石走る』，はい　　『石走る』
『垂水の上の』，はい　　『垂水の上の』

　　最後の『なりにけるかも』まで，読んでいく。
「今度は上の句と下の句に分けて，後について読みましょう。
　『石走る　垂水の上の　さわらびの』はい。」
　　下の句も同様に，教師の後について読む。
「今度は，１人で読んでみましょう。」（複数回読む）
　　続いて「みんなで声をそろえて」「列ごとに」音読。

「どんな場所や様子を歌っているのでしょう？」
　　『大意』を読み，『垂水』など言葉の説明もする。

　　同様に，あと２つの短歌も声に出して読む。

よいでしょう。

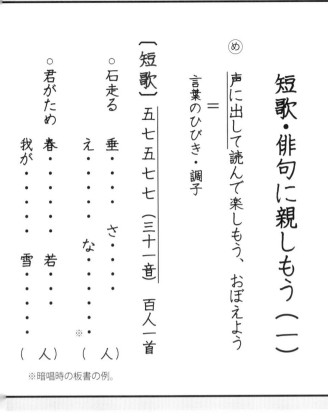

短歌・俳句に親しもう（一）

め ＝

声に出して読んで楽しもう、おぼえよう

言葉のひびき・調子

〔短歌〕　五七五七七　（三十一音）　百人一首

○石走る　　垂・・・・　さ・・・・　え・・・・　な・・・・　（　人　）

○君がため　春・・・・　我・・・・・・・・・・・・　若・・・・　雪・・・・・・・・・・・・　※　（　人　）

※暗唱時の板書の例。

## 主体的・対話的で深い学び

・授業の最後では，自分の好きになった短歌や俳句を発表し合う。そこに簡単な理由も添えると，『あの子も，わたしと同じこの歌が好きなのか』などと思いが通い合い，友達とのよい対話になる。また，百人一首でも，児童は（大人も）よく『お気に入り』の歌を持ち覚えている。このような歌や俳句の好みができるということも，一つの主体性の表れといえる。

・作品の深い意味や解釈については，今後の学習にもつづく。

### 準備物

・（あれば）短歌や俳句に出ているものの実物や画像
・（使うなら）音読CD，または音声データ

## 3 俳句を読む　俳句を音読し，大意を捉えよう。

「短歌の次に，３つの俳句を読んでみましょう。初めは，松尾芭蕉の俳句です。」

先生といっしょに読みましょう。
『名月や　池をめぐりて』はい
『名月や　池をめぐりて』
『夜もすがら』
『夜もすがら』

「全部通して読みますよ。」

　このように，口移しに読み方を教えたあと，1人で読ませたり，斉読や列ごとに音読させたりする。

「どんな様子を，俳句にしているのでしょう。解説（現代語訳・大意）を読みましょう。」
「今，どこにいて，何を見ているのでしょうか。」

　他の２つの俳句についても，音読し大意を説明する。昔の言葉や時代背景なども，簡単に説明する。

## 4 音読する　暗唱する　「いいなあ」と思った短歌や俳句を覚えてみよう。

　時間に応じて，CDなどの音読を聞かせるのもよい。

読んでみて，『いいなあ』『気に入った』と思った短歌や俳句はどれですか。
ぼくは『すずめの子…』やさしいなと思いました。
『石走る　垂水の上の…』がいいです。きれいな谷川の春が，目に浮かびます。

・わたしも『石走る』が好き。『萌え出づる』がいい…
　気に入った短歌，俳句に挙手させるのもよい。

「今度は，短歌，俳句の文字を見ないで読む練習です。」
　初めの１文字だけ残してあとを消す。（板書参照）
・できるかなあ…（全員で黒板を見て暗唱）

「『いいなあ』と思った短歌や俳句は，見ないで言えるように，覚えてしまいましょう。」（練習タイム）
　練習後，短歌や俳句ごとに暗唱する。多様なやり方で取り組ませるとよい。

# 〔じょうほう〕要約するとき

## ◉ 指導目標 ◉

- ・目的を意識して，中心となる語や文を見つけて要約することができる。
- ・考えとそれを支える理由や事例，全体と中心など情報と情報との関係について理解することができる。
- ・目的を意識して，中心となる語や文を積極的に見つけ，学習課題に沿って，文章を要約しようとすることができる。

## ◉ 指導にあたって ◉

### ① 教材について

　物語や説明文などの長い文章を，短くまとめることを要約する，といいます。ここでは，主に説明する文章や意見文を要約するやり方を学習します。もとの文章にもよりますが，どちらかというと，要約することが苦手な児童は多いようです。また，大人でも要旨を踏まえ，また制限字数内で要約することは難しいものです。あれもこれも大切…と，結局たいして短くはなっていない『要約』もあります。

　要約の出発点は，当然のことですがその文章が読めて，理解できていることです。意見文や説明文なら，筆者は何を言いたいのか，文章の骨格は何かがつかめていることです。また，意見と事例の部分を見分けることも必要です。要約するときは，ふつう事例は省くからです。このように，字数制限のある要約では，どの文を省き，どの文を残すのか，その判断には総合的な読みの力が関わってきます。

　裏を返せば，要約をすることは，語句の意味はもちろん筆者の主張は何かなど，文章をていねいに読み，要旨をつかむ練習にもなります。要約を通して，読み書き全般の力が高められます。要約する際に，もとの文章の重要な言葉や文をメモしておくのも一つの方法，技術です。ただ，要約は簡単には上達しません。機会を見つけて，文章を『短くまとめる』練習が必要です。

### ② 主体的・対話的で深い学びのために

　ここでは，『思いやりのデザイン』の文章を，人に説明するつもりで百字程度に要約します。どの文，どの言葉を残すかなど，要約はその児童なりの主体的な判断が表れる活動です。また，要約した文章は，児童の間で読み合えるようにします。対話的な学習活動です。友達の要約文を読むと，「自分はここを見落としていた」「ここは余分だった，省いた方がよい」などと，気づくところが出てきます。このような文章を読み合う対話によって，要約も少しずつうまくなります。要約の上達には，積み重ねや試行錯誤的な面もあるのです。

| 知識 及び 技能 | 考えとそれを支える理由や事例，全体と中心など情報と情報との関係について理解している。 |
|---|---|
| 思考力，判断力，表現力等 | 「読むこと」において，目的を意識して，中心となる語や文を見つけて要約している。 |
| 主体的に学習に取り組む態度 | 目的を意識して，中心となる語や文を積極的に見つけ，学習課題に沿って，文章を要約しようとしている。 |

◉ 学 習 指 導 計 画 　 全 2 時 間 ◉

| 次 | 時 | 学習活動 | 指導上の留意点 |
|---|---|---|---|
| 1 | 1 | ・要約が必要な場面について話し合い，本時のめあてを捉える。<br>・教科書の要約された文例をもとに，要約のしかたを考える。 | ・本などの内容を短くまとめて伝えるときに，要約が役立つことに気づかせる。<br>・説明的文章の『アップとルーズで伝える』をどう要約しているのか，話し合わせる。 |
| | 2 | ・説明文『思いやりのデザイン』を人に紹介するつもりで，100字程度の文章に要約する。<br><br>・友達の書いた要約した文章を読み，まとめ方の工夫などを学び合う。 | ・まず，もとの文章をていねいに読み，筆者の考えが書かれているところ（要点）に，線を引かせたりメモさせたりする。<br>・『どのように要約したのか』など，要約のやり方についても話し合わせる。 |

# 要約するとき

## 第 1,2 時 （1,2/2）

### 本時の目標
長い文章を短くまとめる要約の仕方が分かり，文章を要約することができる。

### 授業のポイント
『…デザイン』を要約する文章は，文字数オーバーになることが多い。書き直しの時間も見込んで書く時間を確保する。制限の字数を意識させる。

### 本時の評価
長い文章を短くまとめる要約の仕方が分かり，文章を要約することができている。

**板書例**

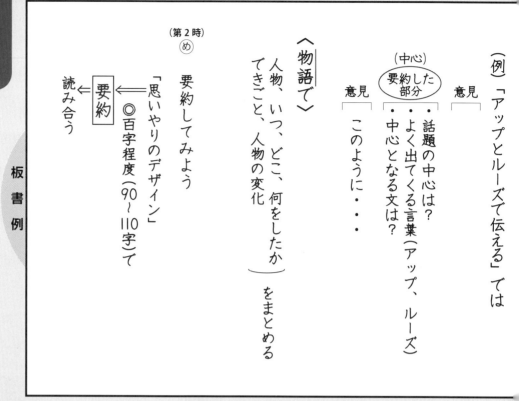

（第2時）
め　要約してみよう

「思いやりのデザイン」
◎百字程度（90〜110字）で

要約 ← 読み合う

〈物語で〉
人物、いつ、どこ、何をしたか
できごと、人物の変化
をまとめる

（例）「アップとルーズで伝える」では

（中心）
要約した部分
・話題の中心は？
・よく出てくる言葉（アップ、ルーズ）
・中心となる文は？

意見　このように・・・
意見

---

## 1 対話する つかむ
### （第1時）
**要約する場面について話し合い，本時のめあてを知ろう。**

「自分が読んだ本や聞いたお話を，簡単にまとめて人に伝えたり書いたりしたことはありませんか。」
・社会科見学でのお話を，簡単にまとめて書きました。
・テレビドラマを，簡単に友達に教えてあげました。

「このように，人に伝えるときには本などの元の内容を短くまとめなければならないことがあります。短くまとめることを『要約』と言います。今日は，この短くまとめて書く要約の仕方を勉強します。」

教科書86ページにも，『要約をするとき』の場面が出ています。どんな場面でしょうか。

前に習った『アップとルーズで伝える』の内容を，お父さんに紹介しようとしています。

こんなときに，短くまとめる『要約』が役に立ちそうです。

P86 下段も読み，要約する上で大事なことを確かめる。

## 2 対話する
**文例をもとにして要約の仕方を考え話し合おう。**

「文章が，意見文や説明文と物語では，要約の仕方も少し違います。まず，『アップとルーズで伝える』の文章ならどう要約するのか，読んでみましょう。」
P87 上段を斉読し，一人やグループでも何回か音読。
（この要約の文例は紹介する形で書かれている）

「3つのまとまりに分けて，書かれていますね。」
・はじめと終わりには，自分の意見を書いています。

真ん中（中）が『要約して書いた』中心の部分です。どんなことをまとめて書いていますか。

アップとルーズの写し方の違いを書いています。

アップとルーズで写したものの特徴をまとめています。

『2つを使い分けること』も書いています。

「この要約した部分には，何か抜けていませんか。」
・いません。アップとルーズのことがよく分かります。

P87 下段を読み，物語の要約の仕方についても考える。

## 要約するとき

**（第1時）め**

要約するときに大切なことを考えよう

《要約とは？》
もとの本、お話の内容
短くまとめて → 伝える

要約

人に説明、しょうかい

〈説明する文章・意見文で〉

---

## 🔍 主体的・対話的で深い学び

・説明的文章などを要約するには，まずもとの文章の要旨，つまり筆者の言いたいことを読み取らなければならないが，児童にはこのことが難しい。つい，あれもこれもと残す部分が多くなり，100字では収まらなくなる。それについて，ここでは，どの文を残せばよいのかなどを，友達の要約文を読み合うことを通して気づかせ，『よりよい要約』に近づくための一歩とする。また，これは文章を通して学び合う対話的な学びともなる。

### 準備物

・要約した文章を，100字程度で書くための用紙（一人3枚程度配布）
（マス目の用紙か，200字詰め原稿用紙など）

---

## 1 書く （第2時）
**「思いやりのデザイン」を要約して文に書こう。**

「では，『思いやりのデザイン』（既習）を，内容を知らない人に紹介するつもりで，100字程度に要約しましょう。」
　　100字程度とは，一応90字～110字とする。字数が分かるように原稿用紙などを配布。

「まず『思いやりのデザイン』を読み直しましょう。」

「ここは，筆者が言いたいことで大事なところだなと思ったところに線を引きましょう。」（メモでもよい）
　・『インフォグラフィックス』のことを書いています。
　・『相手の立場から考え…』なども大切です。

「では，傍線やメモをもとに要約文を書きましょう。」

> 【要約の文例】
> 　伝えたいことを，絵や文字で表したものをインフォグラフィックスといいます。これを作るときに大切なのは，使う相手の立場に立ち，その目的に合わせて，どう見えると分かりやすいのかを考えてデザインすることです。（100字）
>
> ※「自分の意見」部分は，省略。

---

## 2 読み合う まとめ
**要約のしかたを話し合い，書いた要約の文章を読み合おう。**

「書いてみて，『こんなふうに要約した』というやり方や，思ったことについて話し合いましょう。」
　・ぼくは，地図の事例の部分を全部省きました。（このように，要約ではふつう『事例』の部分は省く。）
　・⑤の『終わり』に筆者の考えがまとめられていたので，その文章を使って短くまとめました。
　・100字は少なくて，まとめるのが難しかったです。

「では，友達の書いた『要約』を読み合いましょう。」
　　全体発表や，グループで読み合いの形ですすめる。

友達の要約文を読んで，『まとめ方を工夫しているな』と思ったところや，『入れておいた方がよいこと』を教え合いましょう。

『インフォグラフィックス』という言葉は，残しておいた方がいいと思うよ。

『相手の目的に合わせて』は，ぼくも大事だと思ったよ。

この後，グループから一人ずつ，前で読むのもよい。

# 新聞を作ろう
## 〔コラム〕アンケート調査のしかた

全授業時間 12 時間

## ◎ 指 導 目 標 ◎

・相手や目的を意識して，経験したことから書くことを選び，集めた材料を比較したり分類したりして，伝えたいことを明確にすることができる。
・書く内容の中心を明確にし，内容のまとまりで段落をつくったり，段落相互の関係に注意したりして，文章の構成を考えることができる。
・比較や分類のしかた，必要な語句などの書き留め方，引用のしかたや出典の示し方を理解し使うことができる。
・間違いを正したり，相手や目的を意識した表現になっているかを確かめたりして，文や文章を整えることができる。
・進んで相手や目的を意識して，経験したことから書くことを選び，構成を考え，学習の見通しをもって学級新聞を作ろうとすることができる。

## ◎ 指 導 に あ た っ て ◎

### ① 教材について

　　新聞は，昔から情報を伝える，また得る有効な媒体として活用されてきました。この単元では，こんなことを見た，こんなことが分かった，こんなことを知らせたい，そういうことを新聞という形にして表現します。そのため，新聞の特徴を調べ，こうすれば分かりやすく伝わるという書き方を学習します。また，新聞を仕上げるまでの作業に，取材や割り付けがあります。必要に応じてアンケートも取ります。これらの一連の作業を，新聞づくりを通して分からせます。

　　新聞の記事は，自分の思いではなく事実を書くのが基本です。その事実について何をどれだけ豊かに書けるかが大事なところです。そのための取材であり，アンケートです。教科書にも「実際に見て調べる」とあるように，新聞の記事は「足を使って」目や耳でとらえた事実を書くことが基本です。本やネットで調べるのも1つの方法ですが，あくまでも補助手段であり小学生の活動としてはお勧めできません。

### ② 主体的・対話的で深い学びのために

　　新聞を書く作業では，それぞれ役割分担を決め，個人作業のような型にはまってしまうことが多いかもしれません。ここでは，グループ全員で作り上げることを軸において作業を進めさせます。一人の記事を全員で検討したり，見出しをみんなの目でみて工夫したりするなど，話し合いや対話を通して，新聞づくりに関わらせていきます。

| 知識 及び 技能 | 比較や分類のしかた，必要な語句などの書き留め方，引用のしかたや出典の示し方を理解し使っている。 |
|---|---|
| 思考力，判断力，表現力等 | ・「書くこと」において，相手や目的を意識して，経験したことから書くことを選び，集めた材料を比較したり分類したりして，伝えたいことを明確にしている。<br>・「書くこと」において，書く内容の中心を明確にし，内容のまとまりで段落をつくったり，段落相互の関係に注意したりして，文章の構成を考えている。<br>・「書くこと」において，間違いを正したり，相手や目的を意識した表現になっているかを確かめたりして，文や文章を整えている。 |
| 主体的に学習に取り組む態度 | 進んで相手や目的を意識して，経験したことから書くことを選び，構成を考え，学習の見通しをもって学級新聞を作ろうとしている。 |

## ◉ 学習指導計画　全12時間 ◉

| 次 | 時 | 学習活動 | 指導上の留意点 |
|---|---|---|---|
| 1 | 1 | ・教科書の新聞例などを見て，学習の見通しをもつ。<br>・「事実を分かりやすく報告する学級新聞を作ろう」という学習課題を設定して，学習計画を立てる。 | ・気づいたことを発表させる。<br>・新聞によって，同じ出来事でも，書き手によって，変わってくるということに気づかせる。 |
| 2 | 2 | ・どんな新聞を作るかについて話し合う。 | ・テーマを決めるときに，1つのことから連想させる。 |
|  | 3 | ・教材文を読み，取材の仕方について知る。<br>・アンケートについて知る。 | ・アンケートには，記述式，選択式があることをおさえる。まとめ方も考えさせる。 |
|  | 4・5・6 | ・取材の準備について話し合い，取材をする。<br>・出来事や事柄を正しく伝えるために，どの取材のしかたがよいかを考え，取材をする。<br>・取材してきたことを，グループ内で報告し，まとめる。 | ・取材させっぱなしにするのではなく，取材のアポイントの取り方，時間設定など，支援する。<br>・新聞の読み手のことも考えさせる。 |
|  | 7 | ・取材メモをもとに，いちばん大きく取り上げたいもの，必要な大きさや場所，写真や図など，割り付けを考える。 | ・読み手がいちばん読みたい記事がどういうものかを想像して話し合いをさせる。 |
|  | 8・9・10 | ・取材メモをもとに，記事を書く。<br>・記事を推敲し，清書して，仕上げる。<br>・教科書P93に示された観点で読み返す。 | ・記事を書くときの注意点を示し，書かせる。<br>・見出しの書き方を工夫させる。<br>・個人作業でなく，グループで検討しながら進める。 |
| 3 | 11・12 | ・完成した学級新聞を読み合い，感想を伝え合う。<br>・学習を振り返る。 | ・付箋のコメントの書き方では，批判ではなく，よいところを見つけて伝えるよう留意させる。<br>・次の新聞づくりにも生かせるようにする。 |

**本時の目標**

新聞の特徴と工夫を知り，学習の見通しをもつことができる。

**授業のポイント**

過去に同じ学年の児童が作った新聞を見せることで，新聞づくりのイメージを持たせると効果的である。

**本時の評価**

新聞の特徴を知り，新聞を作ることを目標として捉えている。

板書例

〈実物〉最近，新聞を購読していない家庭も多いでしょう。実際に新聞を手に取り，どのような

〈学習の進め方〉

1 新聞のとくちょうを確かめる
2 どんな新聞を作るか話し合う
3 取材をする
4 わりつけについて話し合う
5 記事を書く
6 新聞を仕上げる
7 読み合って，感想をつたえる

◎学習のめあて

事実をわかりやすくほうこくする学級新聞を作ろう

〈何のために？〉
・みんなに見てほしい
・知っているとよいこと ※

発行人・日付
記事
新聞名

図，写真など
見出し

※教科書 P89 の新聞の拡大版を掲示する。

---

## 1 交流する　新聞について知っていることを交流しよう。

全員立たせ，全員参加を促す。

「みなさんの家では新聞を購読していますか。『新聞』と聞いて，何か思いつくことがあったら，座りましょう。」

どんなことが思いつきましたか。

４コマ漫画やテレビ欄や天気予報がある。

野球の結果が書いてあったよ。

　昔に比べ，新聞を取っている家庭も減ってきている。日常的に新聞になじみのない児童も増えているだろう。まずは，見たことがあるものや，聞いたことがあるものなどについて，児童の新聞への知見を確かめる。

## 2 対話する　実際の新聞を見て，気づいたことを発表しよう。

「新聞を見て気づいたことを出し合って発表しましょう。」

　各班に１部ずつ新聞を渡し，見る時間を取る。

大きなニュースは，一番最初のページに載っているね。

パッと見て，大きい字で書かれています。

写真や絵が多いね。

字が大きいものや小さいものがあるよ。

「そうですね，何が描かれてあるか大きい字で「題」のようなものがついていますね。これを『見出し』と言います。見出しはいくつありますか。」

　新聞の見出しを数えさせ，新聞紙一枚には，たくさんの情報が書かれてあることを気づかせる。

「この一つ一つの文章を『記事』と言います。ほかにもどんなものが載っていますか。」

・日付があります。　　　　　・図やグラフもあります。

特徴があるのかを調べるとよいでしょう。

（板書）

新聞を作ろう

め　新聞のとくちょうを知り、学習の見通しをもとう

〈新聞と聞いて〉
新しいじょうほう　テレビらん　天気　ニュース
スポーツ　政治　事件　事故　四コマまんが　※

〈新聞を見て〉
・大きい字がある
・字が多い
・広告
・写真
・カラーと白黒　※

※児童の発表を板書する。

## 主体的・対話的で深い学び

・4年生では，一度は新聞づくりを経験したことがあるだろう。読書感想文と同じで，指導側の投げっぱなしの教材になりやすいものである。新聞づくりが，既に好きと嫌いにはっきりと分かれてしまっているだろう。「どうかけばよいか分からない」「字の大きさが難しい」など，マイナスイメージが先行している児童も多いかもしれない。この時間は，まず導入として，新聞が何のために書かれているのか，新聞を見て探させる。気づいたことについてできるだけたくさん意見を出させ，新聞をあらためて見直すところからスタートしたい。

### 準備物

・新聞
・子ども新聞（あれば）
・学校新聞
・（黒板掲示用）教科書 P89 の新聞の拡大版

---

## 3 調べる　確かめる　新聞の特徴を，教科書と実物で確かめよう。

「教科書 89 ページの ① を読みましょう。」

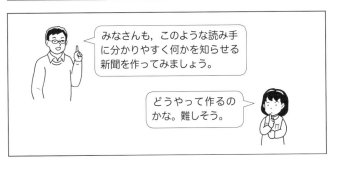

（教師）教科書の新聞の特徴を順に読んでいきましょう。そして，それは新聞のどこにあたるでしょう。まずは，『新聞名，発行日，発行者』です。

（児童）○○新聞と書いてあります。

（児童）発行日は，令和元年○月×日です。発行者は…。

　　　続いて，見出しや，写真，図，表など順に読み，項目ごとに，新聞の各部分を指させていく。

「同じ読むものでも，普通の本とは書き方がずいぶん違っていて工夫されていますね。このような新聞の特徴や工夫は，何のためにあるのでしょう。」
　・読み手に分かりやすく伝えるため，と書いてあります。

「新聞によって，同じ内容で記事が違います。伝える人の考え方や伝えたい相手によって違ってもいいのです。」
　　　別の新聞で同じ内容を伝える記事を見せて確かめる。

## 4 つかむ　見通す　学習のめあてと活動内容を確かめ，学習の見通しをもとう。

（教師）みなさんも，このような読み手に分かりやすく何かを知らせる新聞を作ってみましょう。

（児童）どうやって作るのかな。難しそう。

「教科書 94 ページを見てみましょう。どんな新聞を作っていますか。」
　・にこにこ新聞です。学校のことや，クラスのことが書かれています。
　　　過去に 4 年生が作った新聞を例示してもよい。

「どうすれば，このような新聞が作れるのか，学習の進め方を確認しましょう。（P88）」
　・今日は，① 新聞のとくちょうを確かめたんだね。

「この学習の流れに沿って進めていきます。」

　　　学級や学年，地域の実態に応じて，流れが変わることも考えられる。

# 新聞を作ろう

**本時の目標**
どんな話題の記事にするのかを話し合い，決めることができる。

**授業のポイント**
テーマや進め方（グループで書くこと・人数に応じて大きさを変える・壁新聞にして見えるようにするなど）は，学校や学級の実態に応じて考えていく。

**本時の評価**
新聞のテーマに合わせて，記事にしたいことを決めている。

〈相手意識〉誰に，何を知ってもらいたいのか，対象を決めることが大切です。対象が明確に

**板書例**

新聞を読む人は
学校にいる人（先生、子ども）
学校に来る人（保護者、地いきの方）

テーマをもっとくわしく！

○先生のこと
・しゅみ
・特技
・いつ来る
・いつ帰る
※

○学校の夏休み
・何をしているのか
・毎日来る？
・楽しい？　つらい？
※

◇いろいろなぎもんを書き出してみよう
・伝えたいこと
・知りたいこと
・聞きたいこと

※児童の発言を板書する。

---

## 1 めあて つかむ　めあてを確認しよう。

　ここでは，教科書のように，学校のことを新聞にすることを想定している。また，取り組み方も4人くらいのグループで，壁新聞をつくる設定としている。（紙の大きさは，四つ切の画用紙ぐらい）

教科書90ページの②を読みましょう。何について書かれていますか。

グループで話し合って，テーマを決めましょう，と書いてあります。

どんなテーマがいいかなあ。

　テーマとは，学級新聞に載せる内容であることを確認する。

「教科書にテーマ例が載っています。見てみましょう。」
・クラスの出来事，学校の行事，地域の行事，町の安全などです。

　教科書では，学校のことを記事にして新聞を作っている。地域に出ていくことが可能であれば，地域のことをテーマに設定してもよい。

## 2 出し合う　どんなテーマがあるか出し合おう。

「学校のことで，どんなことを新聞に載せて読む人に伝えたいかを考えて，ノートに書きましょう。書けたら，グループで発表して話し合いましょう。」

このクラスのいいところを伝えたらいいかな。

校長先生のことを知らせるのもいいかもしれないよ。

先生のインタビューも面白いかも…。

飼育されている動物について書きたいな。

　話し合ったことを発表させ，たくさんテーマを出させる。
　ここでは，学校のことについての大きなテーマと，見出しになるようなテーマを考えていく。

なると，内容の検討と文章表現がよりよくなります。

《テーマ》
（例）「学校にかかわること」

先生の仕事　学校の仕事　学校の歴史
四年一組のひみつ　みんなのこと
担任の山田先生のこと
教頭先生とは？
会議のやりかた　先生の放課後の過ごし方
夏休みの先生のくらし（学校に来ているのか？）

⊛
どんな新聞にするか、話し合おう

# 新聞を作ろう

※

・新聞作りにおいて，テーマ設定は大変重要な要素である。自分が知らないことを調べてみたいという好奇心こそが，主体的な学習意欲へとつながるからである。話し合いの中で，他の班とテーマが重複することもよしとする。1時間目に「書き手によって，同じことでも伝えたいことは変わる。」ということを押さえておくとよい。同じ班の中で調べたい内容が重なる場合は，班のメンバーを入れ替えるなどをして，柔軟に対応する。

準備物

## **3** 決める　グループでどのテーマを選び，何について書くのかを決めよう。

テーマは，軽重があるので，実態に応じて調整する。

「グループでどのテーマを選ぶのか話し合いましょう。自分が一番伝えたいことや，取材してみたいことを軸に考えるといいですよ。」
・先生の仕事について調べるのはどうかな。
・確かに，放課後どんなことをしているのかな。
・教頭先生は，何しているんだろうって思うんだけど。

テーマ決定については，最終的に教師の判断とする。

新聞をよりたくさんの人に読んでもらうには，どんな工夫が考えられますか。

学校に来る人たちに，読んでもらえるように入口に掲示するのはどうかな。

低学年でも読めるように，ふりがなもふるといいよね。

## **4** 見通しをもつ　どのテーマを誰が書くのか，どういう進め方をするのか，計画を立てよう。

記事にすることを発表してください。

ぼくたちの班は，先生の仕事についてです。放課後に何をしているのか，夏休みはどんなことをしているのか，などインタビューやアンケートで聞いてみたいです。

「誰がどんな内容の記事を書くのか，相談して，計画表を作りましょう。」
・わたしは，教頭先生にインタビューをしてみたい。
・ぼくは，先生たちに，放課後に何をしているのか，アンケートを作って記事にしたい。

グループで相談後，ノートに役割を書かせる。
取材内容が他の班とかぶる場合は，一緒に取材に行くなどをして，取材される人が困らないようにする。もちろん，取材前には必ず約束を取り付ける。
取材する時間，場所，どれくらいの時間がかかるか，どんな内容の取材なのかなど，事前に伝えて，少し考えてもらっておくと，取材がスムーズになる。

# 新聞を作ろう

## 第 3 時（3/12）

**本時の目標**

新聞の特徴をつかみ，作り方や手順，書き方を知ることができる。

**授業のポイント**

教科書の見本記事を読み，どのような構成になっているかをつかませる。

**本時の評価**

新聞の特徴をつかみ，作り方や手順，書き方について知ることができている。

---

〈教科横断化学習〉アンケート結果の集約に，算数科の「整理の仕方」「グラフ」などを活用します。

**板書例**

◇ アンケートを作る練習をしよう

**取材のしかた**
・実際に見て調べる
・インタビュー
・図書館やインターネットで調べる
・アンケート調査（記じゅつ式・せんたく式）

**取材で気をつけること**
・調べたことを正しくきろく（うそはかかない）
・ちゃんとした言葉づかいや，たいどで聞く（写真は，きいてからとる）
・数や名前のまちがいがないか
　　　　　　　　※※

・数字でくわしく
・図や絵を入れる
・字ばかりでなく，イラストも入れる
・見出しを目立たせる
・色をていねいにぬる
　　　　　　　　※※

※児童の発言を板書する。

---

## 1 つかむ 教科書の新聞例で記事に書かれていることを確かめよう。

教科書 94 ページの新聞を読む時間を取ります。記事には，どんなことが書かれていますか。

一番伝えたいことは，カメの名前のことです。

担任の小山先生にインタビューしています。

・4 年 1 組であったことについて書かれています。
・記事の最後の（　）に，書いた人の名前があります。

「細かく見ると，様々なことが書かれていますね。記事の特徴はどういったものでしょう。」

・「　」や数字が多く使われていて，どれが大事なのかよく分かります。
・写真や図と記事が関係しています。
・見出しのあとは，細かい内容です。

「このような記事を書くために，どのような取材をしているのか，90 ページで確認してみましょう。」

## 2 知る 対話する 取材の仕方を知ろう。これまでに取材したことを思い出そう。

「取材をする時には，どんなことに気をつけなければならないでしょうか。」

・調べた大事なことを正しく記録する。（うそはかかない）
・ちゃんとした言葉遣いや態度で聞く。（写真は許可をとる）
・数や名前の間違いがないかを確かめる。

取材の仕方にはどんなものがありますか。

実際に見て調べたり，インタビューをしたりする。

図書館やインターネットで調べる。

アンケート調査をする。

「新聞を作るときのように，これまで何か取材をしたことがありますか。」

・クラス遊びで，何をしたいかアンケートをとりました。
・校外学習に行ったとき，分からないことについて質問したことはあります。あれは，インタビューだったのかな。

## 主体的・対話的で深い学び

・どんなことを記事にしたいか，アンケートの目的を押さえた上で，アンケートを作ろうとすると，たくさん聞きたいことが出てくるだろう。学習への気持ちが前向きになりすぎて設問の分量が多くなったり，答えづらい設問になったりしないよう，教師が修正していくことが重要である。

・グループでアイデアを出しているときには，友達の意見を否定することなく「いいね」という言葉を掛け合わせ，意欲をさらに引き上げていかせたい。

### 準備物

・（黒板掲示用）教科書 P94新聞例の拡大版

・アンケートを作る白い用紙

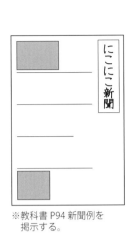

新聞を作ろう

新聞のとくちょうをつかみ、
作り方や手順、書き方を知ろう

め

にこにこ新聞

※教科書 P94 新聞例を
掲示する。

〈記事のとくちょう〉

・大事なところは、「　」や太字

---

**3 知る 確かめる** アンケート調査をつくるときに気をつけることを確かめよう。

「96 ページを見ましょう。多くの人の考えを知るのには，『アンケート』という方法があります。」

隣の人に，アンケートすることは，何がいいのかを尋ねてみましょう。

みんなの考えていることがよく分かります。

一人ずつ聞いていくよりも，時間がかかりません。

「アンケートの型は，教科書どおりでなくてもいいですよ。アンケートを作るときに参考にしてください。」

　記述式と選択式の 2 種類があり，どちらにしても簡単に答えられる内容にしておくことを押さえる。

「集計するときにも気をつけることがあります。(P97)」
・なかま分けしてまとめると分かりやすい。
・表やグラフで伝えると，読む人が一目で分かるようになるね。

---

**4 作る 対話する** アンケートを作ってみよう。

「自分たちが作る新聞の取材でアンケートを作るなら，どのようなアンケートにするか考えてみましょう。」

先生の仕事について聞くアンケートを作ろう。

「何時に帰りますか」という問いなら，選択式でいいかもしれないよ。

「放課後に何をしていますか」という問いなら，記述式だね。

5時～5時半とか，30分おきに区切ってみるといいね。

　いろんなアンケートを考えているうちに，テーマから若干逸れることがある。机間指導をしながら，軌道修正していく。

　記事の役割分担によって，アンケートを作る必要がない児童もいるかもしれない。ここでは，新聞作りに向けてアンケート調査について考え，アンケートを作る活動を全員にさせておきたい。

# 新聞を作ろう
## 第 4, 5, 6 時
### (4, 5, 6/12)

**本時の目標**

取材の準備をし，取材することができる。

**授業のポイント**

各グループで，取材する内容をしっかり練る。それぞれの役割を決め，どんな取材をするか協力して，進めていく。

**本時の評価**

取材の準備をし，準備したことに沿って，取材をしている。

### 板書例

〈メモ〉メモは短く，キーワードで記録します。取材はコミュニケーションです。メモばかり

◇ 取材をしよう

☆ メモをする（聞き取りメモのくふうを生かす）

〈ポイント〉
・大事なことを　落とさずに
・相手の顔を見て　うなずく

◇ 取材してきたことを、グループに伝えよう

☆ 足りないものは、下書きまでにあつめる

◇ 取材をしよう

☆ メモをする

・質問 ↔ 答え
・記じゅつ式
　せんたく式
　（○・×）（A・B）（三たくて）

アンケート
・紙一枚にまとめておく

・いつするのか、約そくをする

「き」っかけ「く」ろう「こ」っ
「よ」ろこび「ね」がい
を聞く

・インタビューの質問を書いてわたしておく
（答えやすいように）

・内容を事前に考えていく

---

### （第4時）
## 1 対話する　取材の準備としてどんなことが必要か話し合おう。

取材には，準備が重要です。情報を集めるには，インタビューやアンケートの準備をしましょう。

先生の放課後の仕事についてのアンケートで，自由記述の枠をつくろうかな。

わたしは，インタビューで何を聞くのか書き出してみよう。

アンケートやインタビューだけに偏らないように，グループでバランスを取らせる。教師は見て回り，話し合いがうまくいっているかを確認する。

アンケートの設問はA4用紙に多くて3〜4個に留めておかせる。多すぎると，答える側も面倒であり，あとの集計も大変になる。また，インタビューで聞く人も，「中学年の先生」「4〜6年の先生」「担任以外」など，ある程度の枠組みを決めておくと，時間内に収められる。

調べたい事項に応じて，いつインタビューするかなども，相談と面談の約束などのお願いをしておく。

---

## 2 準備する／確かめ合う　取材の準備をしよう。具体的な活動内容を確かめ合おう。

「アンケートができたら，先生に見せてください。」

グループによって，同じような内容が重複していないか確認する。アンケート担当どうしで相談し，確認させるとよい。

「インタビューする人は誰に話を聞きにいきますか。」

誰（どの先生）のところへ行くかなどを確認する。また，どのような質問をするつもりか，答えられない質問がないか，インタビューのリハーサルをさせ確かめるとよい。

休み時間や，授業時間の活動になる。段取りを教師がきちんと立てておく必要がある。児童に失敗感を与えないように，フォロー体制をしっかりとっておく。

調べて書く記事も，いつ，どこで，どんなことを調べるのかを相談しましょう。

学校のホームページなどを観てみよう。家でも少し調べてみてもいいですか。

# 新聞を作ろう

め 取材のじゅんびをして、取材をしよう

◇ 取材のじゅんびをしよう
・実際に見て調べる
・図書館・インターネット
・インタビュー、アンケート
（だれに、どんなことを）

〈気をつけること〉
インタビュー

## 🔍 主体的・対話的で深い学び

・各個人が，インタビューやアンケートの対象者と話をすることになる。親や，知り合いの人，担任以外の大人と話す機会となる。今まで話をしたことがない大人と話をするということは，未経験者が多いかもしれない。これからは，話をしたことのない人とコミュニケーションを取ることが徐々に増えていくことを伝えておくとよい。ここで一度でも経験しておくと，それぞれの児童の自信につながるだろう。

### 準備物

（第5時）
・取材のためのメモ用紙など
・アンケート用紙

（第6時）
・取材をしたもの（アンケートやインタビューしたメモなど）

## 3 取材する （第5時） 準備したことを生かして，取材しよう。

　時間を決めて，インタビューやアンケートのために，対象の方に会いに行く時間をとる。

　教師の準備と支援がカギとなる。アンケート用紙の印刷，インタビューを受ける人との連絡，面談の約束など，もれのないように進める。
　放課後に校外での取材をする場合には，教師の付き添いがあるとよい。
　電話でのインタビュー，手紙，メールでのアンケートやインタビューという方法もあることを伝えておく。

準備したことに合わせて進めましょう。

いよいよインタビューだ。聞いたことはしっかりメモしよう。

アンケート用紙に間違いはないかな。

　学校内でのインタビューであれば，できる限り，全員が対象者と話せるようにする。

## 4 聞き合う （第6時） 取材してきたことを，グループに報告し，まとめよう。

　アンケートの集計，インタビューのメモ，調べてきたことなどを見返す時間を取る。また，内容をグループに報告する時間をとる。

どんな内容があったか，報告し合いましょう。

○○先生は，小学校の時は，体育と図工が好きだったそうです。△人の先生にインタビューした結果，体育が好きな先生が多いと思いました。

　グループのメンバーが集めてきた情報について，共有し，疑問があれば質問させる。足りない部分に気づいたときには，記事を書き始めるまでに，補えるものについては追加で情報や資料を確認させておく。

〈割り付け〉取材した中から，一番伝えたい記事を大きく割り付けします。また，伝えたいことが

## わりつけ

◇ 新聞などで、記事や見出し、写真・図などの大きさと、入れる場所を決めること

◇ いちばん大きく取り上げたい記事をえらぼう

一人で考える

→ グループで発表し、話し合う
・読む人がどんなことを知りたいか
・読んで楽しいこと　　など

← 決める

◇ わりつけについて話し合おう
・大きな見出し
・必要な記事の大きさ（新聞の段に合わせて）
・写真・図などの場所、大きさ

◇ 新聞の名前を決めよう

板書例

### 本時の目標
取材メモをもとに，割り付けの仕方を考えることができる。

### 授業のポイント
教科書の見本記事を読み，割り付けの仕方に気づかせる。また，一般の新聞と比べ，どのような新聞でも割り付けが考えられていることに気づかせる。

### 本時の評価
割り付けについて，理解し，話し合って，記事に当てはまる割り付けをしている。

---

## 1 つかむ　新聞の割り付けの仕方をつかもう。

　　教科書 P91 の新聞の割り付け例の拡大版を，見出し，記事ごとに切っておき，黒板上で新聞パズルを行う。

「パズルをしたとき，どのようなところが目に入りましたか。」
・○○新聞，というのが目に入りました。
・わたしは，この大きな見出しです。

この新聞を作った人は，記事の大きさや，入れる場所を，どのように決めたと思いますか。

一番気になるニュースを最初にした。

みんなに特に知らせたい記事を一番大きくした。

「このように，いくつかの記事を，それぞれどこに，どのように入れていくのか決めることを『わりつけ』と言います。」
・誰が見ても，何を伝えたいかが分かります。

　　教科書 P159 の割り付けの説明を読み，確かめる。

## 2 考える　一番大きく取り上げたいものや，取り上げる順番について考えよう。

「自分たちが取材してきた記事を，グループのテーマに沿った新聞を作っていきます。まずは，どの記事をどんなふうに取り上げて，どれくらいの記事の大きさにするとよいか，一人で考えてみましょう。」

どの記事を一番大きな見出しにするとよいでしょう。どんな順番で載せるとよいでしょう。

先生の放課後の過ごし方で，実はいろいろ忙しいということを伝えたい。

順番はどうするのがいいかな…。

　　取材したものを読み返す時間を取り，取材してきた中から，どの記事のどんなことを特に取り上げたいか，どんなふうに見せたいか，まずは各自で考えさせる。

「あとで，グループで意見を出し合って，実際の割り付けを決めていきます。その前に，自分はどうしたいかをしっかり考えておきましょう。」

分かる写真，図なども選んで用意するようにします。

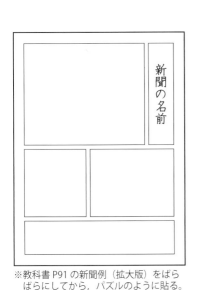

※教科書 P91 の新聞例（拡大版）をばらばらにしてから，パズルのように貼る。

（め）新聞の名前

**新聞を作ろう**

取材メモをもとに、わりつけを考えよう

・割り付けで新聞の一番目立つところにどの記事を入れるかを検討させる。発言権が強い人の記事に決めるのではなく，自分たちの新聞の目玉は何かということを，対話を通して考えさせる。読む人がどんなことを求めているか，自分が他の班だったら，など視点を変えた考え方も指導し，話し合わせる。

・だれか一人に責任を押し付けるのではなく，みんなでどのような新聞を作り上げていくかというチームビルディングの視点も大切にしたい。

### 準備物

・取材をしたもの（アンケートやインタビューしたメモなど）
・（黒板掲示用）教科書 P91 の拡大版（記事ごとに切っておく）
・新聞，パンフレット（割り付けの参考になるもの）
・割り付けの下書き用の紙（グループ数）

---

**3 対話する** 自分の考えを伝え合い，一番大きな取り上げる記事を決めよう。

　　割り付けについて，もう一度確認する。

「では，取材してきた中から最も伝えたいこと，大きく取り上げたいものについてグループで話し合い，新聞やパンフレットなどを参考にして割り付けをしましょう。」

一番載せたい記事は○○です。理由は３つあります。１つ目は…。

なるほどね。納得できる理由だね。

いいね！賛成!!

　　それぞれがどの記事をどのように新聞に載せたいかを発表させる。全員の発表を聞いてから，どの記事を，新聞の一番大きな見出しにするか話し合わせる。

「みんなでよく話し合って決めましょう。決めるときに，読む人がどんなことに興味をもつか，読んで楽しんでくれるかを想像して話し合うことも大切です。」

---

**4 検討する　決める** 必要な大きさや場所などを検討しよう。新聞の名前を決めよう。

「記事の中で，一番大きな見出しにするものが決まったら，今度は，それぞれの記事の大きさを決めましょう。」

　　割り付けの下書き用の紙を配る。教科書 P91 の 4 を読み，以下２点について話し合わせる。
　　○事実を分かりやすく示すために，必要な記事の大きさ
　　○写真や図，表などの大きさ，場所

いちばんのニュースは○○のことに決まったけど，どの場所にどれぐらいの大きさで入れようか。

伝えたいことが，文章でこれぐらいだよ。

写真も１枚貼るから…。

　　教科書 P91 のように，どこにどの見出し，どの大きさにするかをリーダー中心に決めさせる。

「新聞の名前も話し合って決めましょう。」
　　・コンパクトに，インパクトのある名前がいいね！

**本時の目標**
取材メモをもとに，下書き，推敲，清書することができる。

**授業のポイント**
この時間も，グループの進度に合わせた具体的な助言や支援を行う。
リーダー中心に作業を進めさせる。

**本時の評価**
新聞を読み合い，よいところのポイントを見つけ，感想を交流している。

板書例

〈見出し〉取材した内容を1行で，30字以内でまとめます。できるだけ余分な言葉は取り除き，

・主語じゅつ語の文章のつながりは？
・「です」「ます」と，「だ」「である」の使い分け

〈書き始めの工夫〉
「わたしが調べてきたことは3つあります。・・・」
「みなさん，○○について考えたことはあるでしょうか。」

◇ 記事を読み合おう
☆ 直すところは 赤で書く
・よくわかるところ
・まねしたいところ
・ちがう書き方の提案 など

［友達の記事にプラスになるアドバイスを！］

◇ 読んでみたい見出しを考えよう
☆ コンパクトにインパクトを！
（強い印象をあたえる，短い言葉で）
・たて書き よこ書き

◇ 新聞を仕上げよう
清書 … 書いた記事をはりつける
・発行日，発行者，見出しを書く
・すきまには，広告や，カット（絵）

---

## 1 書く （第8時） 記事の書き方を考え，下書きを書こう。

「今日は，いよいよ記事を書いてもらいます。記事を書く前に，実際の新聞で記事の書き方を確かめましょう。」
　新聞を見た後，教科書P92の書き方例を確かめさせる。

この他に記事を書くときに気をつけることは何かありますか。

全部書きすぎると，枠に収まらないから，大事なことをしぼって書きます。

読む人のことをよく考えて書きます。

「何を言葉で伝え，何を写真や図で伝えるのか考えましょう。写真や図は内容に合わせたものを用意しましょう。」

　記事を書くときのポイントを掲示する。（推敲でも活用する）

「大事なことを落とさずに，伝えたい内容を正しく分かりやすく記事の下書きを書きましょう。」

　グラフや図なども定規で丁寧に下書きさせる。文章は，後で友達と読み直し合い，先生も確認することも伝えておく。

## 2 推敲する （第9時） 書いた記事を見直そう。

記事の下書きの文を読み返します。どのようなことに気をつけて見直すとよいでしょう。

字の間違いがないか，文のつながりなどをしっかり見ます。

　「書くときのポイント」「読み返すときに気をつけること」を確かめてから，まず自分で見直させる。

「見直して間違いがあったときには，文章は消さず，赤で文の横に修正しましょう。」

「では，友達の書いた記事を読み合いましょう。」

　友達の下書き記事を読み，その記事に修正を加えたり，アドバイスを伝え合ったりする活動を何度か繰り返す。
　このとき，ダメ出しをするのではなく，よいところや，真似をしたいところを見つけたりするよう伝えておく。

## 主体的・対話的で深い学び

・それぞれが記事を書く時間となる。自信がない児童には，書く型を教えるのもよい。「わたしが調べてきたことは3つあります」「みなさん，○○について考えたことはあるでしょうか」など，書き出しの工夫を指導する。

・各自で記事を書く時間に，みんなで書いて作る新聞だから，後でその記事を友達や教師に見てもらうということを伝えておく。自信のない児童も，安心して取り組めるだろう。

### 準備物

・新聞の模造紙，画用紙
・下書き用紙（マス目入りの用紙）
・清書用の原稿用紙　罫線を引いた紙
・清書用のペン，色鉛筆などの筆記用具

---

**新聞を作ろう**

め　取材メモをもとに、記事を書こう
　　書いた記事を読み合い、清書をしよう

◇　記事の下書きを書こう

〈記事を書くときに気をつけること〉

○事実を正しく伝える
○読み手に分かりやすく
○自分の思いを伝える
○正しい文章で
　・文字のまちがいは？
　・句読点や、符号の使い方は？

---

**3** つかむ・対話する 　**伝えたいことをまとめた効果的な見出しについて考えよう。**

「各記事の見出しを話し合って決めましょう。まず，見出しの例を，教科書や新聞などでよく見てみましょう。」

・すごく大きく作っています。
・字の形を変えています。

見出しは，読む人が最初に見るところです。記事の内容を，強く印象を与える短い言葉にまとめたものです。それぞれの記事の見出しを考えてみましょう。

短い言葉で，この記事を表すには…。数字とか入れると，何だろうと気になって記事を読んでくれるかな。

　どんな見出しの言葉にするか，縦書きがいいか，横書きがいいかなどの見せ方も合わせて話し合いで決めさせる。

「見出しを大きくすることは，見栄えをよくする一つの手立てです。読みやすさや『記事を読んでみたい』というきっかけにもつながります。」

---

**4** 清書する・仕上げる （第10時） 　**記事を清書して，新聞を仕上げよう。**

「では，字に間違いがないか，確かめながら清書します。書けたら新聞の用紙に貼り付けます。最後まで，丁寧にしましょうね。」

見出しを書いてから，記事を書きましょう。みんなでアドバイスし合って，清書しましょう。

記事の最後に（名前）を書くのを忘れずにね。

この記事の見出しの大きさはこれくらいでいいよね。

　割り付けされた場所に，各記事を清書させる。縦の罫線などを入れてから書くと，書きやすくなる。

　日付や見出し，発行者，文字の抜けがないかなども，確かめ合わせる。

　余白が多くなってしまう場合は，係活動の宣伝広告などを入れたり，イラストカットを入れさせたりしてもよい。

**本時の目標**

書いた新聞を読み合い，感想を伝え合うことができる。
まとめと振り返りをすることができる。

**授業のポイント**

読み合った後に，付箋をつける。付箋にはもらった人が喜ぶコメントを書いて，よいところを学び合うよう促す。

**本時の評価**

新聞を読み合い，よいところのポイントを見つけ，感想を交流できている。

板書例

〈交流〉仕上がった新聞は，教室だけに留まらず，多くの人の目に触れるようにします。また，

◇ 感想を伝えよう
・初めて知ったこと
・読んで思ったこと
・新聞づくりをしてきてわかったこと
・取材について
・記事の内容について考えたこと

〈たいせつ〉
「事実を分かりやすく伝える」ことができたか

〈ふりかえろう〉
□知る
記事を書くときに、言葉使いて工夫したこと
□書く
新聞のわりつけや、記事の組み立てて気をつけたこと
□つなぐ
次に新聞を作るときの工夫は

見やすい ※
わりつけがうまい ※

---

（第11時）

## 1 読み合う　見て感じたことを付箋でコメントしよう。

「書いた新聞を読み合いましょう。見終わったら，付箋にコメントを書いて新聞に貼りましょう。」

付箋を書くときには，どんなことが書いてあったら，読む友達が嬉しいか考えましょう。

ここがよかったと，詳しく書いてくれるコメントは嬉しいです。

分かりやすかったという一言よりも，何が分かりやすかったか書いてほしいです。

コメントに責任を持たせるため，名前も書かせる。

また，時間があれば「新聞グランプリ」というものを開催してもよい。各賞を作り，どの作品がふさわしいかなどを選ばせる。「美しいで賞」「内容が分かりやすいで賞」などで選びやすくする。

## 2 書く 伝え合う　感想を書いて，伝え合おう。

今回の新聞づくりで，分かったことや知ったことなどを書きましょう。書けたら，発表しましょう。

とても美しくかけていました。田中さんの見出しの印象の強さを今度真似したいと思います。

・○○先生の放課後の過ごし方を知って驚きました。遅い時は20時まで働いていることを知って，先生のことで何か手伝えることはないかと思いました。
・先生方が，ぼくたちのことを考えて，長い時は3時間も会議していることを知りました。健康のためにも，早く帰ってほしいです。うちの家でも「働き方改革」と聞きます。

新聞を書き上げて終わりとはせず，記事から得られたことにも気づかせる。内容のことだけでなく，書き方などの感想も書けるよう声掛けする。

他の教科でもこの学びを生かすことができるようにします。

## 主体的・対話的で深い学び

・友達の書いた新聞を読み合う時間をじっくり取りたい。どのような視点で見ればよいかを出しておくと，単に眺めるだけでなく，学びにつなげられるだろう。
（見方の視点例）
□学んだポイント（見出し，記事の書き方）がおさえられているか
□読み手を考えられた作りになっているか
□図やグラフの美しさ
□割り付けが考えられているか　など

準備物

---

**新聞を作ろう**

め　新聞を読み合い、感想を伝え合おう

◇ふせんに気づいたことを書こう
・もらった人がうれしい内容
・内容について　よくわかったこと　初めて知ったこと
・書き方について　わかりやすかった　うまく書けている

※児童の発表を板書する。

---

## 3 振り返る 対話する （第12時）
**新聞づくりで大切なことは何か，振り返ろう。**

教科書 P95 の「たいせつ」を読み，新聞づくりの中でできたか確認する。

自分たちの新聞がどうだったか確認しましょう。

見出しはとても意識してつくったから，3つ目は大事にできました。

写真があまり使えなかったので，今度見学などで作る新聞の時は，そういうアイデアも生かしたいと思いました。

今回作った新聞は学校関係の新聞だったので，読み手も限定されるが，一般紙などのことを話に出してもよい。大衆向けの新聞は，若い人からお年寄りまでたくさんの人が読まれるという苦労もあるという話もできる。

新聞を書くときの大切なことをもう一度振り返り，次に新聞を書くときに生かすようにする。

---

## 4 まとめ 振り返る
**学習したことを振り返り，ノートに書こう。**

教科書 P95「ふりかえろう」の知る，書く，つなぐについて読み，学習したことを振り返らせる。

それぞれの項目について，ノートに考えたことを書かせた後，隣どうしや，全体で発表し合う。

今回の学習で，教科書に書かれている振り返りの3つの項目について書きましょう。次に生かせることはどんなことでしょう。

友達の新聞を見て学ぶことがたくさんありました。次に作る時は割り付けや見出しを意識して，見やすくしたいと思います。

最後に，新聞づくりの作業手順や，書き方などをもう一度振り返ったり，つくり方プリントを配ったりして，復習するとよい。

「また，係活動の新聞等でもやってみましょうね。参観日におうちの人に読んでもらいましょう。」

# カンジーはかせの都道府県の旅 2

## ◉ 指導目標 ◉

・第 4 学年までに配当されている漢字を読むとともに，漸次書き，文や文章の中で使うことができる。
・進んで第 4 学年までに配当されている漢字を読むとともに，漸次書き，学習課題に沿って，都道府県名を使った文を作ろうとすることができる。

## ◉ 指導にあたって ◉

### ① 教材について

　「カンジーはかせと都道府県の旅 1」に続く，西日本編です。今回も，前回と同じようにカンジーはかせと都道府県を周る旅という設定となっています。カンジーはかせと共に，都道府県の漢字を学びながら，都道府県に興味を持ち，調べ学習をします。都道府県の漢字を使って無理なく楽しみながら文作りができる教材です。

### ② 主体的・対話的で深い学びのために

　1 度目の旅で，児童はこの教材の学び方を知っています。都道府県に関する知らないことを，興味をもってどんどん調べていくことで，知識も増え，より深まっていくことでしょう。4 年生では，社会科でも都道府県の名前を覚えたり，都道府県のことを調べて知ったりする学習をします。ここでは，社会科の学習とも連動して，自分の住む都道府県だけでなく，他に何があるのかということに興味をもたせて楽しく活動させたいものです。

　児童は，自分の知ったことを文や文章にして，友達に「この都道府県には，こんなものがあるんだよ」と話したり聞いたり対話を楽しむことでしょう。

## ◉ 評 価 規 準 ◉

| 知識 及び 技能 | 第4学年までに配当されている漢字を読むとともに，漸次書き，文や文章の中で使っている。 |
|---|---|
| 主体的に学習に取り組む態度 | 進んで第4学年までに配当されている漢字を読むとともに，漸次書き，学習課題に沿って，都道府県名を使った文を作ろうとしている。 |

## ◉ 学 習 指 導 計 画　　全 2 時 間 ◉

| 次 | 時 | 学習活動 | 指導上の留意点 |
|---|---|---|---|
| 1 | 1 | ・カンジーはかせと，どんな旅行をしたいか考える。<br>・「都道府県の旅」というテーマで，線が引いてある23の都道府県名を使った文を考え，書く。 | ・都道府県に，どんなものがあるか興味をもたせる。<br>・「カンジー博士と都道府県の旅1」よりも、調べることの幅を広げさせたい。 |
| | 2 | ・カンジーはかせと，どんな旅行にいくのか発表する。<br>・線が引いてある23の都道府県名を，ローマ字で書く。<br>・（発展）都道府県の漢字が使われている言葉を探す。 | ・都道府県の漢字を間違わずに使って書くことを意識させる。<br>・ワークシートを用いることで，なぞりがきからローマ字を練習する。 |

📀 **収録（都道府県漢字カード，児童用ワークシート見本）** ※本書 P190, 191 に掲載しています。

# カンジーはかせの都道府県の旅 2

## 第 ① 時 （1/2）

### 本時の目標
漢字で記された都道府県を読み，その都道府県について地図帳などを使って調べ，発表することができる。

### 授業のポイント
まず㉕〜㊼の都道府県にどのようなものがあるかを調べ，興味をもたせたい。ただし，漢字学習のためなので，深入りしすぎないようにする。

### 本時の評価
漢字で記された都道府県を読み，興味をもって調べようとしている。

板書例

〈都道府県調べ〉それぞれの都道府県の有名な観光地や特産品を調べます。写真があると児童の

◇㉕〜㊼の都道府県の特ちょうを調べよう

| ㊻ 鹿児島県 | ㊸ 熊本県 | ㊵ 福岡県 | ㊲ 香川県 | ㉞ 広島県 | ㉛ 鳥取県 | ㉘ 兵庫県 | ㉕ 滋賀県 |
|---|---|---|---|---|---|---|---|
| ㊼ 沖縄県 | ㊹ 大分県 | ㊶ 佐賀県 | ㊳ 愛媛県 | ㉟ 山口県 | ㉜ 島根県 | ㉙ 奈良県 | ㉖ 京都府 |
| ㊺ 宮崎県 | ㊷ 長崎県 | ㊴ 高知県 | ㊱ 徳島県 | ㉝ 岡山県 | ㉚ 和歌山県 | ㉗ 大阪府 | |

## 1 経験交流 読む　都道府県に興味をもち，教科書の23都道府県の文を読もう。

都道府県の地図を黒板に掲示する。

カンジーはかせの都道府県の旅の2回目，西日本編です。どんな都道府県に行ったことがありますか。

ぼくは，奈良に大仏を観に行ったことがあります。

わたしは，大阪のUSJに行ったことがあるよ！

どんな都道府県に行ったことがあるか，出し合わせる。経験交流から，都道府県の漢字を読んだり書いたりすることへ，興味をもたせていく。

教科書P98，99を開かせる。

「日本全国をめぐるカンジーはかせの，都道府県の旅を追って，㉕〜㊼の文を読みましょう。」

教師の後に続いて，㉕〜㊼までの文を読みながら，その都道府県の漢字を板書する（または，漢字カードを貼付する）。

## 2 対話する 選ぶ　カンジーはかせとどんな旅行に行きたいか考えよう。

「23の各都道府県の特産物や特徴などが書かれた文ですね。他にも，こんなところがあります。」

教科書を読んだ後，文に書かれている以外の各都道府県の特徴を写真やスライドなどで紹介する。

「これらの都道府県を，カンジーはかせと3か所めぐるとするなら，どの都道府県へ行きますか。隣の人と話してみましょう。」

ぼくは，大阪にたこ焼きを食べに行きたいなあ。

宮崎県の「チキン南蛮」って何だろう。

阿波踊りってダンス？全然知らないなあ。楽しいのかな。

教科書の㉕〜㊼の文を見ながら，自分が行きたい場所を隣の人と気軽に話し合わせる。グループ交流でもよい。

関心を高めることにつながります。

## カンジーはかせの都道府県の旅 2

※教科書 P98 の日本地図を掲示する。

め　カンジーはかせと、どんな旅行をするか考えよう

◇　カンジーはかせと行きたい都道府県を考えてみよう

☆　㉕～㊼の中から　三つ選ぶ

---

### 🔍 主体的・対話的 で 深い学び

・地図帳を見て、㉕～㊼の都道府県についてワークシートに調べたことをうめさせていく。まずは各個人で調べさせ、それから、調べて新たに知ったことを、友達と情報交換することで、より都道府県に興味をもたせる。覚えることより、使えることを学ぶ時間を目指したい。

・初めて知ったことを、先生や尋ねたり、同じグループの友達に確かめたりして、対話を通して意欲的に学ばせたい。

#### 準備物

・地図帳（各自）

・（黒板掲示用）日本地図（教科書 P98 の地図の拡大版）

・（あれば）都道府県の特徴を示す資料（画像）

・都道府県漢字カード　DVD 収録【4_19_01】

・ワークシート（児童数）
　（児童用ワークシート見本　DVD 収録【4_19_02】）

---

## 3 調べる　地図帳を使って、都道府県の特徴を調べよう。

地図帳を使って都道府県により興味をもたせる。

「地図帳には、分かりやすく都道府県の特徴（特産品や特産物）が載っていましたよね。今回も地図帳から見つけたことをワークシートに記録しましょう。まず、1人で調べて見つけたことを書きましょう。」

・2回目だから、1回目よりたくさん書きたいな。

「調べたことを、グループで発表しましょう。」

兵庫県は、淡路島の玉ねぎも有名みたいだよ。タコもある。

和歌山県はみかんも有名だって。愛媛県と一緒だね。

岡山県は、ももって書いてある。きび団子も有名だ。

高知県には「坂本龍馬像」って書いてある。桂浜だって。行ってみたいな。

㉕～㊼の都道府県をグループで振り分けて、それぞれ詳しく調べさせてもよい。

---

## 4 発表する 交流する　調べたことを発表しよう。

「グループで調べたことを発表してください。」

グループで調べたことを、発表し合って共有する。黒板に書くスペースを開放していてもよい。

「共有したことは、ワークシートに赤色で付け足しておきましょう。」

次回は、前回のカンジーはかせと同じようにどんな場所をめぐるのか、旅行プランを立てます。今日知った特徴と都道府県を使って、文を書きます。

ぼくは、おばあちゃんの家がある九州をまわる旅にしよう。

わたしは、どこに行くか、もう少ししっかり考えてみるよ。

次回の見通しをもたせる。
家庭学習で自主的に調べてきたいという意欲を大切にして、家で付け足ししてきてもよいことにする。

**本時の目標**

都道府県の漢字を使って文を作り，カンジーはかせとどんな旅に出かけるか発表できる。また，都道府県をローマ字で書くことができる。

**授業のポイント**

例文を作り紹介し合って，都道府県の漢字を楽しく学ばせる。都道府県の特徴を短い文に書き表す活動から，より興味をもたせたい。

**本時の評価**

都道府県の漢字を使って，文を作り，友達の書いた文を，興味をもって，聞こうとしている。また，都道府県をローマ字で書いている。

**板書例**

〈旅行プラン〉「○○ツアー」と銘打ち，旅行を計画します。その計画の目玉は何かを意識して，

◇ どんな旅行をしたいか文に書こう

☆ 三つの都道府県を使って

〈例文〉

わたしは，沖縄県のきれいな海で三日間泳ぎます。

そのあと，飛行機で関西空港に行って，大阪府から和歌山県へ移動します。そして，和歌山県の白浜でまた泳ぎます。

◇ 考えたことを交流しよう
・自由に旅行する（動き回ろう）
・お互いのノートをもって
・出会ったらどんな旅行か読み合う
・一言コメント

◇ 都道府県名をローマ字で書こう

| | ローマ字表記 | | ローマ字表記 |
|---|---|---|---|
| ㉕ | Shiga | ㊲ | Kagawa |
| ㉖ | Kyôto | ㊳ | Ehime |
| ㉗ | Ôsaka | ㊴ | Kôchi |
| ㉘ | Hyôgo | ㊵ | Fukuoka |
| ㉙ | Nara | ㊶ | Saga |
| ㉚ | Wakayama | ㊷ | Nagasaki |
| ㉛ | Tottori | ㊸ | Kumamoto |
| ㉜ | Shimane | ㊹ | Ôita |
| ㉝ | Okayama | ㊺ | Miyazaki |
| ㉞ | Hiroshima | ㊻ | Kagoshima |
| ㉟ | Yamaguchi | ㊼ | Okinawa |
| ㊱ | Tokushima | | |

※㉕～㊼の都道府県のローマ字表記を掲示する。

## 1 読む 交流する

都道府県の読み方を確かめ，調べたことを出し合おう。

前回の都道府県の漢字，覚えているかな。㉕から順に読んでいきましょう。

㉕滋賀県の琵琶湖は，日本一大きい湖だ。

㉖京都府には，古い町なみがのこっている。

都道府県が拡大表記されたものを提示する。

教科書 P98，99 の㉕～㊼の都道府県の読み方を確かめながら文を読む。隣どうしで確かめ合ってもよい。

「これで，47 都道府県を読めるようになりましたね。」

「㉕～㊼の都道府県について，家で他にも調べてきたことがあれば発表してください。」
・広島県の「厳島神社」は世界遺産だよ。
・鹿児島県は黒豚が有名ってお父さんが言っていた。

グループや全体で発表し合う。

## 2 書く

自分が行きたい都道府県の文を書こう。

「カンジーはかせと周りたい都道府県を使って，どんな旅行をするか文に書きましょう。」

三つ行きたいところをつなげて文を書きましょう。

わたしもくまモンに合いたいな。

まずは，福岡県に行って博多ラーメンを食べます。そして，大分県に行って温泉に入ります。最後に，熊本県でくまモンに会いに行きます。

例文を紹介する。

「主語や述語，つなぎ言葉に気をつけて書きましょう。」
・ぼくは，四国をめぐるグルメ旅にしよう。
・わたしは，観光地をめぐる旅がいいな。

「テーマを考えると，文を作りやすいですよ。文が書けたら，先生のところへ見せに来てください。」

文を見せにきた児童のノートを見て，その場で丸をつける。

丸つけした児童には，他の都道府県の文も作らせていく。

旅行を考えると児童一人ひとりのよさが表れるでしょう。

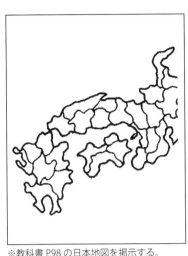

※教科書 P98 の日本地図を掲示する。

（縦書き）
カンジーはかせの都道府県の旅 2

㋱ カンジーはかせとどんな旅行をするか
発表しよう

・「カンジーはかせの都道府県の旅1」と合わせて，これで全ての都道府県を学習したことになる。日本地図に興味を持ち，地域に興味をもち，発展的な学びへ向かう児童の様子が期待できる。また，都道府県の漢字が使われている言葉探しにつなげ，どうしてその県の名前がついたかなどまで調べていくと，より深い学びへつながるだろう。

### 準備物

・ワークシート（第1時で使用したもの）
・㉕～㊼の都道府県のローマ字ワークシート
（児童用ワークシート見本 DVD 収録【4_19_03，4_19_04】）
・都道府県カード（第1時で使用したもの）
・漢字辞典，国語辞典

## 3 発表する 交流する 作った文を発表し，交流しよう。

「㉕～㊼の都道府県の旅行プランを発表しましょう。」
・わたしは，沖縄県のきれいな海で3日間泳ぎます。そのあと，飛行機で関西空港に行って，大阪府から和歌山県へ移動します。そして，和歌山県の白浜でまた泳ぎます。
・泳ぐのが大好きな，いいプランだね。

　グループや全体で発表し合う。少し発表し合ったら，みんなで書いたものを自由に立ち歩いて見せ合わせる。見たら，ノートに一言コメントを入れて交流する。

岡山県は，マスカットだけじゃなくて，桃の産地でもあるんだね。

鹿児島の種子島には，ロケットを飛ばす施設があるんだ。知らなかった！

　多くの交流を通して，各都道府県への興味を持たせたい。教師も赤で丸や線を入れながら，各グループを見て回る。

## 4 【発展】書く ローマ字で都道府県を書いてみよう。

ローマ字だったら，どのように書くのでしょう。書いてみましょう。

最初の文字は大文字で書くのだったね。

Tottori のつまる音や，Kyôto の伸ばす音に気をつけて書こう。

　ワークシートを配り，ローマ字で都道府県を書く練習をする。

「うすい線をなぞって練習してから，自分で書いてみましょう。」
・O で始まる都道府県が多いな。
・漢字だと殆どが2文字なのに，ローマ字だとアルファベットの数が少なかったり多かったりするね。

「ローマ字練習が終わった人は，都道府県の漢字が使われている言葉を漢字辞典や国語辞典で探してみましょう。」

滋賀県 京都府 大阪府 兵庫県 奈良県 鳥取県

島根県 岡山県 広島県 山口県 徳島県 香川県

愛媛県 高知県 福岡県 佐賀県 長崎県 熊本県

大分県 宮崎県 沖縄県 和歌山県 鹿児島県

ワークシート　第1時
カンジーはかせの都道府県の旅 2

● 地図帳を見て、都道府県のことを調べましょう。

名前（　　　　　）

| ㉕ 滋賀県 | ㊲ 香川県 |
| ㉖ 京都府 | ㊳ 愛媛県 |
| ㉗ 大阪府 | ㊴ 高知県 |
| ㉘ 兵庫県 | ㊵ 福岡県 |
| ㉙ 奈良県 | ㊶ 佐賀県 |
| ㉚ 鳥取県 | ㊷ 長崎県 |
| ㉛ 和歌山県 | ㊸ 熊本県 |
| ㉜ 島根県 | ㊹ 大分県 |
| ㉝ 岡山県 | ㊺ 宮崎県 |
| ㉞ 広島県 | ㊻ 鹿児島県 |
| ㉟ 山口県 | ㊼ 沖縄県 |
| ㊱ 徳島県 | |

ワークシート　第2時
都道府県のローマ字 3　　名前（　　　　　）

| | 漢字 | ローマ字表記 | なぞってみよう | 書いてみよう |
|---|---|---|---|---|
| ㉕ | 滋賀 | Shiga | Shiga | |
| ㉖ | 京都 | Kyôto | Kyôto | |
| ㉗ | 大阪 | Ôsaka | Ôsaka | |
| ㉘ | 兵庫 | Hyôgo | Hyôgo | |
| ㉙ | 奈良 | Nara | Nara | |
| ㉚ | 和歌山 | Wakayama | Wakayama | |
| ㉛ | 鳥取 | Tottori | Tottori | |
| ㉜ | 島根 | Shimane | Shimane | |
| ㉝ | 岡山 | Okayama | Okayama | |
| ㉞ | 広島 | Hiroshima | Hiroshima | |
| ㉟ | 山口 | Yamaguchi | Yamaguchi | |
| ㊱ | 徳島 | Tokushima | Tokushima | |

ワークシート　第2時
都道府県のローマ字 4　　名前（　　　　　）

| | 漢字 | ローマ字表記 | なぞってみよう | 書いてみよう |
|---|---|---|---|---|
| ㊲ | 香川 | Kagawa | Kagawa | |
| ㊳ | 愛媛 | Ehime | Ehime | |
| ㊴ | 高知 | Kôchi | Kôchi | |
| ㊵ | 福岡 | Fukuoka | Fukuoka | |
| ㊶ | 佐賀 | Saga | Saga | |
| ㊷ | 長崎 | Nagasaki | Nagasaki | |
| ㊸ | 熊本 | Kumamoto | Kumamoto | |
| ㊹ | 大分 | Ôita | Ôita | |
| ㊺ | 宮崎 | Miyazaki | Miyazaki | |
| ㊻ | 鹿児島 | Kagoshima | Kagoshima | |
| ㊼ | 沖縄 | Okinawa | Okinawa | |

# 夏の楽しみ

## ◉ 指導目標 ◉

・ 言葉には性質や役割による語句のまとまりがあることを理解し，語彙を豊かにすることができる。
・ 書こうとしたことが明確になっているかなど，文章に対する感想や意見を伝え合い，自分の文章のよいところを見つけることができる。
・ 積極的に語彙を豊かにし，学習課題に沿って，行事の様子を俳句で表そうとすることができる。

## ◉ 指導にあたって ◉

### ① 教材について

『きせつの言葉 1』の『春の楽しみ』に続き，『行事』を窓口にして言葉を広げていく学習です。七夕やお盆など昔から続いてきた夏の行事と，それに関わる言葉を知り合います。なお，行事の時期ややり方は，時代や地域によって変わるものですが，その行事に込められた意味や願いは受け継がれているといえるでしょう。また，行事は，その地域に住む人々にとって，そのときどきの楽しみでもありました。

教科書では，夏の行事や風習として，衣替え，蛍がり，七夕，盆踊りが紹介されています。また，それらの行事を詠んだ俳句と短歌も出ています。まずは，教科書の挿絵や俳句を手がかりにして，行事とそれに関わる言葉を考え，見つけ出します。「衣替え」など，なじみのない言葉や俳句については説明します。また，全国的に行われている行事とともに，それぞれの地方，地域に伝わる伝統的な行事もあります。夏には，農業やお盆に関わる子どもの行事もあります。『夏祭り』などの地域の行事と，それに関わる言葉に目を向けさせ知り合わせます。そのことを通して，自分が育った地域の自然や風土，人々のくらしや願いにも気づかせます。

### ② 主体的・対話的で深い学びのために

夏の行事に関わる言葉を知ったあと，その言葉を一つ選んで行事の様子を表した俳句を作ります。『盆踊り』の「浴衣」などの言葉は，季語として使えます。

地域には，子どもが主役になれる地蔵盆などの行事もあります。児童のくらしが読み取れるような，具体的な事実，体験を詠むよう助言します。また，作った俳句はみんなで読み，その行事の様子と捉え方を知り合います。そして『いいな』と思ったところを感想として伝えます。作品を読み合うことも対話です。友達の目を通した行事の捉え方にも学ぶことができます。なお，俳句はうまく作れていなくても，体験にもとづいたことを，季語を入れて作れていれば評価します。

| 知識 及び 技能 | 言葉には性質や役割による語句のまとまりがあることを理解し，語彙を豊かにしている。 |
| --- | --- |
| 思考力，判断力，表現力等 | 「書くこと」において，書こうとしたことが明確になっているかなど，文章に対する感想や意見を伝え合い，自分の文章のよいところを見つけている。 |
| 主体的に学習に取り組む態度 | 積極的に語彙を豊かにし，学習課題に沿って，行事の様子を俳句で表そうとしている。 |

◉ 学 習 指 導 計 画　　全 2 時 間 ◉

| 次 | 時 | 学習活動 | 指導上の留意点 |
| --- | --- | --- | --- |
| 1 | 1 | ・『夏の楽しみ』として，行事やその様子を表す言葉を考えて書き出し，話し合う。<br>・その地域に伝わる行事や祭りについても話し合う。 | ・教科書の挿絵や俳句などを手がかりにして，行事の言葉を見つけさせる。<br>・自分が参加したことや，見た体験も出し合せ，知り合うとともに，広げるようにする。 |
| | 2 | ・夏の行事に関わる言葉を使って，その行事の様子を表した俳句を作る。<br>・作った俳句を発表し，感想を述べ合う。 | ・俳句作りは，難しく捉えさせないでまずは楽しく作らせるようにする。<br>・俳句を読み，夏の行事の様子がよく分かるところや言葉を見つけ合わせる。 |

**DVD** 📀 **収録（画像）** ※本書 P196, 197 に掲載しています。

# 夏の楽しみ

## 第 1,2 時 （1,2/2）

### 本時の目標

夏の行事や様子に関わる言葉を集め，知ることができる。
夏の行事の様子を表した俳句を作ることができる。

### 授業のポイント

夏の行事の言葉も，児童の実体験と合わせて話をさせる。
俳句作りは，まずは楽しませる。想像したことでなく，見たもの聞いたことをもとに作らせる。

### 本時の評価

夏の行事やその様子に関わる言葉を知ることができている。
夏の行事の様子を表した俳句を作ることができている。

〈俳句づくり〉夏に関する行事や様子の写真を用意します。イメージがわかない児童の支援に

**板書例**

夏の行事のことばを
　考えて　見つけよう
　書いて　知り合おう

六月　○ころもがえ（夏服）
　　　○夏至（げし）
　　　○ほたるがり（うちわ、虫かご、川）

七月　○七夕　天の川　ひこ星　おりひめ
　　　　　ささかざり　たんざく（願いごと）

八月　○ぼんおどり　やぐら　ゆかた　じんべえ
　　　　　おぼん　送り火

◎「こんなことをした」お話
・○○神社のぎおんさんに行った
・おぼんの送り火をたいた
・大文字を見た

※児童の発表を板書する。

（第2時）
め　俳句を書いて読み合おう　※※

※※第2時の板書は略。俳句を書いた板書を貼る。

---

## 1 （第1時）
### めあて　対話する
『夏と言えば○○』を話し合いめあてを捉えよう。

教科書はまだ閉じたままで尋ねる。

「夏です。『夏』と言えば，どんなことやどんな言葉が頭に浮かんできますか。」
　・『夏休み』です。『プール』と『海』が楽しみです。
　・『七夕』『夜店』。『せみ』や『朝顔』も思いついた。

では，春の『ひな祭り』のような，夏の行事で思いつくものは，ないでしょうか。

『ぎおん祭り』（京都，他）が楽しみです。山鉾もいっぱい通ります。

七夕のときは，願い事を書いて，笹飾りを作ります。

他にも仙台七夕など，知られた行事も多い。

「今日は，このような夏の行事や，その様子を表す言葉には，どんなものがあるのかを考えます。」

---

## 2
### 調べる　書く
教科書を見て，夏の行事の言葉を書き出そう。

「教科書にも，夏の行事とそれに関係した言葉が出ています。どんな行事があるのでしょう。」
　・衣替え，蛍がり，七夕…それに夏至。

衣替えや夏至，蛍がりについては，説明も加える。

では，ここに出ている行事と，それに関係する言葉を書き出しましょう。その他にその行事で知っている言葉も書いて付け足しましょう。

『蛍がり』には『うちわ』と『虫かご』を持って行く。それに『山田川』へ蛍を見に行ったとき…

自分の体験も思い出させながら，言葉を書かせる。

「見つけた言葉を発表しましょう。」
　言葉を音読し，児童の発言で付け加えていく。

「俳句と短歌もあります。読んでみましょう。」

音読し，意味や情景を解説する。また，理科でも七夕の『彦星』など，夏の星について学習している。

（第1時）

## きせつの言葉　夏の楽しみ

め　夏の行事とそれを表す言葉を集めよう

◎　夏といえば「〇〇」

（六、七、八月）

- ぎおん祭　　・山ぼこ
- 七夕　　　　・ささかざり
- 夜店　　　　・夏休み

---

## 主体的・対話的で深い学び

- 俳句はあまり難しく思わせず，まずは作って楽しませるようにする。音数も，ほぼ五七五の音数になっていればよしとする。そして，作った俳句を読み合うのも対話といえる。
- ただ，児童は『楽しい』『おもしろい』などの言葉をよく使うが，これらの言葉はあまり使わない方がいい。それよりも，その児童らしい具体性のある捉えや言葉が使われているところをほめ，大切にする。そこがその児童の主体性の表れにもなる。

### 準備物

- 教科書に出てくる言葉の画像など
  （画像 DVD 収録（ホタル，天の川，七夕まつり）
  【4_20_01〜4_20_04】）
- 俳句用の短冊形の用紙（児童数）※黒板に貼り出す。

---

なります。

---

**3 書く 対話する**　地域の行事やそれに関わる言葉も考え，教え合おう。

「わたしたちの住んでいる地域に伝わる行事もあります。それに関係した言葉も考えて，書き出してみましょう。隣の人と相談してもいいですよ。」

発表しましょう。自分が見たことやしたことも，教えあいましょう。

8月の『お盆』です。家で15日に『送り火』をたいて，ご先祖さまを送ります。

わたしは，毎年，〇〇神社の『ぎおんさん』に行きます。『夜店』も楽しみです。

夏には，農事や先祖供養に関わる行事も多い。（『愛宕祭』『大文字』，地方によって『虫送り』など）

「はじめて聞いた，という行事はありましたか。」

- ちょうちんがいっぱいともる『地蔵盆』って，はじめて知りました。行ってみたいです。
- 『蛍がり』に行って，本物の蛍を見てみたいです。

---

（第2時）

**4 書く 対話する**　行事の言葉を入れて，夏の行事を表す俳句を作り，読み合おう。

「夏の行事と，それに関係した言葉が多く見つかりました。その言葉を1つ使って，行事の様子を表した俳句を作ります。」

俳句の音数と季語を確かめ，教科書の句を音読する。

「このような俳句を作って読み合いましょう。」

しばらく俳句を作る時間をとり，個別指導する。

発表してください。聞いたあと，感想も発表しましょう。

わたしの俳句は『山ぼこを　見上げた先に　お月さま』です。

祇園祭の宵宮の様子が，よく分かります。

『盆おどり，手と足のかげ　おどってる』

影もおどっているところが楽しそうで，いいです。

教師からも一言，句のよいところや言葉をほめる。

「知らなかった行事や言葉も知り合うことができました。夏休みには，そんな行事に行くのもいいですね。」

# 事実にもとづいて書かれた本を読もう
# ランドセルは海をこえて

全授業時間 5 時間

## ◉ 指導目標 ◉

・ 幅広く読書に親しみ，読書が，必要な知識や情報を得ることに役立つことに気づくことができる。
・ 文章を読んで感じたことや考えたことを共有し，一人一人の感じ方などに違いがあることに気づくことができる。
・ 進んで幅広く読書に親しみ，学習の見通しをもって，読んだ本をポップ等で紹介しようとすることができる。

## ◉ 指導にあたって ◉

### ① 教材について

　読書の幅を広げる学習として，ノンフィクションを読みます。ノンフィクションとは，作りごとではなく，事実にもとづいて書かれた読み物のことです。伝記や旅行記，また歴史や地理，自然に関わる内容のものも多く，書かれていることが事実だけに，物語とはまた違った面白さや感動があります。

　『ランドセルは海をこえて』を，みんなで読みます。アフガニスタンの子どもたちにランドセルを送っている取り組みをもとにしたノンフィクションです。このお話を通して考えさせられるのは，アフガニスタンの人々の生き方や，学校で学ぶことの意味についてです。日本ではごくふつうの「学校で学ぶ」ということ自体が，決して当たり前ではないことも分かります。そして，そのような現実を知ることは，わたしたちのくらしや考え方を振り返ることにもなり，考えを深めてくれます。事実を知り，そこから考える…そこにノンフィクションを読む価値があると言えます。

　あわせて，他のノンフィクションも読み，それらを友達に紹介するという活動を行います。読んだ本の紹介では，感想を書いて発表するというのがふつうですが，ここでは，ポップや本の帯を書くという形をとります。その本のよさを知ってもらうための効果的なコピーや紹介の文章を考え，短く表現します。

### ② 主体的・対話的で深い学びのために

　『ランドセルは海をこえて』を読むと，日本以外の国の人々のくらしにも目が向き，視野が広がります。このように，本を読むということ自体が，好奇心に支えられた主体的な活動であり，新しい知識との対話です。なお，読む上ではアフガニスタンという国の場所や国情など，地理や社会に関わる知識も必要です。その点に難しさもありますが，これは『もっと知りたい』という，主体的な調べ学習に発展させることもできます。また，読んだ本の紹介文の交流は対話的な学習となります。

## ◉ 評 価 規 準 ◉

| 知識 及び 技能 | 幅広く読書に親しみ，読書が，必要な知識や情報を得ることに役立つことに気づくことができる。 |
|---|---|
| 思考力，判断力，表現力等 | 「読むこと」において，文章を読んで感じたことや考えたことを共有し，一人一人の感じ方などに違いがあることに気づいている。 |
| 主体的に学習に取り組む態度 | 進んで幅広く読書に親しみ，学習の見通しをもって，読んだ本をポップ等で紹介しようとしている。 |

## ◉ 学 習 指 導 計 画　全 5 時 間 ◉

| 次 | 時 | 学習活動 | 指導上の留意点 |
|---|---|---|---|
| 1 | 1 | ・これまでに読んだノンフィクションを紹介し合う。<br>・学習課題を聞き，学習の見通しを持つ。 | ・伝記や旅行記など，これまでに読んだノンフィクションを紹介し合う。<br>・教科書の『学習の進め方』を参考にする。 |
| | 2 | ・読みたいノンフィクションを選ぶ。<br>・『ランドセルは海をこえて』を読み，話の概要を捉える。 | ・教科書 P104 に紹介されている本を参考にして，興味を持たせる。<br>・はじめに，アフガニスタンの位置や国情について，地図等を使って説明しておく。 |
| 2 | | ★ここに，児童各自が選んだノンフィクションを，それぞれが読んでいく期間を設ける。児童は，『ランドセルは海をこえて』の学習と並行して，自分が選んだノンフィクションを読みすすめる。 | |
| | 3 | ・『ランドセルは海をこえて』を読み，アフガニスタンの学校の様子や，子どもたちが真剣に学んでいる姿を捉え，話し合う。 | ・日本の学校とも比べながら，ランドセルを送る意味についても話し合わせる。<br>・『学校は…希望だ』の意味を考えさせる。 |
| 3 | 4 | ・『ランドセルは…』を読み返し，すすめたいところについて話し合う。<br>・ノンフィクションを紹介するための，帯やポップの書き方を調べて書く。 | ・印象に残った言葉や文に着目させる。<br>・ポップや帯を知らない児童もいる。教科書の『ポップの例』を参考にさせる。<br>・紹介するノンフィクションは選ばせる。 |
| | 5 | ・書いた帯やポップを読み合う。<br>・学習のまとめをする。 | ・ノンフィクションを読むよさを話し合い気づかせる。<br>・『たいせつ』を読み合う。 |

★印のところは，2 時目の学習を受けて，児童がそれぞれ選んだノンフィクションを読む時間であり期間としています。指導計画の中で，一斉に一定の時間を設けるのは難しいので，『朝の読書』や『読書』などの時間を活用して，読みすすめるようにします。

**本時の目標**

ノンフィクションとは，どのような読み物なのかが分かり，学習の見通しを持つことができる。

**授業のポイント**

実物の本や帯，ポップを見せることが大切。そして，ノンフィクションとはどんな読み物かをまず分からせ，読むことへの興味を持たせる。

**本時の評価**

ノンフィクションとは，どのような読み物なのかが分かり，学習の見通しを持つことができている。

〈見通す〉学びのゴールを設定し，ゴールに向けてどのように学びを進めるか児童と確認します。

板書例

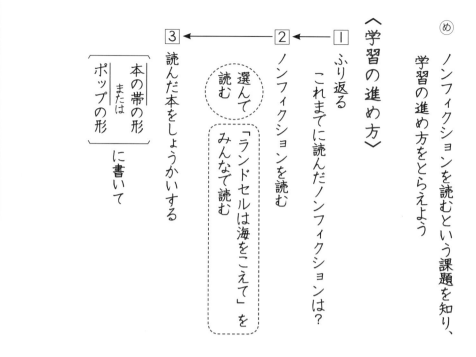

ⓜ ノンフィクションを読むという課題を知り，学習の進め方をとらえよう

〈学習の進め方〉

① ふり返る
これまでに読んだノンフィクションは？

② ノンフィクションを読む
選んで 「ランドセルは海をこえて」を みんなで読む 読む

③ 読んだ本をしょうかいする
本の帯の形 または ポップの形 に書いて

---

**1 出し合う** ノンフィクションについて読んだ経験も交えて話し合おう。

「前に『白いぼうし』というお話を読みましたね。あのお話は，本当にあったお話でしょうか。」
・いいえ，あまんきみこさんが作ったお話です。
・事実ではありません。『一つの花』もそうです。
「そうですね。その一方で事実をもとに書かれたお話もあるのです。ノンフィクションといいます。これからそのようなお話をみんなで読んでいきます。」
・『エジソンの伝記』もノンフィクションかな。

これまでに，読んだノンフィクションはありますか。

『発明，発見物語』も，ノンフィクションだと思いました。

『稲むらの火』も，津波を知らせた事実をもとに書かれた本でした。

教科書 P102 を読み，『事実にもとづいて書かれた本』＝『ノンフィクション』と言うことをおさえる。

**2 読む 対話する** どんなノンフィクションがあるのか，話し合おう。

「有名な人の伝記や，旅行や探検をもとに書かれた旅行記などもノンフィクションです。」
・カラフトを探検した間宮林蔵のことを書いた本を読んだけれど，あれもノンフィクションだと思います。
「教科書にも，どんなノンフィクションを読んだのか，また，読んだ感想も出ています。103ページを読んでみましょう。」
（できれば実物を見せる）

3冊の本が紹介されていますね。どんなノンフィクションでしょうか。

『金星探査機・あかつき』のことを書いた本です。初めて知りました。読んでみたいな。

天然氷作りのことや，『手で食べる』という世界の食べ方の本もあるみたいです。おもしろそうです。

ひと口にノンフィクションと言っても，内容は伝記や科学，風俗など，様々であることに気づかせる。

## 事実にもとづいて書かれた本を読もう

ノンフィクション … つくりごとではない 実際にあったこと

○伝記
○旅行記、たんけん
○科学、れきし
○くらしから

など

（例）
・天然氷をつくる
・あかつき（金星）
・世界の食べ方

---

### 主体的・対話的で深い学び

・ノンフィクションに限らず，読書では『読みたい』『知りたい』という気持ちを何より大切にしたい。知的好奇心こそが主体的な学びのもとになるからである。そのため，本時はノンフィクションへの興味関心を持たせる時間とする。
・ノンフィクションを読むと，『へえ，こんな人がいたのか』『日本とはずいぶん違うなあ』などと思う。これは，これまでの知識との対話になっている。

### 準備物

・教科書P103で紹介されているノンフィクションの本。
（図書室で借りておき，実物を見せる）
・本の帯と，ポップの実物　（説明するときに見せる）

---

## **3** つかむ 対話する　学習課題を捉え，学習の進め方について話し合おう。

「ノンフィクションにもいろいろあること，また，これまでにも，いろんなノンフィクションを読んできたことが分かりました。」

「ここでもノンフィクションを読み，その面白さやよさを伝え合う学習をします。」

> どんな順番に学習をしていくのか，102ページの『学習の進め方』を見て確かめましょう。初めにすることは何でしょうか。

> ①は，『ノンフィクションを読んだときのことを思い出す。』です。今，話し合ったことだと思います。

「では，2番目にすることは何でしょうか。」
・②の『読みたい本を選んで読む。』ことです。ここでノンフィクションのお話を読みます。
・教科書に載っている『ランドセルは海をこえて』も，ノンフィクションだと思います。

---

## **4** 対話する　学習の見通しを持とう。

「2番目の学習は，ノンフィクションを選んで読むことですね。次の時間に選びましょう。『ランドセルは海をこえて』は，みんなで読みすすめます。」

「3番目にすることは，何ですか。」
・③の『読んだ本を紹介し合う』ことです。

> どんな紹介のしかたをするのか，105ページを見てみましょう。

> 『例』に，本の帯とポップが出ています。

> こんなポップや帯を書いて，紹介するのかな。こんなの，書くのは初めてです。

「『ポップ』とか『帯』って分かりますか。それは…」
ポップや帯を知らない児童もいる。実物を見せて，まずこんなものだ，ということを分からせる。
・ポップの文は短いけれど，どんな本かよく分かるな。

教科書P102と板書で，学習の見通しを確かめ合う。

**本時の目標**

これから読むノンフィクションを選ぼうとすることができる。『ランドセルは海をこえて』を読み通すことができる。

**授業のポイント**

どんなノンフィクションを読むのかを、児童任せにして『何でもよい』というのはよくない。教科書も参考に、教師が候補を決めておき紹介する。

**本時の評価**

これから読むノンフィクションを選ぼうとしている。『ランドセルは海をこえて』を読み通すことができている。

板書例

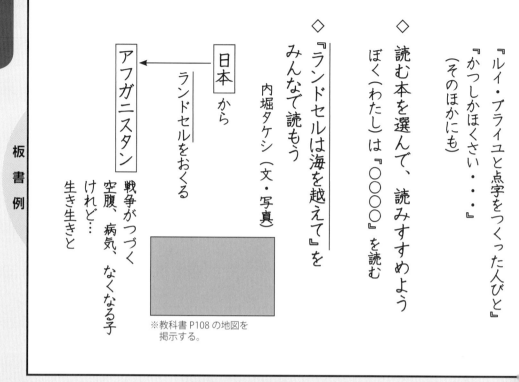

〈並行読書〉児童一人ひとりが読むノンフィクションを選ぶとともに，並行して，『ランドセルは

◇ 『ルイ・ブライユと点字をつくった人びと』
『かつしかほくさい・・・』
（そのほかにも）
ぼく（わたし）は『〇〇〇〇』を読む

◇ 読む本を選んで、読みすすめよう

『ランドセルは海を越えて』をみんなで読もう

内堀タケシ（文・写真）

日本 から
ランドセルをおくる

→ アフガニスタン
戦争がつづく
空腹、病気、なくなる子
けれど・・・
生き生きと

※教科書 P108 の地図を掲示する。

---

## 1 知る・対話する — これから読むノンフィクションには，どんな本があるのだろう。

「これからノンフィクションを読んでいきますが，何を読めばいいか，教科書104ページの本も参考にして考えていきましょう。」
「まず，6冊の本の，紹介文を読んでみましょう。」

どれも事実をもとにして書かれている本。教師の解説でも補いながら，どんな内容なのかを知り合わせる。

みなさん，点字って知っていますか。エレベーターのボタンの近くや，ビールの缶の上にもついていますね。こんな点字を考えたのは誰でしょう？
その人たちのことを書いたお話が，『ルイ・ブライユと点字を作った人びと』という本です。

おもしろそう。読んでみたいな。

ドキュメンタリーやルポルタージュという言葉についても，一応教師が説明するが児童には難しいだろう。ここでは，細かい分類にあまり意味はない。

## 2 知る・出し合う — これから読むノンフィクションを考え，決めよう。

「『やんちゃ子グマがやってきた！』の本です。」
・これは『〇〇の伝記です。』（本を見せ合う）

教科書で紹介されている6冊については，できれば実物の本を見せながら，紹介するようにする。また『ランドセル…』は，みんなで読むことを伝える。
児童が借りてきたり，家から持ってきたりした本もここで紹介させる。後で貸し借りをさせてもよい。
また，『たくさんのふしぎ』（福音館）など，子ども向けの月刊誌の中にも，ノンフィクションがある。

「では，これから読む読み物を考えて決めましょう。」

【ノンフィクションを読む】
読ませたい本はいくつか選んでおく。ノンフィクションならどんな本でもよい…というわけにはいかないからである。
その場合，冊数も限られてくるので，みんなが一斉に読むのは難しい。だから，ここでは『ノンフィクションを読む週間』などと一定の読書期間を設け，その間に全員がどれかのノンフィクションを読むというやり方ですすめるようにした。

海をこえて』をみんなで読みすすめていきます。

め　ノンフィクションの本を選んで読もう

# 事実にもとづいて書かれた本を読もう

〈さまざまなノンフィクションの本〉

『あなたの声がききたい』
『やんちゃ子グマがやってきた！』
☆『ランドセルは海をこえて』
　→　みんなで読む
『ゾウの森とポテトチップス』

## 🔍 主体的・対話的で深い学び

・ここでは，『ランドセルは海をこえて』をみんなで読む。それと並行して，教科書に紹介されている本も参考にして，各自が読みたいノンフィクションを選んで読む。しかし，ノンフィクションは，小学生にとって難しい内容のものがけっこう多い。児童が，読んだことのない本から選ぶのも難しく，教師からの助言も必要だろう。できるだけ教師も読んでおき，その児童に合った本をすすめたい。それが，主体的な読書につながる。

### 準備物

・前もってノンフィクションの本を持ってくるよう呼びかけておく。
・教科書P104に出ている本，他にもノンフィクションとして読ませたい本を図書室から借りだしておくなど，準備しておく。
　また，6冊の本の紹介に役立つもの（ビール缶など）
・日本と中近東が入ったアジアの地図

---

## 3　見る 読む 『ランドセルは海をこえて』をみんなで読もう。

「一人ずつが読むノンフィクションとともに，みんなで同じお話も読めます。『ランドセルは海をこえて』という教科書に載っているノンフィクションです。」

「まず，107ページの写真を見てみましょう。」
・外国の女の子が，ランドセルを背負っています。
・にこにこしていて，なんだかうれしそうです。

「この写真も他の写真も，この文を書いた内堀さんが撮った写真です。」

初めの4行を読みましょう。（音読）ランドセルは，日本からアフガニスタンという国に送っているのですね。どこにある国なのでしょうか。まず，地図を見て確かめましょう。

ずいぶん遠くにある，海のない国です。

中国やインドなどアジアの主な国とともに，アフガニスタンの位置を地図上で確かめる。（教科書P108地図参照）

## 4　読む 対話する 全文を音読しよう。

「では，どんなお話なのか，まず先生が読みます。」
　まず教師が読み聞かせる。（5～6分）

アフガニスタンという国のある場所は分かったけれど，どんな国なのか分かりましたか。日本と比べると…?

戦争状態にある国です。戦争で死ぬ人もいるみたいです。

だから，空腹や病気で亡くなる子どもも多くいます。

でも，子どもは，写真のように生き生きしている国です。

・どうして，ランドセルをアフガニスタンに送っているのかも，分かりました。
　アフガニスタンの国情や戦争については，児童に分かる範囲で，教師が説明するのもよい。

「では，みんなで声に出して読んでみましょう。難しい言葉には，印をつけておきましょう。」（音読）

　　時間に応じて，初めの感想の交流をするのもよい。

**本時の目標**

『ランドセルは海をこえて』を読み，学校で真剣に学ぶアフガニスタンの子どもたちの姿を読み取る。

**授業のポイント**

教師がリードして読み進める。語句や文の意味なども，児童に合わせて説明をする。写真も活用し，まずアフガニスタンの実情を捉えさせる。

**本時の評価**

『ランドセルは海をこえて』を読み，学校で真剣に学ぶアフガニスタンの子どもたちの姿を読み取っている。

〈題名読み〉「ランドセルは海を越えて」の題名読みをして，想像を広げます。ランドセルが

**板書例**

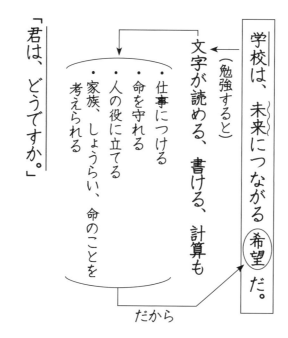

○ おくったランドセル…たからもの
「幸せ」「これで勉強ができる」

○ 学校…校舎，つくえ，いす（など）ない
（けれど）
勉強が大好き、集中、しんけんに
⇔でも
家では、子どもも大切な働き手

学校は、未来につながる 希望 だ。

（勉強すると）
文字が読める、書ける、計算も

・仕事につける
・命を守れる
・人の役に立てる
・家族、しょうらい、命のことを考えられる

だから

「君は、どうですか。」

---

## 1 読む 対話する　筆者のしていることを読み取ろう。

「『ランドセルは海をこえて』を，初めから読んでいきます。『初めて知った』ということも，きっと出てきますよ。」

「初めの9行を読みましょう。ここまでが1つ目のまとまりです。」（教科書 P107 を音読）

『ぼく』って誰のことですか。何をしている人ですか。

このお話を書いた内堀タケシさんです。アフガニスタンへ行って，写真を撮っています。

アフガニスタンの子どもたちに，日本からランドセルを送る活動もしているのかな。

「写真を撮っているのは，何のためですか。」

筆者＝写真家で活動家でもあることを分からせる。
一部の文が倒置になっていて分かりにくいので，解説する。
語句については，その都度説明する。

## 2 読む 対話する　アフガニスタンの人々や小学生の様子を読もう。

「108ページの上（〜生き生きとしている）までを，読みましょう。」（音読し，『中東』など難しい言葉を説明）
「アフガニスタンはどんな国だと分かりましたか。」

前時にも簡単に話し合っている。戦争があり貧しい。だけど，人々は生き生きしている国だとおさえる。

「108ページ上終わの『アフガニスタンの小学生は，…』から109ページの終わりまで読みましょう。」（音読）

アフガニスタンの小学生と，ランドセルのことが書いてありました。読んでどんなことが分かりましたか。

だから，日本からランドセルや文具をおくっています。子どもたちは，ランドセルを宝物みたいに思っています。

アフガニスタンの子どもたちは，ランドセルを知らない。戦争のために，学校へ行くためのかばんや文具もない。

「109ページの写真の子どもたちは何と言っているかな。」

想像させ，P109 の文中の言葉で答えさせる。

どんな意味をもつのかを考えることが読みを広げます。

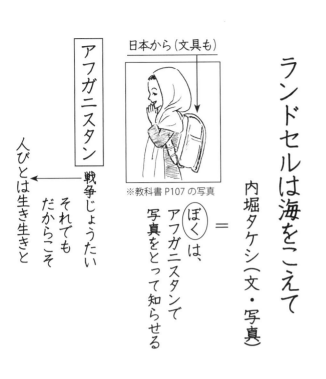

ランドセルは海をこえて
内堀タケシ（文・写真）

日本から（文具も）

※教科書 P107 の写真

ぼくは、アフガニスタンで写真をとって知らせる ＝

アフガニスタン　戦争じょうたい　それでも　だからこそ

人びとは生き生きと

---

## 🔍 主体的・対話的で 深い学び

・学ぶことの意味を考えさせられるノンフィクション。校舎もランドセルもないアフガニスタンの学校，そこで真剣に学ぶ子どもたち。日本との違い…。読むことを通して，児童の心の中で，それまでの体験や知識との対話が生まれている。

・また，多くの児童はアフガニスタンの子どもたちを応援したい気持ちになる。このように，対話を通して互いの共通する気持ちに気づかせ，確かめ合うことが深い学びになる。

### 準備物

・（あれば）教科書（またはもとの本）の写真の拡大コピー，または，映せる画像

---

## 3 読む　対話する　アフガニスタンの学校と，そこでの子どもたちの様子を読もう。

「110 ページの『ここは学校。』から 111 ページ下『〜かわってくる』までを読んで，学校の様子を考えましょう。」

斉読する。写真も見ながら学校の様子を捉える。分かったことを，日本とも対比しながら話し合う。

アフガニスタンの学校とは，どんな学校なのでしょうか。日本の学校とはずいぶん違いますね。また，学校や家での，子どもたちの様子はどうなのでしょうか。

日本の学校のような校舎がありません。机も椅子も…

そんな学校でも，子どもたちは勉強が大好きです。すごい集中力で，授業中もしんけんに聞いて答えています。

家の手伝いや仕事をして，学校に行けない子どももいます。

「写真の子どもたちは，何をしているのでしょうか。」
・みんなが行く日本の学校とは，全然違うみたい…。

学校や仕事の様子について話し合う。

---

## 4 読む　話し合う　『学校は未来につながる希望だ』を読み，その意味を話し合おう。

「111 ページの『そういうかんきょうでは…』から終わりまで読みましょう。」（斉読し，『紛争』など説明）

「アフガニスタンの人たち，子どもたちにとって，学校はどんなところだと書いてありますか。」
・『学校は未来につながる希望だ』と書いてあります。

「学校へ行くと，何が学べるのですか。」
・文字を読むこと，書くこと，計算もできます。

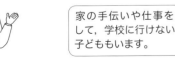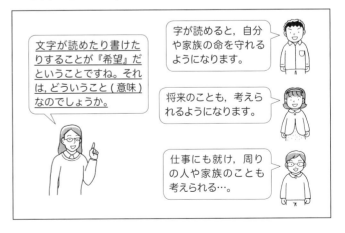

文字が読めたり書けたりすることが『希望』だということですね。それは，どういうこと（意味）なのでしょうか。

字が読めると，自分や家族の命を守れるようになります。

将来のことも，考えられるようになります。

仕事にも就け，周りの人や家族のことも考えられる…。

最後にある筆者の問い，『君はどうですか』について，自由に自分の思っていることを，話し合うのもよい。

**本時の目標**

読んだノンフィクションのよさを紹介するために、本の帯やポップの形にして書くことができる。

**授業のポイント**

4時目は、帯やポップを書く時間を確保する。また、書くためにも、自分が伝えたいことをはっきりさせるように助言する。

**本時の評価**

読んだノンフィクションのよさを紹介するために、本の帯やポップの形に書いて読み合うことができる。

---

**板書例**

◇ 書いた帯やポップを読み合おう

☆ かんたんに、わかりやすく

〈選んで読んだノンフィクション〉
「ランドセルは海をこえて」
「ランドセルは海をこえて」
どちらか

ポップの書き方

〈ポップ〉書店に並ぶポップや帯をいくつか参考例として用意します。よい例をもとにして、

人の目を引く言葉や文を「見出し」のようにつけて

本の題名 筆者名 →

学校は〇〇〇〇希望だ。
「ランドセルは〇〇〇〇〇」
〇〇〇〇〇

読んでみたいな！

※

・本の内容
・すすめたいところ
・感想も

↑ すすめるわけがわかるように

※教科書 P105 のポップ例を掲示する。

---

## 1 読む 対話する
**『ランドセルは海をこえて』を読み直し、感想を交流しよう。**

「この『ランドセルは海をこえて』を読んで、何か考えさせられた、思った、という人は手を挙げて…。」
・はーい。（多くの児童が挙手）真剣に勉強する子ども達が偉いなあと思いました。応援したくなりました。

「もう一度読んで、振り返ってみましょう。」
　　一人読みなど。印象に残ったところに印をさせる。

「この本を他の人にも読んでほしいと思いましたか。」
・はい。こんな子どもたちがいるって知らなかった。

すすめたい理由は何でしょう？また、人にすすめるとき、どんなところをすすめたいですか。

この本を読むと、文字が読めるということが、とても大切なことだと分かるから、すすめたい。

戦争の中でも、校舎がなくても、真剣に勉強する子どもたちがいることが分かるところ。

なぜランドセルを送るのかが、よく分かるところです。

## 2 読む 話し合う
**紹介するための『帯』やポップについて、話し合おう。**

「この本を多くの人に知ってもらい、読んでもらうために、こんな（紹介の）方法があります。」

書籍についている『帯』とポップを見せ、説明する。

・本屋さんで見たことがあります。よく目につきます。
・ぱっと見て、大体その本のことが分かります。

短い文や言葉で、その本のことが書いてありますね。『ランドセル…』なら、どんなポップになるのか、105 ページを見てみましょう。

『学校は、未来へ…』と、『いいな』と思った言葉を大きな文字で書いています。

題名、筆者名や、どんな本なのか、感想も書いてあります。

『帯』や『ポップ』が何かを知らない児童も多い。何のためのものか、その目的も含めて説明しておく。

事実にもとづいて
書かれた本を読もう

『ランドセルは海をこえて』を読んで

◯人に（ すすめたいわけ
すすめたいところ ）は？
　多くの人に知ってもらうために

読んだノンフィクションのよいところを
帯やポップに書いて知らせよう

め
↓
パッと目に入る、一目でわかる

## 主体的・対話的で深い学び

・本を読むことで，ふだん考えたことのない『学校へ行く意味』なども考えるようになる。視野が，世界が広がり，ものごとを一段上から見られるようになる。これは，主体的に考えたり学んだりしていく上で，とても大切なことになる。
・アフガニスタンへ行くことは，容易ではない。しかし，『ランドセルは海をこえて』を読むことにより，文章と写真を通して，アフガニスタンの今が体験できる。その文学上の体験を語り合うことが，対話的で深い学びになる。

### 準備物

・本（できれば子ども向きの本）の帯と，本を紹介するポップの実物
・（黒板掲示用）教科書P105のポップ例の拡大版

## 3 書く　読んだノンフィクションのよさを紹介するための帯かポップを書こう。

「本のよいところを伝えるのがポップや帯です。このポップを見て，読みたいと思いましたか。」
　・はい。『学校は，…』を見ると，どうして学校が『未来につながる希望』なのかを知りたくなります。
「こんなポップ，または帯のどちらかを書きます。自分が選んで読んだノンフィクション，またはこの『ランドセルは海をこえて』の，どちらか紹介したい方を書きましょう。」

「このポップで，パッと目に入るのはどこですか。」

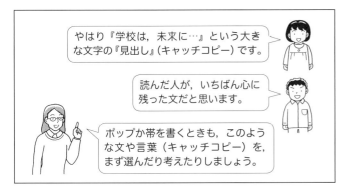

やはり『学校は，未来に…』という大きな文字の『見出し』（キャッチコピー）です。

読んだ人が，いちばん心に残った文だと思います。

ポップか帯を書くときも，このような文や言葉（キャッチコピー）を，まず選んだり考えたりしましょう。

書いているのを見て回り，個別に指導する。

## 4 読み合う まとめ　（第5時）　書いたポップや帯を読み合い，学習のまとめをしよう。

「書き上げたポップ，または帯は，見せ合ったり読み合ったりしましょう。」

わたしは『ルイ・ブライユと点字をつくったひとびと』を読みました。紹介します。…

大きな見出し（コピー）の，『点字を知っていますか？作った人を知っていますか？』がいいね。

　帯やポップの読み合いや紹介のしかたには，グループでの回し読みや，みんなの前で読んで発表するなど，様々なやり方がある。最後には，掲示板などに全員の作品を展示して，読み合えるようにする。

「ノンフィクションを読んでみて，どうでしたか。」
　・知らなかったことが分かって，読んでよかったです。

「最後に『たいせつ』を読んで振り返りましょう。」

# 忘れもの／ぼくは川

## ◉ 指導目標 ◉

- 詩を読んで理解したことに基づいて，感想や考えをもつことができる。
- 詩全体の構成や内容の大体を意識しながら音読することができる。
- 詩を読んで感じたことや考えたことを共有し，一人一人の感じ方などに違いがあることに気づくことができる。
- 詩を読んで理解したことに基づいて，進んで感想や考えをもち，学習課題に沿って，詩を読んだ感想を述べようとすることができる。

## ◉ 指導にあたって ◉

### ① 教材について

　2つの詩を読み，描かれている情景と心情を読み取ります。『忘れもの』（高田敏子）は，夏休みが終わり，新しい季節を迎えたときの気持ちが描かれています。過ぎ去った夏休みに，「キミ」と呼びかけるちょっとさびしい「ぼく（話者）」の思いには，児童も共感するでしょう。『ぼくは川』（阪田寛夫）の川は，まるで生き物のようです。川はぼくと重なり，「川であるぼく」が前へ前へと流れゆく姿が，躍動感のある言葉づかいで表現されています。音読を重ねることにより，その息づかいが伝わってきます。テーマや表現は異なる2つの詩ですが，受けた印象や考えたことを，自分の体験や思いとも重ねて伝え合います。

　また，2つの詩では，表現上の技法（修辞）も効果的に使われています。夏休みを『キミ』と呼びかける擬人，また，比喩や倒置，体言止めなどです。このような技法についても目を向けさせ，「ここでは，こういう表現方法が使われている」ことに気づかせます。そのような技法の効果は，読み方を考え音読を通して体感できるとよいでしょう。

### ② 主体的・対話的で深い学びのために

　対話には，共通の理解が必要です。『忘れもの』では，前半の2連が新しい季節を迎えたこと，後半の2連では，過ぎた季節への思いが語られていることを，まず読み取ります。また，『ぼくは川』は，ぼくが川になっている擬人であり，ぼくは川に同化した形で「あたらしい日へ…」の思いが表現されていることを，まず共有します。そして，「くねって　うねって　ほとばしり…」などの言葉から，その情景を頭に描きながら声に出して読み，音読にも表現するのがよいでしょう。音読を聞きあうのも対話の一つの形です。児童それぞれのくらしにより，「いいなあ」と詩に共感するところも様々です。その違いは主体性の表れでもあり，それを伝え合うようにします。

## ◉ 評 価 規 準 ◉

| 知識 及び 技能 | 詩全体の構成や内容の大体を意識しながら音読している。 |
|---|---|
| 思考力，判断力，表現力等 | ・「読むこと」において，詩を読んで理解したことに基づいて，感想や考えをもっている。<br>・「読むこと」において，詩を読んで感じたことや考えたことを共有し，一人一人の感じ方などに違いがあることに気づいている。 |
| 主体的に学習に取り組む態度 | 詩を読んで理解したことに基づいて，進んで感想や考えをもち，学習課題に沿って，詩を読んだ感想を述べようとしている |

## ◉ 学 習 指 導 計 画　　全 2 時 間 ◉

| 次 | 時 | 学習活動 | 指導上の留意点 |
|---|---|---|---|
| 1 | 1 | ・『忘れもの』の詩を読み，今のぼくのいる位置（とき，場所）や心を向けていることを読み取る。<br>・表現方法として，擬人や倒置など，詩に使われている技法やその効果について話し合う。<br>・詩の世界を思い浮かべて音読する。 | ・『ぼく』は語り手であり，『キミ』が行ってしまった夏休みであることに気づかせる。『忘れもの』と書かれている意味も考えさせる。<br>・いろいろなやり方で，音読させる。<br>・心ひかれたところを語り合わせる。 |
| | 2 | ・『ぼくは川』を音読し，言葉から川の流れる姿を想像させる。<br>・『ぼくは川』とはどういうことか，話し合う。<br><br>・「いいなあ」と思ったところなど，感想を話し合う。 | ・音読を通して，詩の言葉の響きを捉えさせる。<br>・ぼくが川と重なり，流れゆく姿が書かれていることに気づかせる。<br>・擬人や繰り返しなどの，表現方法があることに気づかせる。 |

※学習の時期も，詩の内容に合わせるとよいでしょう。夏休み明け（2学期当初）に取り上げると効果的です。

**DVD 収録（児童用ワークシート見本）**

## 本時の目標
新しい季節を迎えた「ぼく」の気持ちを読み取り，表現の工夫を生かして音読することができる。

## 授業のポイント
新しい季節を迎えた新鮮な気持ちと，夏を惜しむ思いの2つが表現されていることに気づかせ，音読にも生かさせる。随所に音読を取り入れる。

## 本時の評価
新しい季節を迎えた「ぼく」の気持ちを読み取り，表現の工夫を生かして音読することができている。

〈想像力〉作品を味わい，児童に「自分にとって忘れ物は何か」を問うとよいでしょう。児童一人

**板書例**

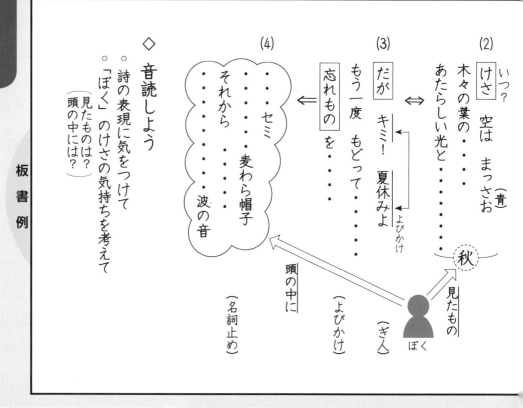

◇ 音読しよう
○ 詩の表現に気をつけて
「ぼく」のけさの気持ちを考えて
 ( 見たものは？ 頭の中には？ )

(2)
いつ？
けさ 空は まっさお （青）
木々の葉の・・・・
あたらしい光と・・・・・・・・ → 秋
（よびかけ） ↕

(3)
だが ← キミ！ 夏休みよ （ぎ人）
 （よびかけ）
もう一度 もどって・・・・・
それから・・・・
忘れもの を・・・・
 頭の中に →

(4)
・・・・セミ
・・・・麦わら帽子
・・・・波の音
 （名詞止め）

見たもの
ぼく

---

## 1 音読する　詩『忘れもの』を，音読しよう。

「夏休みが終わり，2学期が始まりました。今どんな気持ちでしょう？そんな気持ちが分かる詩があります。題は，『忘れもの』です。」

「まず，先生が読みます。どんな忘れものをだれがしたのでしょうね。」

「何を忘れたのだろう？」

「夏休みの宿題かな？」

「おもしろい題。」

まずは教師がゆっくりと範読し，聞かせる。

「次は，1人で2回（3回）読みましょう。」
　斉読などいろんな形で読み，4つの連を確かめる。
・忘れものをしたのはぼくではなく，夏休みみたいだ。

「『ぼく』は今，どこにいて何を見ているのでしょう。また，頭の中にあるのは，どんなことでしょうか。」

---

## 2 読み取る 対話する　詩の世界はいつのことを書いているのか，考えよう。

「この詩に書かれているのは，いつのことですか。2連目の『けさ』とは，いつのことでしょうか。」
・夏休みが終わったとき。9月の始めの日です。

「それは，どの文や言葉から分かりますか。1連目では，どうでしょうか。」

「2行目に『夏休みはいってしまった』とあるから，9月初めの日です。」

「3行目にも『「サヨナラ」のかわりに…』とあるから，夏休みはサヨナラしたから…。」

「2連目ではどうでしょうか。」
・『空はまっさお』は，きっと秋の空だと思います。
・『あたらしい光』も，もう夏ではないという光かな。

「1，2連を音読しましょう。」（音読）
「この日，『ぼくの見たもの』は何でしたか。」
・真っ青な空，木々の葉，新しい光…秋の感じかな。
　秋に一歩，ふみ出した日であることを話し合う。

ひとりのその子らしさの表れた意見が出ます。

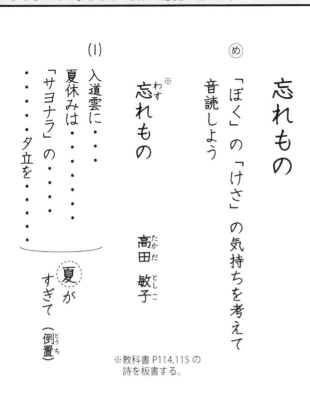

忘れもの

⊕「ぼく」の「けさ」の気持ちを考えて音読しよう

忘れもの<sub>わす</sub>

高田　敏子<sub>たかだ　としこ</sub>

(1)
入道雲に・・・
夏休みは・・・・・・
「サヨナラ」の・・・・・・
・・・・・夕立を・・・・・・

夏 が すぎて（倒置<sub>とうち</sub>）

※教科書 P114,115 の詩を板書する。

## 主体的・対話的で深い学び

・2学期当初，夏休み明けに読む詩として児童の心にも（大人にも）共感できるものがある。その子の夏の『忘れもの』を交えて，詩の感想を話し合う（対話）ことができる。

・擬人法や倒置，体言止めなど，この詩に使われている表現方法（修辞）にも気づかせる。『だがキミ!』『…とりにさ』などの読み方も，それ（擬人）を意識して工夫させる。このような表現方法を知っておくことは，他の作品を読むときにも役に立つ。

### 準備物

・音読CD（教師が範読するのでもよい）

・参考画像「入道雲」 DVD 収録【4_22_01】

## 3 読み取る 対話する　だれが，どんな忘れものをしたのか考え，話し合おう。

「3，4連目に書かれていることも，見たものですか。」
・見たものではなく，今，思っていることです。
・『だが』と，今度は夏休みを振り返っています。
・夏休みに言いたいことかな，「忘れものをとりに」と。

　　　『だが』にも，夏を惜しむ気持ちが出ている。

忘れものをしたのは，だれで，何を忘れたのかも，分かりますね。

『だがキミ!夏休みよ』…『忘れものをとりにさ』とあるので，忘れものをしたのは夏休みです。

忘れものは，セミとか，麦わら帽子…思い出かな。

「4連目が『忘れもの』です。セミとかを『忘れもの』と，言っていることから分かること（気持ち）は?」
・『まだ夏は残ってるよ』という気持ちかな。

　　　『セミ』などを，「ぼくの頭の中」と考える児童もいる。

「ぼくの今の気持ちを考えて，音読しましょう。」

## 4 対話する 音読する　表現方法について話し合い，思ったことを伝え合おう。

『だがキミ!』のキミとは，夏休みのことでした。『キミ』と呼びかけると，どんな感じがしましたか。

『夏休み』を友だちみたいに思っている。仲よしだね。

『忘れものをとりにさ』も，夏休みに呼びかけているようで，友だちのように思えます。

「夏休みを人のように書いているのですね。他にも，人間に例えて書いているところはありませんか。」
・『…あいさつをかわしている』も，そうです。
　　　表現の工夫として『擬人』という言葉を教えてもよい。『倒置』『体言止め』にもふれ，気づかせる。（板書）

「詩の工夫を生かすよう，読み方を考えて音読しましょう。（音読）そして，詩を読んで思い浮かんだこと，考えたことを発表しましょう。」（書かせて発表）

「ぼくの気持ちが，いちばん出ているところはどこ?」

　　　何人か発表させて交流，音読で終わる。

### 本時の目標
生き物のように，前へ前へと流れゆく「ぼくは川」の姿を読み取り，表現の工夫も生かして音読できる。

### 授業のポイント
「背をのばし」「くねって」などの言葉と擬人からも「ぼくは川」の生命をイメージさせる。繰り返しや動詞が続く表現にも気づかせ音読を工夫させる。

### 本時の評価
前へ前へと流れる「ぼくは川」の姿を読み取り，表現の工夫も生かして音読することができている。

〈詩を味わう〉詩のいいなあと思うところを見つけ，感想交流をしましょう。児童一人ひとりの

板書例

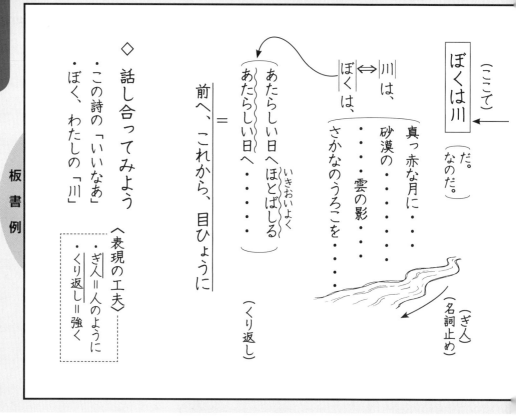

◇ 話し合ってみよう
・この詩の「いいなあ」
・ぼく，わたしの「川」

〈表現の工夫〉
・ぎ人＝人のように
・くり返し＝強く

ぼくは川（ここで）（なのだ。）（だ。）

ぼく⇔川は，

川は，真っ赤な月に・・・
砂漠の・・・・・
・・・・・雲の影
さかなのうろこを・・・・

あたらしい日へほとばしる（いきおいよく）
あたらしい日へ・・・・・

前へ，これから，目ひょうに ＝

（くり返し）

（名詞止め）（ぎ人止め）

---

## 1 音読する　詩『ぼくは川』を音読しよう。

「『ぼくは川』という詩を読みます。」
・『ぼくは川のようだ』ということかな。

どんな川なのでしょうか。先生が読みます。川を想像してください。（範読）

『背をのばし』など，人間みたいな川。生きているように思えました。

ぼくが川になっているみたいでした。

「次は，1人で2回（または3回）読みましょう。」
「2つに分けられます。前半と，『ぼくは川』からの後半です。グループでも交代して読みましょう。」

「読んで，思ったこと（感想）を発表しましょう。」
・『ぼくは川』って，『ぼく』も川のように進んでいる，ということだと思いました。

「この川の姿を思い浮かべて音読しましょう。」

---

## 2 読み取る　対話する　詩の前半の，川の姿を読み，話し合おう。

はじめの，『じわじわひろがり』『背をのばし』ているのは，（主語は）『何が』なのですか。

『川』です。『じわじわ広がって』いるのは川です。

『ぼく』のことかもしれない。

「『背をのばす』ってどんな様子なのでしょうか。」
・まっすぐな川ができて，それがのびていく感じです。
「この川が流れる様子や姿，また流れるところは？」
・『土と砂をうるおし…』は，砂漠を流れるみたい。
・『…うねって　ほとばしり』と，勢いよく…。
・『…もう止まらない』すごく大きな川になって…。

　　　『うるおす』などの言葉は説明し，みんなで斉読。

「流れるところやどんな川が頭に浮かんできますか。」
・乾いた土地を流れ始めた川です。テレビで見たことがあるような気がします。

考えが違ってもよいことを保障することが大切です。

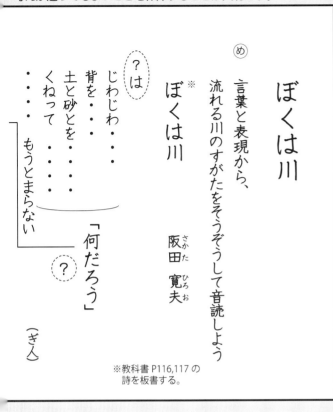

（め）
言葉と表現から、
流れる川のすがたをそうぞうして音読しよう

ぼくは川

※

ぼくは川

阪田(さかた)　寛夫(ひろお)

？は

じわじわ・・・・
背を・・・
土と砂とを・・・
くねって・・・・
・・・・・
もうとまらない

「何だろう」

（ぎ人）

※教科書 P116,117 の
詩を板書する。

---

## 主体的・対話的で深い学び

・詩の学習では、『何を訴えているのか』その主題について、言葉や表現から読み取ったり、話し合ったりする。一方、短歌（和歌）などでは、意味とともに言葉のイメージや、声に出して音の響きを味わう鑑賞もする。『ぼくは川』も、詩の内容を理詰めに吟味、追究するよりも、児童一人一人が、詩から受けたりとらえたりしたイメージを、対話として語り合わせたい。その児童が見た、いろんな川と重ね合わせるだろう。それを音読という表現に生かそうとすることは、深い学びとなる。

### 準備物

・音読 CD

---

## 3 読み取る 対話する　表現の特徴を考え、話し合おう。

「途中の 6 行目に『ぼくは川』という言葉があります。音読しましょう。後半はどんな川なのでしょうか。」
・生きていて、前に進んでいる…そんな川です。

この川が、生き物のように思えるのは、どの言葉からですか。その言葉に線を引きましょう。

『のたうったり』…苦しそうな感じ…

『ひろがり』『背をのばし』『うるおして』『くねって』『もうとまらない』もそうかな。

「『ぼくは川』とは、どんなことだと思いますか。」
・『ぼく』も、この川のように前に進んでいること。
・勢いよく進みたいぼくの気持ちを、川に例えている。

　　『川をぼくに』『ぼくを川に』の 2 つが出るだろう。2 者が重なり『擬人』の表現であることを伝える。

「ぼくは川だ、と言う気持ちで音読しましょう。」

---

## 4 対話する 音読する　「いいなあ」と思ったところについて書き、伝え合おう。

　大地を潤し、砂漠に乾き（渇き）、魚を育み、勢いよく流れゆく川のイメージを話し合う。

『川のぼく』の気持ちがいちばん強く出ている、と思うところに線を引きましょう。どこでしょうか。

『あたらしい日へほとばしる』のところ。言葉も、2 回繰り返しています。

明日（未来）に進んでいく気持ちです。

「『ほとばしる』って、分かるかな。」
「繰り返しによって、気持ちが強く出ているのです。」
　　擬人、比喩、繰り返しが使われていること、また、長い 2（3）文で書かれていることも気づかせる。

「川になった気持ちで、みんなで音読しましょう。」
　　児童それぞれの、今の『川』を話し合うのもよい。

「『忘れもの』と『ぼくは川』、読んで「いいな」と思ったところを書いて、発表しましょう。」

# あなたなら，どう言う

## ◉ 指導目標 ◉

- 目的や進め方を確認して話し合い，互いの意見の共通点や相違点に着目して，考えをまとめることができる。
- 言葉には，考えたことや思ったことを表す働きがあることに気づくことができる。
- 考えとそれを支える理由や事例との関係について理解することができる。
- 必要なことを記録したり質問したりしながら聞き，話し手が伝えたいことや自分が聞きたいことの中心を捉え，自分の考えをもつことができる。
- 学習課題に沿って，さまざまな立場でやり取りを行い，互いの意見の共通点や相違点に着目して積極的に考えをまとめようとすることができる。

## ◉ 指導にあたって ◉

### ① 教材について

　　家庭の中でよくあるシチュエーションで，自分ならどう言うか考える教材です。登場人物は姉と弟です。自分は姉の立場で，これから友達が家に遊びにくる状況です。弟が「片付けの途中」との言い分で部屋中をおもちゃで散らかしている場合，姉は弟に対してどう言うでしょう。2 人がお互いに納得して，したいことができるようにするには，姉がどのように伝えたらよいかを考えます。

　　自分が言ってしまいそうなことを，自分が言われた場合にどう思うか，ロールプレイで立場を入れ替えて考えさせます。「相手も自分も気持ちよく，片付けが行えるには—」を考えることによって，これまでもっていた自分の視点とは違う考えが生まれることが期待できる教材です。

### ② 主体的・対話的で深い学びのために

　　自分ならこう言う，友達ならこう言う，ということをロールプレイで体験させます。自分が姉や弟の役，そして，周りから見ている役と，立場を変えることによって，様々な視点が生まれるでしょう。グループ対話で，お互いに考えたことを出し合わせ，より広い視野をもたせます。

　　ロールプレイでは，「自分が言われたらどうか」「相手に言ったら，相手はどういう思いをすると思うか」という視点で，主体的に取り組ませます。相手のことをより考えた言葉かけや言葉遣いにつなげることができるでしょう。この学びから，普段の生活での言葉遣いや友達関係にもよい影響が出ることも期待できるでしょう。

## ◉ 評価規準 ◉

| 知識及び技能 | ・言葉には，考えたことや思ったことを表す働きがあることに気づいている。<br>・考えとそれを支える理由や事例との関係について理解している。 |
|---|---|
| 思考力，判断力，表現力等 | ・「話すこと・聞くこと」において，必要なことを記録したり質問したりしながら聞き，話し手が伝えたいことや自分が聞きたいことの中心を捉え，自分の考えをもっている。<br>・「話すこと・聞くこと」において，目的や進め方を確認して話し合い，互いの意見の共通点や相違点に着目して，考えをまとめている。 |
| 主体的に学習に取り組む態度 | 学習課題に沿って，さまざまな立場でやり取りを行い，互いの意見の共通点や相違点に着目して積極的に考えをまとめようとしている。 |

## ◉ 学習指導計画　　全3時間 ◉

| 次 | 時 | 学習活動 | 指導上の留意点 |
|---|---|---|---|
| 1 | 1 | ・教科書P118の状況を捉え，グループで役割を決めてそれぞれの立場でやり取りをする。<br>　ー互いが納得する方法を考える。<br>　ー役割を交代してやり取りを積み重ねることで，それぞれの立場での思いを理解する。 | ・白熱しすぎないよう，言葉遣いに注意する。<br>・やり取りを重ねるごとに，「自分も相手も気持ちよくなるやり取り」に改善していけるようにする。 |
| 1 | 2 | ・それぞれの立場の人が，やり取りのときに，なぜそのような言い方をしたのかを話し合い，よりよい対話の方法を考える。 | ・話し方や，態度に目を向けさせる。<br>・検討したことを，ロールプレイに生かすようにさせる。 |
| | 3 | ・自分とは違う立場になって考えることのよさについて考える。<br>・学習を振り返る。 | ・相手のことを考えた言葉かけができているかどうか，机間指導でチェックする。<br>・はじめと比べて変わったことを振り返らせ，自分の都合でものを話すのではなく，相手のことを考えた言葉かけを意識させる。 |

**本時の目標**
役割を決めて，互いの立場を考えることができる。

**授業のポイント**
役割演技を通して，対話をしながら，考えを深めていく。

**本時の評価**
役割を決めて，互いの立場を考えている。

板書例

〈役割演技〉他者を演じることで，普段の自分とは異なる接し方ができます。このような経験を

◇ 役わりをえんじてみよう

三人一組になって
・お姉さん役
・弟役
・やり取りを聞く役

〈感じたこと〉

| 姉 | 弟 | 聞き役 |
|---|---|---|
| ・なんで言うこと聞いてくれないの？<br>・はやくかたづけて | ・きつい言われ方はいや<br>・命令されているみたい | ・けんかみたい<br>・弟は意地になって動かなさそう |

※

弟を気分よくなっとくさせるには？
・お姉さんは，命令口調をやめる
・怒るのをやめる

※

※児童の発言を板書する。

---

## 1 出し合うつかむ　絵を見て，どういう状況か読み取ろう。

教科書を開かずに，挿絵を掲示して見せる。

「これは，お姉さんと弟のきょうだいの絵で，お姉さんは家に帰ってきたところです。」

絵を見て，どういう状況か考えてみましょう。

おねえさんは，なんか怒っている？

部屋がおもちゃだらけだから，そのことかな。

教科書P118を開かせ，状況を確認する。

「あとで，みんなにこのお姉さんや弟になって演技をしてもらいます。どんな話をしているか考えましょう。」

「お姉さんは，表情から，どんなことを言っていると思うか」
「男の子は，お姉さんに何か言われたときに，どう言い返していると思うか」などと問いかけながら，意見を出し合わせる。

## 2 演じる　状況を把握して，演じてみよう。

「3人組になりましょう。1人がお姉さん，1人が弟になって演じます。もう1人は，やり取りを見る人です。」

しばらく時間をとり，2人で演じさせてみる。1回だけでなく，役を入れ替わって内容も違うパターンもさせる。

「はじめは，お姉さんの『ただいま』，弟の『おかえりなさい』のやり取りがあり，お姉さんが，部屋が散らかっている様子を見たところから，自分の想像する演技をしてみてください。」

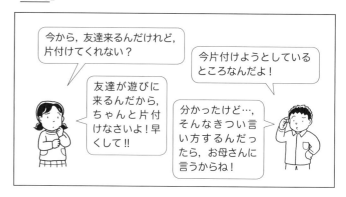

今から，友達来るんだけれど，片付けてくれない？

今片付けようとしているところなんだよ！

友達が遊びに来るんだから，ちゃんと片付けなさいよ！早くして!!

分かったけど…，そんなきつい言い方するんだったら，お母さんに言うからね！

通して，日頃の自分自身をより客観的に認知することができます。

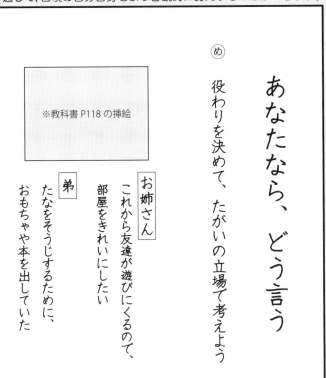

め 役わりを決めて、たがいの立場で考えよう

# あなたなら、どう言う

※教科書 P118 の挿絵

**お姉さん** これから友達が遊びにくるので、部屋をきれいにしたい

**弟** たなをそうじするために、おもちゃや本を出していた

🔍 **主体的・対話的**で**深い**学び

・役割演技は，児童は大好きなので盛り上がりやすい。ただし，脱線しすぎないように注意する。

・役割演技では，まず，最初は普段の様子がでると考えられる。そして，日常的な言葉遣いや態度では，解決できないことに気づくことになる。そこで，どのような言葉や態度にしていけば相手が納得するかを，役割演技と対話を通して考えさせていく。

**準備物**

・（黒板掲示用）教科書 P118 挿絵の拡大コピー

## 3 対話する　演じて（見て）感じたことを話し，気分よく片づけられない理由を考えよう。

「2 人で演じてみて，また，やり取りを見ていてどうでしたか。」

・実際に喧嘩をしているみたいで，あんまりいい感じはしませんでした。
・お姉さんは，いらついているのだろうな，と思います。
・弟は，せっかく片づけようとしていたのに，注意されていやな気分です。ぼくもこんな経験があります。

どうして，弟は気分よく片づけできないのでしょう。

はじめから命令口調になっているので，弟は気分よくない。

口答えされるような言い方を，姉の方がしているからだと思います。

問題点を出し合わせる。

## 4 演じる 対話する　役割演技をもう一度して，うまくいかない問題点を整理しよう。

「では，問題点を整理して，どのような方法で問題が解決できそうか，もう一度演じてみながら考えていきましょう。」

よいと考える言い方をいろいろ試させる。

弟はどう言えば，おねえちゃんを怒らせずに言えるかな。

お姉さんが怒って言わないようにしないといけない。

命にかかわることや人を傷つけることじゃないから，そんなに怒らなくてもいいかもね。

問題点を解決するにはどうすればよいか，再度演じた中から考えたことを簡単に出し合わせる。

「次回は，お姉さんがなぜそんな言い方をしているのか，弟がどうして，そんな口調になるのかを考えていきます。弟を納得させる方法を考えてみましょう。」

**本時の目標**

よりよい対話の方法を考えることができる。

**授業のポイント**

言い方によって人の感じ方が変わるという気づきから，前時の役割演技のときと比べて，言い方を少しでも改善できるよう意識させたい。

**本時の評価**

互いの意見の共通点や，相違点に着目をして話し合い，よりよい対話の方法を考えている。

板書例

〈自己表現〉一方的に自分の意見を押し付けるのでも，我慢するのでもなく，お互いを尊重しながら

どのように話せば、弟はなっとくいくのだろう？

○ … 0 人
× … 35 人

・たのむように
・「手伝おうか？」
・「いっしょにかたづけようか？」 ※

〈対話とは〉

○ 言葉のキャッチボール

× 言葉のドッジボール（一方的、自分だけが勝つ） ※

◇ 言い方をかえて、やり取りしてみよう

（よかった点）
・気持ちよく言えた
・命令口調じゃない
・たのめた ※

（悪かった点）
・まだわざとらしい
・自然ではない
・本音ではない ※

※児童の発言を板書する。

---

## 1 振り返る 対話する｜前時のお姉さんと弟のやり取りがうまくいかなかった理由を考えよう。

前時に演技したことを思い出させる。前回から時間的に空きがある場合は，実際に演技をさせてもよい。

「お姉さん役の人が，片づけをしなさいと強く言っている人が多かったですね。このままでは，お互い気持ちよくありません。では，お姉さんは，なぜそのような言い方をしたのでしょうか。」

お姉さんも，自分の都合だけでものを言ったから，弟は腹を立てたと思う。

お姉さんは，焦っていたのもあって，つい口調が強くなってしまっている。

弟のやっていることが，マイペース過ぎて，お姉さんはイライラしたのかもしれない。協力的じゃないから。

「強い口調や押し付けの言葉で，頼まれごとをされると，人は気持ちよく動けるものでしょうか。」

・絶対に無理です。
・喧嘩になります。

## 2 対話する｜お姉さんはどのように話せばよいのかを考えてみよう。

「では，もう一度実際に演技をする時間をとります。まず，言葉遣いや態度を前回と同様にやってみましょう。やってみたら，改善できそうなところをグループで相談してみましょう。」

はじめの言い方を変えたらどうかな。

まず弟にどうしたの？と聞いてみるのもいいかもしれないね。

手伝う，って言葉もいいかもしれないね。2人でやれば，一番早く片づくんだから。

はじめから威圧的だと，弟もお姉さんもいい気分にはなれない。弟に何をどのように言うとよいか，お姉さんの頼み方について意見を出し合わせる。

「お姉さんからの『言葉のドッジボール』ではなく，2人の『言葉のキャッチボール』になるような対話を目指しましょう。」

あなたなら、どう言う

め お姉さんと弟のよりよい話し方を考えよう

前回うまくいかなかったのは
・お姉さんの命令口調
・表情がこわい
・声もこわい
・自分のことばっかり言う ※

強い口調やきつい言葉でたのまれたら、動ける？

## 🔍 主体的・対話的で深い学び

・いつもの調子で物事を頼めば，あまりいい気がしない，ということにこの学習を通して気づくことができるだろう。また，どのようにすれば，気持ちよく相手が動いてくれるかということを対話から出し合わせたい。そのとき，児童それぞれの経験や知識から，相手にとって気持ちのよい言葉がけや表情，態度などを思い出させ，話し合いを膨らませるようにする。

準備物

## 3 演じる  話し合ったことを実際に演じて，どのような気分になるか試してみよう。

「では，話し合いで改善できそうだと考えたところを取り入れながら，演技をしてみましょう。」
・出だしを命令口調から，「どうしたの？」に変えてやってみよう。
・姉が「手伝おうか」と言うと，弟はどう感じるかな。
・怒った表情や口調ではなく，やさしい感じで話してみると弟はどんなふうに感じるかやってみよう。

1回演じたら，グループで話し合って改善点を出し合い，感想を言わせる。役割を変えながら，どうすればよりよい言葉がけや態度になるか考えさせる。

## 4 振り返る 交流する  演技を振り返り，よかった点や悪かった点を発表しよう。

「聞き役の人はどう思いましたか。」
・前回よりも，なんだかいい雰囲気で片づけが行われそうな感じがしました。

　相手も自分も怒らずに，よりよく状況を解決するには，ものの見方や，言い方をちょっと変えるだけで，変わるということに気づかせたい。
　場合によっては，お姉さんは弟には腹を立てて命令口調で言ってしまうものだから，そんな態度にならない，などの意見も出るかもしれない。そのときは，自分が弟や聞き役の立場で感じたことを思い出させ，再考させる。

# あなたなら，どう言う

## 第 3 時 （3/3）

### 本時の目標
自分とちがう立場になって考えるよさについて考えることができる。

### 授業のポイント
演じることにも慣れてきているので，よくなってきたところは，全体にほめて広げていく。

### 本時の評価
よりよい対話をするために，必要なことについて積極的に考えている。
自分とはちがう立場になって考えるよさについて考えている。

板書例

〈非言語〉コミュニケーションで重要なのが，非言語スキル（表情やしぐさなど）です。非言語の

・「一緒に」や「手伝う」がキーワード

自分とはちがう立場になって考えるよさは？
・相手の立場にたつことで，分からなかったことに気づくことができる
・自分がいやな言われ方やたいどは，人をきずつけてしまうこともある

◇ 最後に演じてみよう

☆ はじめと変わったところ
・表情　・声　・話し方
・内容　・相手のことを考えて
・気持ち
※

※児童の発言を板書する。

---

## 1 振り返る　前時の役割演技でのやり取りについて振り返ろう。

3回目になり，ずいぶん相手の立場になって考えられるようになってきている。

お姉さん役のよかった点や，悪かった点はどういうところでしたか？

弟への一言目を「どうしたの？」と相手のことを聞くところがよかったところです。

心からそう思えていないところです。

他に，
○　表情も柔らかくして話をしていたところ
△　ちゃんと笑顔ができていないところ　　など

「お姉さんの一言目が大事だという意見が出ました。どんな相手からでも，一言目から怒ったけんか腰の口調でものを言われると，どんな気持ちになりますか。」
・誰だって嫌な気持ちになってしまいます。

---

## 2 見せ合う　弟にどう言えば，納得させられるか，演技を見せ合おう。

どのような言葉遣いや，態度，表情，言い方をすれば，相手が気分よく行動してくれるかが分かってきている。今までのおさらいとして，演じさせる。

ただいま。（優しい口調と笑顔で）あら，床いっぱい広げて，何してるの？片付けかなんか？

そう。今，片付けしようとしているんだ。

あら，そうなの。あのね，今からわたしのお友達が遊びにくるんだ。このままだとお友達がびっくりしちゃうから，片づけを手伝おうか？

ありがとう！助かるよ！

ここまでくると，どのグループもお互いが気持ちよく対話するために，どのようなやり取りをすればよいか分かってきている。
時間があれば，各グループで考えたやり取りをみんなの前で発表させて交流し，感想を伝え合ってもよい。

部分を意識すると，コミュニケーション力が高まります。

あなたなら、どう言う

㋱ 自分とちがう立場になって考える
　よさについて考えよう

◇ どのような言い方や、たいどがよいか
　考えよう

・やさしく
・まず、聞いてあげる
・自分の言いたいことは、弟に合わせて言う

## 主体的・対話的で深い学び

・1時間目の学習と比べて，どのグループも相手のことを考えた言葉や態度になっていると考えられる。自分たちが自信をもって，お姉さんになりきり，弟に嫌な思いをさせないような発言をすることが期待できる。これから普段の生活でも，相手の立場になって，言葉や言い方，態度などの行動がとれるように，つなげていく。

準備物

---

**3 まとめ 交流する** 自分と違う立場になって考えるよさを話し合う。

自分と違う立場になって考えるよさとは何だと思いますか。それぞれノートに書きましょう。

相手の立場になってみて，初めて，自分が言われたらいやだなぁとか，気持ちがよくなるという言葉が分かりました。

考えていることを，まずはノートに書かせる。

「では，書いたことを発表してください。」
　・相手になりきって，「こう思ったり，感じたりするんだ。」と学べました。
　・自分だけの考えでは，なかなか思いつかないと思う。

　　　教科書P119下段のまとめを読む。

「自分とは違うさまざまな立場になることは，大切なことです。そして，相手の立場になることで，よりよい言い方が見つかることもあります。」

---

**4 振り返る** はじめと変わったところを振り返ろう。

　最後にもう一度演じさせてみて，はじめと変わったところを振り返ってノートに書かせ，発表させる。

はじめと比べて，相手に怒らずに言えるようになった。

自分の弟にも優しくなれる気がする。

誰に対しても，きつい言い方はやめよう，と思った。

相手がどう言ったら気持ちよいのかを考えて言えるようになった。

・まずは，相手の話を聞こう，と思う。
・相手の話を聞いてからだと，その人が嫌な気持ちにならないように気をつけられるようになった。

　書いたノートを机の上に置き，見せ合いをしてもよい。また，友達の感想を読んで，コメントを書いたり，伝え合ったりしてもよい。

# パンフレットを読もう

## ◉ 指導目標 ◉

- パンフレットを読んで理解したことに基づいて，感想や考えをもつことができる。
- 目的を意識して，中心となる語や文を見つけることができる。
- 言葉には，性質や役割による語句のまとまりがあることを理解し，語彙を豊かにすることができる。
- 読んで理解したことに基づいて，進んで感想や考えを持ち，学習課題に沿って，パンフレットの工夫について話し合おうとすることができる。

## ◉ 指導にあたって ◉

### ① 教材について

　　パンフレットは，取扱説明書などと同じく，くらしの中でもよく目にする実用的な文書です。観光地では，パンフレット片手に町を歩く観光客もよく見かけます。実際，ふだん本を読まない人でも，必要に迫られてこれらの文書は読むものです。また，書いてあることを正確に読み取れないと，困ることも出てきます。

　　本単元では，パンフレットを教材にして，作成の目的やそのための特徴的な体裁，文の書き方などを調べます。パンフレットは，物や場所などについて読み手に分かってもらうためのものです。体裁は，歩きながらでも読めるよう，多くて数ページ，片手で持てるサイズです。そして，じっくり読んでもらうよりは，まずは一目で「そうか」「なるほど」と思ってもらわなくてはなりません。ですから，説明文的な要素もあり，また広報誌的な要素も持ち合わせているものです。その上，何より分かりやすさと手軽さが求められる小冊子だといえます。

　　ここでは，教科書の「清掃工場」の説明用パンフレットを読んで(見て)気づいたことを話し合い，文字の大きさや文の長さの特徴，また絵(イラスト)や写真が多用されていることに気づかせます。つまり，パンフレットの工夫です。また，読み手の目的や必要に応じてどこを読むとよいのかなど，効果的な読み方も考えさせます。

### ② 主体的・対話的で深い学びのために

　　児童も，工場見学や公共施設を利用した際には，パンフレットをもらっています。地域の観光案内なども手に入ります。教科書で学習したあと，児童が入手したこれらのパンフレットを取り上げると，その工夫や特徴を見つけ合う対話的な学習ができます。それは，発展的で主体的な学習だといえるでしょう。

## ◉ 評価規準 ◉

| 知識 及び 技能 | 言葉には，性質や役割による語句のまとまりがあることを理解し，語彙を豊かにしている。 |
|---|---|
| 思考力，判断力，表現力等 | ・「読むこと」において，目的を意識して，中心となる語や文を見つけている。<br>・「読むこと」において，パンフレットを読んで理解したことに基づいて，感想や考えをもっている。 |
| 主体的に学習に取り組む態度 | 読んで理解したことに基づいて，進んで感想や考えをもち，学習課題に沿って，パンフレットの工夫について話し合おうとしている。 |

## ◉ 学習指導計画　全2時間 ◉

| 次 | 時 | 学習活動 | 指導上の留意点 |
|---|---|---|---|
| 1 | 1 | ・身の回りにあったパンフレットを紹介し合い，共通する特性を話し合う。<br><br>・教科書を読み，パンフレットの目的についてまとめる。<br><br>・教科書の『清掃工場』のパンフレットを見て（読んで）気づいたことを書きまとめる。 | ・薄くて読みやすいこと，イラストや写真が多用されていることなど，読みやすいつくり，体裁になっていることに気づかせる。<br>・施設など，知ってもらうという目的で作られていることに気づかせる。<br>・「文字の大きさや位置」「イラスト」「文章は？」など，いくつかの観点を示して書かせる。 |
| | 2 | ・前時に書いたパンフレットを見て（読んで）気づいたことを話し合う。<br>・パンフレットの工夫について話し合う。<br><br><br>・パンフレットの読み方について考え，まとめをする。 | ・大きな見出し，イラストと文の併用などの特徴的な書き方，表現に気づかせる。<br>・子どもにも分かりやすく，というパンフレットの目的に沿った工夫がされていることを話し合わせる。<br>・目的に応じて，どこを読めばよいかを考え，話し合う。 |
| | （発展） | ・地域のパンフレットを見て，その特徴や工夫について考える。 | ・これまでに学んだパンフレットの見方をいかして考えさせ，話し合わせる。 |

※社会科や『総合学習』での見学などと関わらせた学習計画で，進めるのもよいでしょう。
※地域の施設や工場，町の観光などのパンフレットも，いくつか準備しておくとよいでしょう。児童に呼びかけておいてもよいでしょう。
　ただ，多くなりすぎないように注意します。

# パンフレットを読もう
## 第 1,2 時 (1,2/2)

**本時の目標**

パンフレットの目的に照らして，表現上の特徴や工夫について話し合い，読む上での観点に気づくことができる。

**授業のポイント**

実物のパンフレットを準備させ，日常よくふれる実用的な文書であることを，まず実感させる。その上で，パンフレットの「分かりやすさ」の要因を考えさせる。

**本時の評価**

パンフレットの目的に照らして，表現上の特徴や工夫について話し合い，読む上での観点に気づいている。

**板書例**

2 「清掃工場」のパンフレットを見て

① 気づいたこと　　　（③工夫）

1. 文字の大きさ，位置　→　・見出しを大きく上に
　　　　　　　　　　　　　　（問題）→ 答える

2. 文章で書かれていること　→　・とくちょう

3. 絵でしめされていること　→　・ごみ処理の流れ

4. 文章と絵との関係　→　・短い文で絵の説明
　　← ぱっと見て　　　　　※

☆ 小学生にも分かるように

② 知りたいこと
「とくちょう」
「ごみ処理の仕組み」　どこを読めばよいか？

---

## 1 対話する　パンフレットを紹介し合い，共通する特徴を話し合おう。

（第1時）

パンフレットを手に持ち，見せる。

「これは，社会科で見学した『○○工場』でもらった案内です。これを見ながら見学しましたね。」

「○○工場のことを，簡単に見やすく説明してあるこのようなものを，『パンフレット』と言います。」
　・他でも見ました。『パンフ』とも言います。

「では，持ってきているパンフを見せ合いましょう。」
　・『観光案内』です。　・これは『自然センター』。
　前もって，持ってくることを呼びかけておく。

グループで話し合わせてもよい。

## 2 つかむ 書く　『清掃工場』のパンフレットを見て，気づいたことを書こう。

「パンフレットは工場なら工場のことを，また，観光地などのことを分かってもらうために作られた物です。しかも，ぱっと見て簡単に分かるように作られています。」

教科書 P120 を音読し，目的や体裁についてまとめる。

「122，123 ページに『清掃工場』の子ども向けのパンフレットが出ています。これを見てどんな風に作られているのか，その特徴を考えて書きましょう。」

P121 上①の 4 つの『視点』を読み合う。

書く時間をとり，個別指導もする。

それを見て話し合うとよいでしょう。

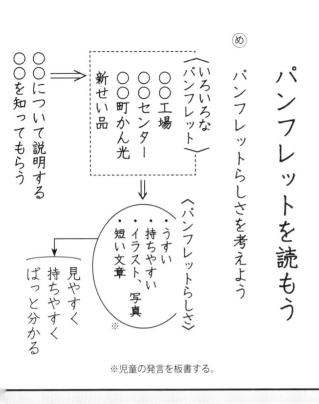

板書:

パンフレットを読もう

㊌ パンフレットらしさを考えよう

〈いろいろなパンフレット〉
○○工場
○○センター
○○町かん光
新せい品

〈パンフレットらしさ〉※
・うすい
・持ちやすい
・イラスト、写真
・短い文章

→ 見やすく
持ちやすく
ぱっと分かる

○○を知ってもらう
○○について説明する

※児童の発言を板書する。

🔍 **主体的・対話的**で**深い**学び

・パンフレットはくらしにも関わる実用的な文書だけに，読む頻度は高い。説明書やパンフレットに書いてあることを，その意図もふくめて正しく読みとれる力も読解力の一つである。
・ここでは，パンフレットの目的やそのための工夫について話し合う対話的な学習を進めることができる。できれば，地域の施設や観光地などのパンフレットも教材にして話し合うと，身近な物として捉えることができ，その特徴や読み方も，より主体的に考えることができよう。

**準備物**

・これまでの社会科見学などでもらったパンフレット
（できれば全員同じ物がよい）
・他にも，パンフレットを持ってくるよう，呼びかけておく。
・教科書 P122，123 の「清掃工場のパンフレット」を電子黒板の画面などに映せるようにしておく。

## 3 発表する （第2時） パンフレットを見て気づいたことや工夫について話し合おう。

「パンフレットを見て気づいたことを発表しましょう。まず『文字の大きさや位置』については？」
・「ごみ処理の流れ」とか，「…リサイクルする」とか，見出しを大きな文字で書いてある。
「2つ目の『文章で書かれていること』は，どんなことだったでしょうか。」
・『…地球にやさしい！』の説明が書いてありました。
・それに『…いるよ』と書いているのもおもしろい。

　①の他の視点『図（絵）』などについても話し合う。

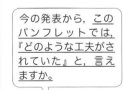
今の発表から，このパンフレットでは，『どのような工夫がされていた』と，言えますか。

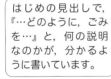
はじめの見出しで，『…どのように，ごみを…』と，何の説明なのかが，分かるように書いています。

『ごみ処理の流れ』が，文だけでなくイラストがあるので分かりやすいと思います。

（流れから，教科書の②と③は順序を入れ替えている）

## 4 対話する 学びを広げる パンフレットの読み方について考えよう。

「このように大きな見出しをつけたり，イラストを使ったりしているのは，何のためでしょう。」
・ぼくたち小学生が見ても，ぱっと分かるように，です。
・1日400トンのごみ処理をしているなんてびっくり，ごみ処理の大切さがよく分かるように，です。

「ごみ処理について，『こんなことを知りたい』ということも出てきます。それについてパンフレットのどこを読めばいいのか，考えてみましょう。」
・『特徴』は，環境にやさしいことが（指して）ここに「囲み」で書いてあります。

　教科書②の問題を考え，話し合う。

【発展】

私たちの町の『紹介パンフレット』を見て，工夫されているところを見つけてみましょう。

『古い町並みの地図と建物がイラストと文で書かれています。

町の特産物も，写真と文で紹介されています。

# いろいろな意味をもつ言葉

## ◉ 指導目標 ◉

・様子や行動，気持ちや性格を表す語句の量を増やすとともに，言葉には性質や役割による語句のまとまりがあることを理解し，語彙を豊かにすることができる。
・国語辞典の使い方を理解し，使うことができる。
・進んで語彙を豊かにし，学習課題に沿って，国語辞典で言葉の意味を調べたり，言葉遊びの詩を作ったりしようとすることができる。

## ◉ 指導にあたって ◉

### ① 教材について

　日本語には，「相撲をとる（行う）」「帽子をとる（外す）」また，「虫をとる（捕える）」などのように，同じ「とる」でも，いろんな場面で，またいろんな意味合いで使われる言葉があります。児童がややこしく思う「人にあう（会う）」「答えがあう（合う）」のような同訓異字も，その一つと言えるでしょう。

　本単元では，「とる」のように，仮名で書くと同じでも，「いろいろな意味をもつ言葉」（多義語）を取り上げ，意味の違いを考えさせます。児童も「相撲を」や「帽子を」などの文中の言葉から，意味の違いには気づいています。さらに「とる」という言葉を「行う」や「外す」などの他の言葉に言い換えさせたり，その動作をさせたりすることも，効果的な方法です。別の言葉で言い表すことには，難しさもありますが，言葉のもつ面白さに気づくことにもつながります。

　「とる」の他にも，教科書では「でる」「はかる」「なる」「つく」など，児童もよく使う言葉が，問題形式で取り上げられています。その際，国語辞典を引くと，このような言葉の意味や使い方の違いが分かることにも気づかせます。

### ② 主体的・対話的で深い学びのために

　国語辞典は有効なツールとなります。ただ「言葉を引いて調べる」だけでなく，辞典で引いた言葉の「意味」の中から，文意に沿った意味を選び出すという一段上の使い方への助走とします。これは，文意を正しく読み取るという読解力をつけていく上でも大切なことです。そして，読解力は国語科に限らず，主体的で深い学びを進めていく上で，基本となる力です。ここでも，国語辞典を傍らに置かせ，児童自身の手で言葉の意味の多様さに触れさせます。これをきっかけに，辞書を引くことが習慣化できるとなおよいでしょう。また，問題作りや，川崎洋の詩にならって言葉遊びの詩を作る活動では，友達との対話的な学習ができます。

## ◉ 評価規準 ◉

| 知識及び技能 | ・様子や行動，気持ちや性格を表す語句の量を増やすとともに，言葉には性質や役割による言葉のまとまりがあることを理解し，語彙を豊かにしている。<br>・国語辞典の使い方を理解し，使っている。 |
|---|---|
| 主体的に学習に取り組む態度 | 進んで語彙を豊かにし，学習課題に沿って，国語辞典で言葉の意味を調べたり，言葉遊びの詩を作ったりしようとしている。 |

## ◉ 学習指導計画　全2時間 ◉

| 次 | 時 | 学習活動 | 指導上の留意点 |
|---|---|---|---|
| 1 | 1 | ・「とる」の詩を読み，同じ「とる」でもいろいろな意味があることを話し合う。<br>・問題①で「とる」の他にも「でる」などいろいろな意味をもつ言葉があることを話し合う。 | ・「とる」を他の言葉に言い換えたり，動作化したりして意味の違いに気づかせる。<br>・問題を解く形で共通する言葉を考えさせる。また，国語辞典でも調べさせる。 |
| | 2 | ・いろいろな意味の「あがる」を考えて文に書き，発表し合う。<br><br>・「ひく」「かける」を使った文を考え，「とる」のような詩をつくり，発表し合う。 | ・教科書の問題②を考える。<br>・他にも，「たてる」「みる」などを取り上げ，意味や使い方の違いに気づかせる。<br>・教科書の絵も参考にさせて，「…かぜをひく」など，詩の文を作らせる。 |

※「国語辞典」の使い方は，3年生で学習しています。
※国語辞典は，図書室から借り出しておくなど，クラスで同じものを使わせるとよいでしょう。

〈参考〉
川崎洋の詩「とる」の一部分が教科書に載っています。詩の中には次のようなものもあります。
　それぞれ　何をとるのか，続きの・・・を考えさせてみるのもおもしろいでしょう。
　・かんごしさん・・・とる　　・お花見の・・・とる　　・コーラスの・・・とる
　・たんじょう日・・・とる　　・リリリリリ・・とる

## 本時の目標

「とる」のように，仮名では同じ言葉でも，使い方によって意味が異なる言葉があることに気づく。

## 授業のポイント

意味の説明や言い換えは，言葉の力が必要で難しい。まずは同じ言葉でも「違う意味で使われているな」ということに気づかせ，興味を持たせる。

## 本時の評価

「とる」のように，仮名では同じ言葉でも，使い方によって意味が異なる言葉があることに気づいている。

板書例

〈意味調べ〉 正しい意味を選択するには，前後の文脈から判断する力が必要です。繰り返し国語

◇ 国語辞典で調べてみよう
「なる」の中に
❸❷❶ いろいろな意味が
ある

④ つく
③ なる
② はかる

《練習問題》

①
｜ てる ｜
卒業式にでる
単行本がでる
結果がでる
漁にでる

〈ほかに〉
出欠をとる
満点をとる
栄養をとる
場所をとる
｜ いろいろな意味の「とる」がある ｜

※黒板に１つ例示する。

---

## 1 読む・対話 めあて ｜ 詩を読み，いろいろな「とる」があることを話し合おう。

「おもしろい詩があります。「とる」という詩です。先生が読みます。一体，<u>何をとるのでしょうね。</u>」

・「虫をとる」のかな。「トマトをとる」のかな。

　まず，教師が範読して聞かせる。その後，教科書を開けて何回か斉読や一人読みをする。「はっけよい」と「すもうとる」を分けて読むなど，多様な読み方で。

『とる』はとるでも，いろんな「とる」が出てきました。では，<u>「すもうをとる」の「とる」</u>と，「帽子をとる」の「とる」は，「同じ」と言ってよいでしょうか？

うーん，何か違うような…。

同じ「とる」でも，意味が違うように思います。「帽子をとる」の「とる」は，脱ぐことだから…。

「同じ『とる』でも，意味が違うようですね。今日はこの『とる』のような言葉について考えていきましょう。」

　教科書P124上段を，みんなで読む。

---

## 2 考える 対話する ｜ 「とる」のいろいろな意味を考え，他の言葉に言い換えてみよう。

「『相撲をとる』の『とる』と，『帽子をとる』の『とる』は，同じ『とる』でも意味が違うようです。」

・はい，することが違います。相撲は組み合いますが，『帽子をとる』の『とる』は，脱ぐことです。

この『とる』を他の言葉に言い換えると，意味が分かりやすくなりそうですね。では，『相撲を…』なら，どんな言葉に言い換えられますか。

『相撲を…する。』かな。

『行う』とか『やる』でもいいと思います。

「では，『帽子をとる』や『出前をとる』の『とる』も，<u>他の言葉に言い換えてみましょう。</u>」

・帽子は，『脱ぐ』とか『手で，外す』とか…。
・出前は，『持ってきてもらう（こさせる）』ことです。

　ノートに書かせた後，発表させてもよい。他の『とる』も同様に言い換えさせる。（板書参照）

辞典を活用し，意味調べをするようにします。

## いろいろな意味をもつ言葉
言葉の意味と使い方を考えよう

め　とる　何を？

（意味　のちがい）

はっけよい　すもう（を）とる　（行う・する）
　　　　　　ぼうし（を）とる　（はずす・ぬぐ）
　　　　　　てまえ（を）とる　（持ってこさせる）
　　　　　　ごみをとる　（手でとりのぞく）
　　　　　　しゃしん（を）とる　（写す・記ろくする）

◇「とる」を言いかえてみよう（動作）
◇「とる」をやってみよう（動作）

---

## 主体的・対話的で 深い学び

・同じ「とる」でも「何をとる」のかによって，いろいろな意味になる。ここで，このような日本語の特徴に気づかせ，まずは「へえ，言葉っておもしろいな」と思わせることが，今後の深い学びにつながる。いわば，将来への種まきでもある。
・もう一つは，ここで国語辞典と親しむきっかけも作りたい。主体的な学びとは，まずは疑問をもったことは自分で調べようとする姿勢である。辞典や図鑑を常にそばに置き，使えるということは，主体的で深い学びに向かう一つの条件となる。

### 準備物
・国語辞典

---

## 3 問題を解く　「とる」のようないろいろな意味を持つ言葉を考えよう。

「動作（その動き）をしてみても，『とる』の意味の違いがよく分かります。やってみましょう。」

　　『相撲をとる』『帽子をとる』など，動作化させてみる。
　　教科書P124下段を読み，説明しながらまとめる。

「『とる』は，他にも使い方があります。『出欠をとる』『満点をとる』など全部『とる』です。（問題①の例題）」

『とる』のようにいろいろな意味を持つ言葉は，他にもあります。125ページ上の4つの問題を考えて，そんな言葉を見つけてみましょう。まず①は…

『卒業式に□』『結果が□』何だろうな。

『漁に□』…共通するのは，『でる』かな。

　　『副大臣』『交流を（図る）』など難しい言葉も出ているので，まずは教師の音読と説明が必要。また，②の『はかる』も，計る，測る，量るなど意味の違いは難しい。

---

## 4 確かめる まとめ　国語辞典を見てみよう。

　　『卒業式に出る』というふうに，文として書かせるのもよい方法である。『出る』の使い方が身につく。

「まず，①から確かめましょう。」
　・『卒業式に出る』『結果が出る』『単行本が出る』
　・どれも，「出る」が入ります。

　　②③④の問題もみんなで確かめ合い，文を音読する。

このような同じ言葉でも，いろいろな意味をもち，その違いが書かれているものがあります。国語辞典です。これを見ると意味の違いや使い方が分かるのです。ためしに③の『なる』を調べてみましょう。

いろんな「なる」があるなあ。

漢字も違うみたいです。

　　「なる」以外の言葉でもよい。読むのは難しいところもあるので，多くの意味があることに気づけばよい。

## 本時の目標

国語辞典を活用して「いろいろな意味をもつ言葉」を使った問題を作ったり，詩を作ったりすることができる。

## 授業のポイント

まず，児童自身が考え，書く時間を確保する。その上でグループでの交流や発表につなぐ。文作りや詩作りを，まずは楽しませるようにする。

## 本時の評価

国語辞典を活用して，「いろいろな意味をもつ言葉」を使った問題を作ったり，詩を作ったりすることができている。

〈活用力〉学習したことを活用し，問題づくりや文・詩づくりを行うことが大切です。授業の中で

**板書例**

（…が）たてる
（…が）みる

（…を）たてる
○ぼうをたてる
○音をたてる
○家をたてる
※

（…を）みる
○テレビをみる
○味をみる
○様子をみる
※

③（同じ言葉を使った詩を作る）

ひく
コンコンコン　かぜをひく
ポロンポロン　ギターひく
よいしょよいしょ　つなをひく
※

かける
見えるかな　めがねかける
帰ったら　ふくをかける
もしもしと　電話をかける
※

☆いかそう
国語辞典を見て
↓文章に合う意味を考える

---

## 1 めあて　いろいろな『あがる』のつく文を考えよう。

「前の時間は，『街灯がつく』『餅をつく』の『つく』のように，同じ読み方でもいろんな意味の『つく』があることを勉強しました。」

「今日は，『つく』のような言葉なら，『何を（が）』つくのか，いろんな『つく』を考えます。」

　　教科書P125 上段の問題②を，みんなで読む。
　　まず思いつくもの（文）を書かせる。

1つ目の言葉は，『あがる』です。『何が』『あがる』のかを考えて，①のような文にして，ノートに書いてみましょう。

成績が「あがる」。

ねだん（物価）が「あがる」。いろいろあるなあ。

緊張するときの「あがる」もあるよ。

　　教科書では「問題作り」となっているが，多様な意味と使い方があることが分かればよいので，まずは「あがる」を使った文を作らせる。

## 2 調べる・書く 交流する　国語辞典で『あがる』を引き，使い方を調べて書こう。

いろいろな意味の『あがる』がありましたね。他にも見つけたいとき，参考になるのが，この『国語辞典』です。『あがる』を引いてみましょう。

いっぱい，「あがる」がある。

文も載っています。「風呂からあがる」も，「雨があがる」もあります。

　　国語辞典では，①②…などの番号で，意味ごとに分類され，それぞれの例文も載せられている。

「国語辞典をみて，思いついた文も2つ（3つ）書いておきましょう。」

「では，どんな『あがる』があったのか，発表しましょう。」

　　はじめなので，全体での発表で交流し合うとよい。

いろいろな意味をもつ言葉

め

□の言葉を使った文や詩を考えよう

《練習問題》

まず自分で考えて
↓
国語辞典で調べる

② （…が）あがる

○成せきがあがる
○ねだんがあがる
○たこがあがる
○雨があがる
○ふろからあがる

→ いろいろな意味や使い方の「あがる」

※児童の発表を板書する。

---

## 主体的・対話的で深い学び

・「あがる」などを使った文作りや，詩作りはどの児童も主体的に，楽しんでできる活動になる。また，どの児童も発表できる場面となる。ここでは，ふだん発表の少ない児童に指名し，みんなでほめ合うようにしたい。これが，対話のいいところでもある。

・また，ただ対話すればよいのではなく，対話，話し合いの前に，個人の思考を通しておく（ここでは書く活動）ことが，対話，発表を深い学びの場にする上でも大切になる。

### 準備物

・国語辞典（できるだけ，同じ辞典の方が話し合いもしやすい）

---

## 3 考え調べる 書く・交流　いろいろな意味，使い方の『たてる』『みる』を考えて書こう。

「次は，いろいろな『たてる』『みる』を考えて，文にして書きます。まず自分で，そして国語辞典でも調べてみましょう。はじめは『たてる』です。」

> 思いついたのは，「旗をたてる」。
> 「棒をたてる」もあるかな。
> 国語辞典で調べると，「音をたてる」「計画をたてる」もある。
> 「家をたてる」いろいろあるなあ…。

文の数は4つか5つなどと決め，時間も区切る。
　今度は，グループ内での発表交流としてもよい。あとで各グループから1文ずつ，全体発表させる。

　『みる』についても同様に進める。

「調べた『みる』について，発表しましょう。」
・「テレビをみる」　　・「味をみる」
・「様子をみる」　　・「やってみる」もかな？

---

## 4 作る 発表する　同じ言葉を使った言葉遊びの詩を作ろう。

「こんどは『はっけよい　すもうとる』のような，同じ言葉を使った詩を作りましょう。」
「1つ目は『ひく』です。教科書の絵を見て，みんなで作ってみましょう。」（教科書P125下段③の問題）

> 1つ目の絵を見て，文を考えましょう。
> できました。「こんこんこん風邪を引く」です。
> 「ごほん，ごほん（と）風邪を引く」
> 「熱が出たかぜをひく」

「考えた詩を書いておきましょう。」
「次はギターの絵ですね。文を考えて書きましょう。」
・『ポロンポロン　ギターひく』
　同様に綱引きの絵で，文を考えて書かせる。

「次は『かける』です。絵を見て文を作りましょう。」
　書いたあと発表し合い，教師がいくつかを板書する。

　『いかそう』（P125下段）を読み，まとめをする。

# 漢字の広場 3

## ◎ 指導目標 ◎

・第 3 学年までに配当されている漢字を書き，文や文章の中で使うことができる。

・接続する語句の役割について理解することができる。

・間違いを正したり，相手や目的を意識した表現になっているかを確かめたりして，文や文章を整えることができる。

・進んで第 3 学年までに配当されている漢字を書き，学習課題に沿って文を書こうとすることができる。

## ◎ 指導にあたって ◎

### ① 教材について

　前学年の配当漢字を与えられた条件で使うことで漢字の力をつけようとする教材です。「漢字の広場 3」では，日本の昔話「おむすびころりん」と「浦島太郎」を題材に紙芝居のように物語の書く場面が提示されています。絵を見て，提示された漢字を文章化し，お話を完成させようというものです。文の中で既習漢字を使いこなす力を身につけるようにします。

　また，ここでは，接続語を使ってお話をつないで書くという課題も提示されています。あわせて，お話をスムーズにつなげる文章作りのために，指示語も指導しています。ただし，この単元のねらいは前学年の配当漢字の復習です。このねらいを忘れずに，あまり高度な要求にならないように気をつけたいところです。

### ② 主体的・対話的で深い学びのために

　「おむすびころりん」と「浦島太郎」の話は，誰もが知っている話です。ストーリーが分かった上での文章作りですから，安心して取り組めるでしょう。提示された漢字と，文をつなぐ接続語や指示語の組み合わせは，使う人によって変わってきます。場面が変わるところでどのような接続語がふさわしいか，指示語を文中で使用した方がよいか，まず自分で考え検討します。それから，友達と文を読み合うことで，文の作り方や使用している接続語や指示語の違いにも気づくことができます。考えたお話を友達と楽しみながら交流し，友達の作った文章のよさや自作の文章のよさにそれぞれ気づき合わせます。

| 知識及び技能 | ・第3学年までに配当されている漢字を書き，文や文章の中で使っている。<br>・接続する語句の役割について理解している。 |
|---|---|
| 思考力，判断力，表現力等 | 「書くこと」において，間違いを正したり，相手や目的を意識した表現になっているかを確かめたりして，文や文章を整えている。 |
| 主体的に学習に取り組む態度 | 進んで第3学年までに配当されている漢字を書き，学習課題に沿って文を書こうとしている。 |

◉ 学習指導計画 　全2時間 ◉

| 次 | 時 | 学習活動 | 指導上の留意点 |
|---|---|---|---|
| 1 | 1 | ・教科書P126を見て，3年生で習った漢字の読み方を確かめる。<br>・絵を見て，それぞれの場面を確かめ，文を考える。<br>・接続語や指示語を確認し，その言葉を使って文を作る練習をする。 | ・接続語，指示語については，実際に文の中で使わせながら，使い方を確かめさせる。 |
| | 2 | ・絵を見ながら，提示された言葉を使って「おむすびころりん」と「浦島太郎」の話を完成させる。<br>・書いた文の主述のつながりや句読点が適切かどうかを確かめ，間違いを直すなど推敲する。<br>・書いた文を友達と読み合い，交流する。 | ・どちらかの話を選ばせ書く。量も多いので，早くできた児童には，文例を提示させ，書く要領をつかませる。 |

📀 収録（漢字カード，イラスト）

酒　皿　追う

急ぐ　進む　暗い

深い　飲む　お礼

幸福　悪い　海岸

去る　乗る　着く

始まり　終わり

落とす　転がる

悲しい　助ける

向かう　美しい

玉手箱　開ける

受け取る

**本時の目標**

提示されている漢字を正しく読み書きでき，接続語や指示語を使って文を作ることができる。

**授業のポイント**

復習のための取り組みである。接続語等を使った文については，作文が苦手な児童には難しい場合は，友達が考えた文を写せばよい。

**本時の評価**

提示されている漢字を正しく読み書きし，接続語や指示語を使った文を作っている。

板書例

〈漢字カードの使い方〉まず，イラストの上に漢字カードを貼り，読み方を確かめます。児童が

◇ 絵を見て，文にしてみよう

・むかしむかし，あるところに，おじいさんがいました。おじいさんがおむすびを食べようとしたら，手がすべって落としてしまいました。

・そこで，おじいさんは 転がる おむすびを あわてて 追い かけました。

※

※児童の作った文を板書する。

〈つなぎ言葉〉

☆ 言葉と言葉，文と文，段落と段落をつなぐ

そして，それから，だから，さらに

ところが，しかし，けれども

ところで，また，さらに，さて，やがて

〈こそあど言葉〉

☆ 何かを指す

もの … この，その，あの，どの
　　　　これ，それ，あれ，どれ

場所 … ここ，そこ，あそこ，どこ

方向 … こちら，そちら，あちら，どちら　など

・その 玉手箱 をあけると，うらしまたろうはおじいさんになってしまいました。

※

---

## 1 読む 書く　3年生の漢字を声に出して読み，書いてみよう。

この絵の話を知っていますか。この話にも，漢字が載っていますね。

「浦島太郎」と「おむすびころりん」です。

だいたいどんな話か分かります。

「指をさす漢字を読んでいきましょう。」

・はじまり，おとす，おう，…

　まずは，読めるかどうか確かめる。読むのは，何度か練習すれば，たいていは読めるようになる。

　それから，一度漢字を隠し，教師の指示した言葉をノートに書かせる。「幸福」「乗る」「玉手箱」と言った間違いやすい言葉に絞るとよい。

　すべて同じ時間だけとっていては，進まない。テンポよく進めていく。

## 2 文を書く 対話する　絵の中の漢字を見て，昔話の場面を文にして書いてみよう。

　1コマ目を取り上げ，絵にある漢字を使った文を考えさせる。ここでは，文づくりの流れを確認すればよい。

「では，『おむすびころりん』の1コマ目の絵をお話にするなら，どんな文になるでしょう。1コマに載っている漢字を使ってノートに書いてみましょう。」

・先生，「始まり」と「落とす」と「追う」は使いますか。

「『始まり』と『落とす』は必ず使いましょう。『追う』は，2コマ目にも入っているので，使っても使わなくてもかまいません。」

「隣の人と相談しながら書いてもいいですよ。」

いいね。その後，「おじいさんがおむすびを食べようとしたら手がすべって落としてしまいました。」でどう？

昔話の始まりだから，「むかしむかし，あるところに，おじいさんがいました。」から始まるんじゃない？

文作りで使用した漢字カードは板書の左へ移動させます。

うらしまたろう　おむすびころりん

め

漢字の広場 3

三年生で習った漢字をふく習して、昔話の絵の場面をお話にしてみよう

※イラストは 12 枚に切り離せるようにしておく。
※イラストの上に漢字カードを貼る。

---

## 🔍 主体的・対話的 で 深い 学び

・絵を見て考える「漢字の広場」シリーズも3回目となってきたので，児童はあまり抵抗なく漢字を使って文を作ろうとするだろう。それも馴染み深い「昔話」なので，提示された漢字を使って安心して文作りに取り組むだろう。ただし，ここでは，「つなぎ言葉」を使うという課題もある。作る文章によってふさわしい接続語が変わってくる。多くの場合に使えそうな「つなぎ言葉」を，話し合いによって決めていくことで，困難を感じていた児童にとってはいい支援にもなるだろう。

### 準備物

・漢字カード　**DVD** 収録【4_26_01】

・教科書 P126 の挿絵の拡大コピー
（黒板掲示用イラスト **DVD** 収録【4_26_02】）

・国語辞典

---

## 3 対話する 交流する　つなぎ言葉を使って，文にしてみよう。

「1 コマ目が書けましたね。次に，2 コマ目へいくときに，『つなぎ言葉』や『こそあど言葉』を使うと，文が作りやすくなります。『つなぎ言葉』は，『そして』『しかし』のように，言葉と言葉，文と文，段落と段落をつなぐときに使います。他にどんなものがありますか。」

・だから，そこで，それから，けれども，また…

> では，グループで 2 コマ目の文を考え，1 コマ目と 2 コマ目の文をつなぐのにどんな『つなぎ言葉』を使えばよいか話し合いましょう。

> 2 文目は，「おじいさんはあわてて転がるおむすびを追いかけました。」でいいかな。

> じゃあ，「そこで」を使って，「そこで，おじいさんはあわてて…」

> いいね。

班によって，2 コマ目の文が変わるので，様々なつなぎ言葉が出てくるだろう。どんなつなぎ言葉がふさわしいか，グループで話し合わせる

グループで考えた文は，全体で交流する。

---

## 4 対話する 書く　指示語・接続語を使った文を出し合い，書く練習をしよう。

> 他の場面でも，「つなぎ言葉」や「こそあど言葉」を使って，文を作る練習をしましょう。

> すると，おじいさんはおむすびといっしょに，暗くて深いあなに落ちていきました。

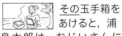

> その玉手箱をあけると，浦島太郎は，おじいさんになってしまいました。

ここでは，「つなぎ言葉」と「こそあど言葉」が使いやすい場面を取り上げ，文章を考えさせ，書かせる。ここで作った文は，次時に，昔話を完成させるときにそのまま使ってもよいだろう。文を出し合わせて，感覚的に「つなぎ言葉」と「こそあど言葉」をつかませる。

1 コマごとの文を考えてから，つなぎ言葉を考えてもよいし，その順が逆でもよい。考えやすい方で文作りをさせる。書くのが苦手な児童は，友達の作った文から選んで書いてもよしとする。

**本時の目標**
指定された言葉・漢字を使って文を書くことができる。

**授業のポイント**
昔話を完成するだけでも難しい児童がいるかもしれない。それでも使っている漢字が正しく書けているかは確認する。

**本時の評価**
提示された漢字や言葉を使って，文を書いている。

板書例

〈漢字カードの使い方〉まず，イラストの上に漢字カードを貼っておきます。児童が使用したカードを

◇①～⑥の場面をつないで、お話を完成させよう

・うらしまたろうのお話の始まりです。

・むかしむかし、ある海岸で、かめが悪い子どもたちにいじめられていました。

・そこへ、うらしまたろうがやってきて、「おい、かめをいじめるのは、やめろ。」と言って、かめを助けました。

・すると、かめはお礼にうらしまたろうをこうらに乗せて、りゅうぐうじょうへ向かいました。

・そこに着くと、うらしまたろうはおいしい料理をたべて、美しいおとひめ様のおどりを見て楽しく過ごしました。

・しかし、うらしまたろうは、家に帰ることにして、さいごにおとひめ様から玉手箱を受け取りました。

・そして、ぜったいに開けないとやくそくした玉手箱を開けてしまったうらしまたろうは、おじいさんになってしまいました。（終わり）

◇自分の書いた文章を、声に出して読み直そう
・漢字
・「、」や「。」
・つなぎ言葉、こそあど言葉

※児童の作った文を板書する。

---

## 1 読む 確かめる　教科書に載っている漢字を読もう。

どちらのお話にするか決める前に，それぞれの漢字を読みます。もう大丈夫でしょうか。

少し心配だなぁ。
全部読める！

年に6回ある漢字の広場で，復習の方法をある程度決めておくとよい。
　○指をさした漢字を全員で読む。（3回）
　○2人組になり，1人が順に指で押さえていき，1人が読んでいく。時間があれば，ばらばらに指をさして読む。
　○隣の人に問題を出してもらう。言われた漢字をノートに書く。3〜5問出題し，答え合わせもする。

はじめに多少時間はかかるかもしれないが，確実な復習であり，以降の取り組みはより早くできるだろう。

## 2 選ぶ 作る・書く　どちらかの昔話を選び，文章を作って書いていこう。

「お話をどちらか選びましょう。選んだら，絵に①から⑥まで番号をつけて，文を作っていきましょう。ノートにお話の題名と場面の番号も書くようにしましょう。」

本来ならば，どちらもの文を作らせたいところだが，時間的に難しいので，どちらか1つを選ぶようにさせる。その分，他の友達の物語を読んだり，聞いたりと，漢字に関わる活動をきちんとさせるようにする。

選んだお話の①～⑥まで，「つなぎ言葉」や「こそあど言葉」を使って，物語を完成させましょう。

わたしは、「おむすびころりん」でお話を作ろう。

「浦島太郎」の1コマ目は、「むかしむかしある海岸で、かめが悪い子どもたちにいじめられていました。」からかな。

「絵の中の言葉をたくさん使いましょう。使った言葉は，○をつけておくと，使ったかどうか後で分かります。」

一番のねらいである漢字の復習から外れないようにする。

うらしまたろう　おむすびころりん

① 海岸　男の子　悪い　身　決まり
① 調べる　落とす　通う
② 相談　助ける　返る　進む
② 階段　運ぶ　詩　読む
③ 酒　剣　向かう　宮殿
③ 坂　滑る　油　囲い
④ 美しい　消える　皿　酒　飲む
⑤ 玉手箱　受け取る　お礼
⑥ 開ける　問わり　軽い

※イラストの上に漢字カードを貼る。

三年生での漢字や、つなぎ言葉、
こそあど言葉を使って、
お話を完成させよう

## 漢字の広場3

---

## 主体的・対話的で深い学び

・知っている物語を，提示された漢字を使って書くことに，児童は積極的に取り組むだろう。どちらか1つを主体的に選ばせ，どの漢字を使って文を作り，どんな接続語で物語をつないでいこうか考えていかせる。手が止まっていて進んでいない児童にも，すぐに手を差し伸べずに，見守る時間もとり，じっくり考えていることを大切にしていく。

・最後に友達に読み合うことを事前に告知しておくと，読んでもらうことを意識して工夫して書くようになるだろう。

### 準備物

・漢字カード（第1時使用のもの）
・黒板掲示用イラスト（第1時使用のもの）
・国語辞典

---

## 3 書く 読み直す　お話をつないで昔話を完成させ，書いた文を読み直そう。

> 書き終わったら，自分で声を出して読み返しましょう。以下のポイントに気をつけて，チェックしてみましょう。

> ・漢字の間違いはないか
> ・点や丸が抜けていないか
> ・文は分かりやすいか
> ・「つなぎ言葉」や「こそあど言葉」の意味が通じるか

まずは，自分で教科書に載っている漢字を見て，間違いがないか確かめる。そのあと，隣の人に見てもらう。支援が必要な児童には，教師が机間指導で書いてみせてあげるのもよい。

書いている言葉を黙読するだけでは，「ぬけ」があることにもなかなか気づかない。声を出して，読み返しをさせることがポイントである。

---

## 4 発表する 交流する　完成した昔話を読み合おう。

「では，完成させたお話を発表しましょう。」

発表するということは，児童にとって，とても刺激になる。見直しにも一層力が入るだろう。全員が順番に発表することは，クラスの実態によって難しい場合もあるだろう。柔軟に考え，グループどうしで発表をさせたり，ノートを見せ合ったりしながら，読み合いをさせればよい。

> 浦島太郎のお話の始まりです。むかしむかしある海岸で，亀が…。そこへ，浦島太郎がやってきて…すると…。

> 上手に文がつながっているね。

「友達の発表を聞いて，よかったところを言いましょう。」
・森本さんの文は，つなぎ言葉が上手でした！
・中居さんは，教科書の漢字を全部使っていました。

**DVD 映像**

【出典】

『手袋を買いに』新美南吉（青空文庫）

## 4 年（下）　目次

## 著者紹介 （敬称略）

**【著者】**

中村 幸成　　元奈良教育大学附属小学校主幹教諭
岡崎 陽介　　神戸市立和田岬小学校教諭

＊所属は 2020 年 3 月現在

**【特別映像 寄稿】**

菊池 省三　　教育実践研究家
岡 篤　　　　神戸市立ありの台小学校教諭

＊所属は 2020 年 3 月現在

**【原稿執筆協力者】**

南山 拓也　　西宮市立南甲子園小学校教諭

＊所属は 2020 年 3 月現在

**【初版 著者】**（五十音順）

荒井 賢一
岡 篤
中村 幸成
原田 善造
藤田 えり子

喜楽研の DVD つき授業シリーズ

**新版**
全授業の板書例と展開がわかる　DVD からすぐ使える
〜菊池 省三・岡 篤の授業実践の特別映像つき〜

# まるごと授業　国語　4年（上）

2015 年 4 月 2 日　　初版　第 1 刷発行

2020 年 4 月 10 日　　新版　第 1 刷発行
2022 年 12 月 1 日　　新版　第 3 刷発行

著　　　者： 中村 幸成　岡 篤　菊池 省三　岡崎 陽介
イラスト： 山口 亜耶
撮 影 協 力： （菊池 省三 特別映像）有限会社オフィスハル
　　　　　　（岡 篤 特別映像）井本 彰
　　　　　　河野 修三
企画・編集： 原田 善造　あおい えむ　今井 はじめ　さくら りこ　中田 こういち　なむら じゅん　ほしの ひかり
　　　　　　堀越 じゅん　みやま りょう
編　　　集： わかる喜び学ぶ楽しさを創造する教育研究所　編集部

発 行 者： 岸本 なおこ
発 行 所： 喜楽研（わかる喜び学ぶ楽しさを創造する教育研究所）
　　　　　　〒 604-0827 京都府京都市中京区高倉通二条下ル瓦町 543-1
　　　　　　TEL　075-213-7701　FAX　075-213-7706
　　　　　　HP　https://www.kirakuken.co.jp
印　　　刷： 創栄図書印刷株式会社

ISBN : 978-4-86277-284-8

Printed in Japan